後疫情時代的
全球經濟
與世界秩序

Global Economy and World Order
in the Post-COVID-19 Era

趙劍英 主編

傅　瑩　蔡　昉　江小涓　李　揚　余永定　張蘊嶺　遲福林

黃羣慧　劉元春　姚　洋　張　明　袁　鵬　鄭永年　周　弘

倪　峰　楊伯江　李新烽　張春宇　王正毅　孫吉勝　趙汀陽

撰稿

開明書店

出版前言

　　僅僅在一年以前，似乎沒有人相信，在科學技術日益發達的今天，人類社會將因一次全球性公共衛生事件而發生巨大變化。然而，自 2019 年年底至今，一種前所未遇的新型冠狀病毒（COVID-19）席捲整個中國乃至全世界，迄今已在全球造成上千萬人感染，數十萬人死亡。在生者為逝者哀慟的今日，我們所面對的是一個似乎比過去二十年充滿着更多不確定性的時代；新冠肺炎疫情也必將在某種程度上成為改寫或重規人類歷史進程的實實在在的「黑天鵝」事件。

　　新冠肺炎疫情在這短短的半年時間內，已然在很大程度上改變了我們所熟知的這個世界：一方面，它極大地改變了我們的生活方式，並持續地給世界經濟帶來了巨大的打擊：產業鏈受到嚴重衝擊使全球經濟陷入了可能長期衰退的危機，這種危機又顯著地投射到金融領域，導致各國股市多次熔斷，國際石油價格和黃金價格暴跌，相關國際經濟和金融機構不斷下調本年度經濟預期。另一方面，疫情的持續發展也在很大程度上改變了世界政治的面貌，加劇了前疫情時代的諸多矛盾：民粹主義加劇、保護主義抬頭、治理能力缺失的惡果日益顯著，中美戰略博弈更加激烈，熱點地區衝突不減反增；傳統安全和非傳統安全問題交織，帶給全人類遠勝以往的嚴峻考驗。總而言之，國際社會對全球治理變革的需求因此次疫情而比以往顯得更為迫切，提升國際治理能力水準將成為後疫情時代亟待解決的重大課題。

　　在這樣的時代背景下，有至少兩大方面的問題急需中國學界從歷史經驗和學術視角出發，予以解答和展望。

　　其一，如何看待後疫情時代的世界。

　　必須回答的是，後疫情時代的世界必然同前疫情時代的諸多潛在矛盾相互關聯，這些矛盾之間存在着怎樣的聯繫和區別？它又將在何種程度持續改變我們所熟知的世界？現有的理論和歷史的模型是否足以預知後疫情時代的世界面貌和趨向，如何在全球化和信息化的背景之下應對傳統安全問題和非傳統安全問題？如何彌補新冠肺炎疫情暴露出的國家治理能力和全球治理能力的「赤字」？同時，這些問題的解決程度又同新冠肺炎疫情的未來發展密不可分。必須認識到，儘管因治理能力赤字帶來的逆全球化思潮和運動成為未來很長一段時期內難以避免的現象，但應對人類共同危機的努力必將也只能是超脫單一國境範圍的全球性的合作。歸根到底，如何應對全球化和逆全球化這兩種趨向之間的張力，是人類社會在後疫情時代所必須共同解決的難題。

　　其二，如何看待後疫情時代的中國。

　　所有人都無比期待下述問題的答案：中國將在後疫情時代的世界中扮演何種角色，採取何種態度和策略，以應對這個充滿不確定性的時代？毫無疑問的是，在後疫情時代，中國所面臨的機遇和挑戰將是前所未有的。一方面，中國以共建人類命運共同體的姿態和責任感，積極配合世衞組織的抗疫工作，及時向全世界通告疫情發展情況，並近乎決定性地取得了抗疫鬥爭的階段性勝利；在此基礎上，中國進一步履行大國擔當，宣佈為全球共同抗疫提供公共產品，承擔應盡的責任，這無疑提升了中國作為負責任大國的國際形象和地位。另一方面，中國同發達國家尤其是美國的雙邊和多邊關係也面臨着更為嚴峻的挑戰：「中美脫鈎論」「中國賠償論」「中國病毒論」等論調甚囂塵上，美國對華戰略認知發生重大改變，自 2018 年以來已然惡化的中美關係雪上加霜；與此同時，疫情所導致的經貿往來的中斷將不可避免地導致全球經貿格局的變動和轉移，未來中國對外開放的面貌面臨着極大的不確定性。2020 年 4 月 8 日，習近平在中共中央政治局常務委員會會議上強調，要堅持底線思維，做好較長時間應對外部環境變化的思想準備和工作準備。總之，中國以何種姿態和

方式應對來自美國等西方國家的挑戰和衝突，又如何在未來難以避免的衝突中謀求共建人類命運共同體的合作，必將在很大程度上塑造後疫情時代國際格局的面貌。

為此，2020 年 4 月，正值全球新冠肺炎感染人數呈指數增長之際，我們開始組織 20 位國內頂級專家學者，合力編寫《後疫情時代的全球經濟與世界秩序》一書。本書從宏觀經濟和國際關係等學科角度，探討經濟全球化的走向、世界經濟衰退風險、受疫情衝擊的產業鏈以及後疫情時代的世界秩序、全球治理與大國關係等被廣泛關注與爭論的核心議題。

本書為我們呈現了中國學術界在面臨新冠肺炎疫情之時的問題意識和危機意識。在這一特別的時期，希望本書的出版可以為國內讀者呈現中國學界對後疫情時代的世界面貌和格局深入而及時的思考；同時，也期待本書成為中國學界對外交流的平台，為人類共同應對後疫情時代的諸多挑戰盡中國學界的一份力量。

在本書付梓之際，我對應約為本書供稿的專家深表謝意，衷心感謝各位領導、專家對我們的大力支持。

目　錄

新冠肺炎疫情背景下的中美關係：
風險、選擇和路徑

傅　瑩

　　2020 年 2 月，筆者和幾位中國學者一道參加了在德國舉辦的第 56 屆慕尼黑安全會議。這屆會議報告的主題是「西方的缺失」（Westlessness），從歐洲人的視角看「西方」作為第一次世界大戰後最重要的地緣政治中心是否正在衰落。[1] 這是一個有歷史縱深的理論性問題，引發了與會人士的熱烈討論，但仍免不了被中美之間的現實矛盾所沖淡。

　　當時正值中國新冠肺炎疫情最困難之際，與會的美國政要們不但對關於疫情的討論或者信息沒有興趣，反而抬高對中國批評的調門，糾纏華為 5G、中國香港、新疆等問題，強勢要求歐洲人站隊，試圖形成對中國戰略競爭的西方統一立場。出席會議的美國人陣容強大，包括眾議長佩洛西等 20 多名參眾議員，還有國務卿蓬佩奧、國防部部長埃斯珀、常駐聯合國代表克拉夫特、前國務卿克里等政要、高官和智庫學者。他們顯然是協調了美國共和黨和民主黨的一致立場，把如何應對「中國崛起的威脅」作為與會的主打話題，聲稱華為產品是「中國情報系統安置在西方內部的特洛伊木馬」。他們指責中國奉行「脅迫性的海洋政策」，運用軍事和外交力量挑釁他國等，同時宣稱「西方沒有沒落」「西方價值觀將戰勝俄羅斯和中國對『帝國』的渴望」，要求歐洲與美國共同應對「中共不斷增強的

---

*　　作者係清華大學兼職教授、戰略與安全研究中心主任，中國外交部前副部長。

1　　Munich Security Conference, Munich Security Report 2020, p.6.https://securityconference. org/en/publications/munich-security-report-2020/.

進攻性」。[1]

這些強硬表態呼應了特朗普上台以來對華政策的調整──把中國視為首要「戰略競爭者」。三年來，美國相繼挑起貿易戰、科技戰、輿論戰，在軍事上深化針對中國的部署，政治上公開攻擊中國共產黨、質疑中國的政治體制。這一系列挑釁迫使中國做出反應和反制，中美關係出現快速下滑。

觀察美國政策的改變，不能不看到冷戰後中美兩國的國家基本路線呈現兩種不同方向的演進。中國判斷和把握住了世界「和平發展」的時代主題，順勢而為，堅持改革開放、集中精力發展經濟。進入 21 世紀的第二個十年，中國已成長為世界第二大經濟體，構建起全球合作網絡，同時也開始更多地參與和影響國際事務。美國卻沉醉於「歷史的終結」和單極秩序，力圖按照自己的意願和模式改造其他國家，發動了多場戰爭，陷入霸權的自我消耗；加之對經濟全球化環境中資本的擴張缺乏有效管理，導致 2008 年出現金融危機；同時美國對國內矛盾解決得不好，分配不均使得中低階層生活質量下降，身份認同的矛盾讓社會分歧擴大，政治日益極化。近年美國社會進入反思，大多數人認為國家的政策和路線是不成功的。美國政府索性放棄自由主義國際政策，大搞保守主義和本國優先，美國的霸權呈現戰略收縮的姿態，「燈塔效應」也變得黯淡。

中國與美國的「一進一退」，反映出兩國在同一國際體系中的反向演進，其必然帶來國際權力調整的張力。美國一方面需要「療傷」，解決這些年內外政策失誤累積起來的問題，另一方面對中國日益警惕，並且試圖打壓中國。美國的政策和態度的轉變給國際形勢增加新的不確定性。美國擔心中國與其爭奪世界主導權，把與中國的競爭視為一場輸不起的國家根本利益保衛戰。美國鷹派勢力意圖推動對華關係走向全面對抗，認為唯此

1 傅瑩：「在慕安會感受西方對華複雜態度」，觀察者網，https://m.guancha.cn/fuying/2020_02_21_537581.shtml? s=wapzwyzzwzbt。

方能阻擋中國前進的步伐，這股力量的動員力和影響力都在擴大。美國軍方則以西太平洋、東印度洋為重心，升級軍事部署、強化同盟網絡、推進「印太戰略」，利用中國南海、台灣等問題增加對中國的制衡。外界普遍擔憂：中美是否會閉着眼睛跳入所謂守成大國的恐懼與新興大國的崛起必然導致衝突的「修昔底德陷阱」？多邊全球合作的架構是否會因此分裂甚至崩塌？

現在看來，2020 年年初發生在慕尼黑的一幕似乎預示了，中美關係在這一年裏將加快下墜。

慕尼黑安全會議結束後不久，新冠肺炎疫情開始在全球蔓延，2020 年 4 月上旬美國成為世界衛生組織宣佈的「全球大流行病」新「震中」。這場新冠肺炎疫情是進入 21 世紀以來第三次改變世界議程的重大事件。前兩次是 2001 年的「9·11」事件和 2008 年的國際金融危機，尤其是後者使美國陷入嚴重困難，當時世界各國鼎力支持，與美國一道共克時艱。然而這一次，美國在全球層面沒有釋放團結合作的信號，完全沒有體現出發揮領導作用的意願和能力，不僅不出面組織國際防疫，還試圖阻礙合作、製造對抗，令世人驚詫。

國際社會最初對中美合作抗疫抱有很高期待。一方面，經過 13 輪艱難談判，第一階段中美經貿協議在 2020 年年初簽署，延宕一年有餘的經貿摩擦終於得到緩解，給持續下滑的雙邊關係踩了剎車。在雙方正式簽署協議之前，2019 年 12 月 20 日中美元首通了電話，習近平指出，「中美兩國在平等和相互尊重基礎上達成了第一階段經貿協議。在當前國際環境極為複雜的背景下，中美達成這樣的協議有利於中國，有利於美國，有利於整個世界和平和繁榮」。[1] 在這樣的形勢下，人們對中美關係前景的判斷和兩國合作的預期有所回升。另一方面，面對突如其來的疫情，人們根據中

1　《習近平應約同美國總統特朗普通電話》，新華網，2019 年 12 月 21 日，http://www.xinhuanet.com/2019-12/21/c_1125371565.htm。

美 2001 年攜手反恐、2003 年合作抗擊「非典」、2008 年同舟共濟應對國際金融危機以及 2014 年共同阻擊埃博拉病毒的經歷,習慣性地認為,這次兩國仍有可能將新冠肺炎疫情帶來的共同挑戰,轉化為改善關係、恢復合作的機會。

　　然而,事情的發展並不如人們所願。疫情在武漢發生後,美國政府沒有表現出關心和開展合作的願望,而是單方面撤僑、斷航,商務部部長羅斯把中國疫情稱作「加快工作機會回流的機遇」,言談之間缺乏基本的同情和人道關懷。美國有一些企業、個人和華人華僑給中國送來了物資援助,但是根據中國官方的信息,沒有收到來自美國政府的實質性援助。《華爾街日報》的評論文章《中國是真正的「亞洲病夫」》刺激了中國民眾的痛苦記憶,引爆兩國的輿論對立,[1] 在美國拒絕道歉的情況下,中國取消美國三名駐華記者的執照,而美國則壓縮了中國駐華盛頓記者人數[2]。第一階段經貿協議帶來的中美關係緩和勢頭很快被沖淡了。

　　但是此後,美國國內疫情的暴發和失控,導致經濟陷入嚴重衰退,並牽動 2020 年總統大選選情的變化。美國政府為了轉嫁防疫不力的責任、保選情,採取「推責中國」的策略,掀起批評中國的輿論浪潮,白宮的表態可以被看作是官方的措辭指導,強調是由於中國政府的延誤、不透明、向外輸出旅客以及與世界衛生組織勾結,才導致美國和全世界深受疫情之

1　Walter Russell Mead, "China Is the Real Sick Man of Asia", Feb 3, 2020, https://www.wsj.com/articles/china-is-the-real-sick-man-of-asia-11580773677.

2　2020 年 2 月 3 日,《華爾街日報》發表美國巴德學院教授米德(Walter Russell Mead)撰寫的《中國是真正的「亞洲病夫」》評論文章。2 月 19 日,中國外交部發言人耿爽在例行記者會上宣佈,對於發表種族歧視言論、惡意抹黑攻擊中國的媒體,中國人民不歡迎,鑒此,中方決定從即日起,吊銷《華爾街日報》三名駐京記者的記者證。3 月 2 日,美國國務院宣佈,新華社、中國國際電視台(CGTN)、《中國日報》、中國國際廣播電台和《人民日報》駐美機構的中國籍僱員人數需從 160 人減少至 100 人。3 月 18 日,中國外交部官網發消息宣佈,中國出台對等措施,包括要求「美國之音」、《紐約時報》《華爾街日報》《華盛頓郵報》《時代週刊》5 家美國媒體駐華分社提交申報材料,他們年底前記者證到期的美籍記者限期交還記者證,今後不得在包括中國香港、澳門在內的中國領土上從事記者工作等。6 月初,路透社報道,美國計劃將包括央視和中新社在內的 4 家中國媒體列為「外交使團」,要求其向美國國務院登記在美人員和財產。

害。[1] 美國國會一些議員聞風而動，煽動對中國的抱怨，挑動針對中國的溯源追責調查，個別州的檢察部門試圖發起針對中國的索賠訴訟。2020 年 4 月 21 日，美國密蘇里州總檢察長施密特在密蘇東區聯邦地區法院提起針對中國所謂「索賠」訴訟，緊接着 4 月 22 日，密西西比州檢察長費奇也同樣提起此類訴訟。

中國也不示弱，堅決反擊美方不實之詞，同時用大量數據和事實呈現中國黨和政府採取的負責任措施。國務院新聞辦公室 2020 年 6 月 7 日發佈《抗擊新冠肺炎疫情的中國行動》白皮書，更加全面和系統地介紹了中國人民抗擊疫情的歷程和做法。

美國政府沒有因為疫情而放鬆對中國的打壓，美國行政部門頒佈針對華為的貿易和出口新規，限制進而準備封鎖華為獲得美國軟件、硬件的產品供應，同時將更多中國企業和機構列入「實體清單」，限制在美上市的中資企業。由此可以看出，美國加大推動與中國的科技、產業「脫鈎」力度。

與此同時，美國戰略界有輿論指責中國借疫情離間美歐跨大西洋關係、擴張在印太地區的戰略影響力，聲稱中國試圖加強對國際組織的掌控，說中國已經「不再掩飾」與美國爭奪全球領導力的意圖。在中國台灣、香港、新疆等問題上，美國國會動作不斷，通過《2019 台北法案》等新的干涉中國內政的立法，後續還有一批涉華議案等待審議。美國行政部門違背「一個中國」政策，與進入第二任期的中國台灣蔡英文當局增加了官方接觸和實質交往。加之中美航線聯繫、人員交流等均因疫情而陷入暫停，這些都在事實上加快「人文脫鈎」的步伐。

兩國關係的急劇惡化對雙方民意產生了負面塑造作用，相互憤恨、敵視情緒迅速擴大。美國皮尤研究中心（Pew Research Centre）2020 年 3 月

1　Alex Isenstadt, "GOP memo urges anti-China assault over coronavirus", April 24, 2020, https://www.politico.com/news/2020/04/24/gop-memo-anti-china-coronavirus-207244.

3 日至 29 日對 1000 名美國民眾的調查顯示，66% 的被調查者對中國持負面態度，這是自該中心 2005 年開始對這個問題進行調查以來，最為消極的評價，2017 年這方面的比例為 47%。此次調查中，還有 62% 的民眾認為中國的實力和影響力是美國面臨的一個主要威脅。[1] 美國哈里斯民調中心（Harris Poll）4 月在全美開展調查，90% 的共和黨人、67% 的民主黨人認為中國應該為疫情擴散負責，66% 的共和黨人、38% 的民主黨人認為特朗普政府應該對中國採取更加強硬的政策。[2] 中國國內雖然沒有民調機構進行此類調查，但從網絡空間的大量評論和媒體聲調看，民眾對美國朝野疑華反華言行十分反感，負面情緒和不信任感也達到了中美建交以來的高點。

5 月 20 日，白宮網站發佈《美國對中華人民共和國戰略方針》報告（以下簡稱「戰略方針」）。[3] 該報告是根據《2019 財年國防授權法》的要求向國會提交的，並非出台新的對華戰略，但其中包含了根據形勢變化而更新的政策思考，更加明確地否定美國過去歷屆政府推行的對華接觸政策，更加激昂地渲染中國崛起給美國帶來的「威脅」和「挑戰」，更加具體地描繪對華競爭的路線，意識形態對立的含義更濃，可以認為，美國對華競爭性新戰略朝着成型又邁進了一步。

究其原因，還是美國強硬勢力要咬緊與中國的戰略競爭，不想讓雙方在抗疫中的合作需求緩和競爭，進而分散乃至打亂他們的「戰略部署」，相反，他們試圖藉機強化競爭。「戰略方針」中提出「有原則的現實主義」

1　Kat Devlin, Laura Silver and Christine Huang, "U.S.Views of China Increasingly Negative Amid Coronavirus Outbreak", April 21, 2020.https://www.pewresearch.org/global/2020/04/21/u-s-views-of-china-increasingly-negative-amid-coronavirus-outbreak.

2　Zachary Evans, "Poll:Americans Report Bipartisan Distrust of Chinese Gov't, support for Tariffs", April 8, 2020, https://www.nationalreview.com/news/poll-americans-report-bipartisan-distrust-of-chinese-govt-support-for-tariffs.

3　"United States Strategic Approach to the People's Republic of China", May 20, 2020, https://www.whitehouse.gov/wp-content/uploads/2020/05/U.S.-Strategic-Approach-to-The-Peoples-Republic-of-China-Report-5.20.20.pdf.

（principled realism）概念，[1] 成為闡述對華戰略的關鍵詞。回顧美國對外戰略中的現實主義傳統，影響最大的是列根時期「以實力求和平」的現實主義思想（「列根主義」）。在當時的冷戰形勢中，美國處境並不十分有利，列根政府通過大力渲染擴充軍備、擴大核威懾，將蘇聯誘入軍備競賽的陷阱。近些年面對俄羅斯復興、中國崛起等挑戰，美國有學者倡導「進攻性現實主義」[2]，其基本判斷是，國際體系的無政府狀態注定了大國競爭的悲劇宿命，主張以進攻的思維和行動提防對手、維護權力、捍衞霸權。「有原則的現實主義」更像是「以實力求和平」的「列根主義」和「進攻性現實主義」的雜糅，不排除白宮試圖以此為基礎，發展出一套新的對華競爭理論，對未來美國政府的對華政策發揮「塑模」作用。

中美關係在螺旋下降的循環中，步入兩國建交以來十分困難的階段。如果把美國對華戰略調整的過程比作一個 360 度的「圓」，那麼前半個 180 度的「圓」在 2018 年年底就差不多劃定了，也即美國朝野、府學各界基本形成必須調整對華戰略的共識。但是對於後半個 180 度的「圓」怎麼劃，也即究竟應該形成什麼樣的有效對華新戰略，則一度缺乏共識，有主張「聰明競爭」、在加強遏制的同時保持必要接觸和合作的呼聲，也有主張不惜一戰全力打壓中國的叫囂。2019 年以來美國政治動員的趨勢是，推動構建更加明確的與中國競爭的「全社會」共識，兩國在新冠肺炎疫情期間的碰撞明顯加快了這個進程，目前的狀態恐怕還不是最低谷。

中美矛盾成為國際格局轉變中的一對主要矛盾，當前緊張態勢主要是由美國主動推動的，集中體現在以下四個博弈場上。

一是制度和價值觀之爭。新冠肺炎疫情之前，西方思想界已經開始擔心，中國作為非西式民主制度國家的成功，帶來稀釋西方價值觀號召力的

1　Ibid.

2　美國芝加哥大學政治學教授約翰·米爾斯海默（John Mearsheimer）被公認為是「進攻性現實主義」的代表性人物。參見 John J.Mearsheimer, *The Tragedy of Great Power Politics*, New York: W.W.Norton, 2001。

效應，進一步印證了美西方冷戰後試圖在政治制度和價值觀上統領世界的不成功。在美國戰略界看來，中國的崛起不僅是對美國現實利益和國際地位的挑戰，更是對美國的制度穩定和價值輸出的威脅，這是更具深層意義的挑戰。從中方的角度看，美國從來沒有放棄顛覆中國共產黨領導的社會主義制度的企圖，近來美國政府當局的涉華話語更是試圖將中國共產黨和中國人民割裂和對立起來，公然挑釁中國共產黨和政治制度的合法性，因此中方必須堅決與之鬥爭。

「戰略方針」將矛頭指向中國治理和執政黨，將「價值觀挑戰」列為中國對美三大挑戰之一，[1] 突出中國內外政策的意識形態根源，似乎在刻意把中國包裝成當年的蘇聯，其意圖無非是將政治和安全因素推到美中關係的優先位置，為脅迫企業和經濟界接受「脫鈎」提供依據。沿着這個路徑走下去，兩國將不可避免地陷入零和對抗模式的意識形態之爭。

二是輿論戰。2020 年以來，美國對華較量的重點出現從貿易戰轉向輿論戰的趨勢。但這並不意味着美國要放棄其他領域的競爭，貿易戰惡化的勢頭在第一階段協議簽署後基本得到控制，科技戰則難以速戰速決。在安全領域，美軍方目前的主流想法是保持足夠威懾，而非主動進攻。在輿論戰方面，美方經驗豐富，有話語權優勢，在國際輿論場上有傳統影響力。而中國與美國乃至整個西方世界的信息庫和輿論場處於相對隔離狀態，關於中國的一手信息對美國和國際社會的通達度一直不夠充分。

打輿論戰需要設計一個簡單清晰、能直擊人心的主題詞，然後通過多角度推導和多敍事渲染，形成壓倒性的輿論潮。從一段時間以來美國強硬勢力人物的表現和表態，基本可以看出其對華輿論戰的軌跡，關鍵詞就是「中國不可信」。其目的就是要顛覆中國改革開放以來確立的成功者和負

1　"United States Strategic Approach to the People's Republic of China", May 20, 2020, https://www.whitehouse.gov/wp-content/uploads/2020/05/U.S.-Strategic-Approach-to-The-Peoples-Republic-of-China-Report-5.20.20.pdf.

責任大國的形象，換言之，就是改變中國的「人設」，給中國貼上「不誠實」「不守信」的標籤，進而破壞中國的外部輿論環境。冷戰期間，美國也是不斷給蘇聯貼標籤，從道義的角度把對手放到讓公眾認為無法相容的對立位置上。

三是經濟金融安全之爭。疫情給美國經濟帶來重大衝擊，根據美國勞工部的統計，2020 年 4 月美國失業率達到了 14.7%，5 月略有下降，但仍然高達 13.3%。[1] 經濟下行導致美國財政狀況迅速惡化，在 2020 財年的前 8 個月，美國財政開支預計將超過 39250 億美元，較 2019 年同期增長 9120 億美元，增速超過 30%；其中在疫情高發的 4 月和 5 月，聯邦政府收入減少了 45.8%，而開支增加了 93.6%，赤字更是高達 11620 億美元。[2] 預計 2020、2021 財年，美國聯邦政府的財政赤字將分別高達 3.7 萬億美元和 2.1 萬億美元。[3] 財政惡化導致美國聯邦債務快速增加，截至 2020 年 6 月 10 日，其總額已經接近 26 萬億美元 [4]，也就是說在本財年的前 8 個月內，聯邦債務增加了超過 3 萬億美元。[5] 美聯儲預計 2020 年美國經濟將會萎縮 6.5% [6]，因此，預計到 2020 財年結束，財政赤字和聯邦債務佔國內生產總值（GDP）的比重將分別達到 18%、140%，這對美國政府來說是極為沉重的負擔。

為應對新冠肺炎疫情引發的經濟衰退，美國政府推出約 3 萬億美元

1 "U.S.unemployment rate: seasonally adjusted May 2020", June 5, 2020, https://www.statista.com/statistics/273909/seasonally-adjusted-monthly-unemployment-rate-in-the-us.

2 "Monthly Budget Review for May 2020", June 8, 2020, https://www.cbo.gov/system/files/2020-06/56390-CBO-MBR.pdf.

3 "Monthly Budget Review for April 2020", May 8, 2020, https://www.cbo.gov/publication/56350.

4 根據美國財政部網站，截至 6 月 10 日，其公共債務已經超過 25.98 萬億美元。https://treasurydirect.gov/govt/reports/pd/pd_debttothepenny.htm。

5 根據美國財政部網站，截至 2019 財年年底，美國公共債務為 22.7 萬億美元。https://treasurydirect.gov/govt/reports/pd/pd_debttothepenny.htm.

6 "Federal Reserve Board and Federal Open Market Committee release economic projections from the June 9-10 FOMC meeting", June 10, 2020, https://www.federalreserve.gov/newsevents/pressreleases/monetary20200610b.htm.

的救助計劃，美聯儲也計劃一直將聯邦基金利率維持在 0—0.25%區間不變，直至實現充分就業和物價穩定的目標。[1]這種無底洞式的經濟刺激措施和直升機撒錢措施不僅抬高債務率和赤字率，也會刺激高槓桿投機和流動性氾濫，埋下市場隱患。隨着債務的不斷膨脹，美國聯邦赤字佔 GDP 的比重有可能在未來幾年甚至長期保持在 10% 以上。

在此情況下，美國焦慮感進一步上升，力圖借疫情迫使各國反思供應鏈安全之機，渲染中國將優勢產業「武器化」的風險，加快產業鏈、供應鏈結構調整中的「去中國化」。美國戰略考量中的理想目標是，通過重修規則、重定標準、重立區域貿易集團、改造國際機制、關鍵技術和產業「脫鈎」等做法，借「去全球化」實現「去中國化」。美方亦有輿論主張利用金融霸權壓制中國，儘管濫用金融工具會對美國國家信譽和美元信用造成傷害，但不能完全排除這個選項。

全球供應鏈的形成和調整是國際分工不斷深化的結果。在中國的許多外資企業把本地市場作為自己的主要經營對象，在沒有更大的政治和安全壓力的情況下，不大可能在短時間內大規模離開中國。

四是戰略安全博弈和海上安全較量。在軍事安全領域，美國在戰略、戰術和操作層面對中國疑慮都有所上升，試圖加大施壓和制衡。在涉及中國主權和安全的問題上，中國對美國的壓力和刺激須予以回擊，並且採取適當的反制措施和必要的主動作為。從趨勢上看，未來一段時期中美軍事關係中的不確定性增加，戰略信任的缺失難以彌補。兩國軍事艦機在海上和空中近距離相遇已非偶然現象，雙方發生摩擦的幾率增加。新冠肺炎疫情期間，美國海外部署的軍事力量面臨病毒威脅，不得不減少在全球的行動，但是為了防範中國「藉機填補戰略真空」，反而增加了在南海、台海、東海針對中國的巡航、偵察頻率和挑釁力度。兩

1　"Federal Reserve issues FOMC statement"，June 10, 2020, https://www.federalreserve.gov/newsevents/pressreleases/monetary20200610a.htm.

軍態勢最大的不確定性還在於，雙方未建立起有效的危機管控機制，彼此底線不夠明確，互動的規則和「紅線」不夠清晰。這導致雙方需要不斷相互試探，增添發生突發事件和不可控結果的風險。兩國和兩軍高層在軍事上曾經達成「不衝突、不對抗」的戰略共識，[1] 如何切實維護是雙方都需要認真考慮的問題。

中美之間的戰略威懾關係也開始出現一些新變化。美國調整核戰略、更新核武庫、降低核門檻，以及發展導彈防禦體系和高超聲速飛行器、醞釀在中國周邊部署中導，可能拉大中美之間本就懸殊的核力量對比，這是否會迫使中國考慮適度調整有待觀察。此外，中美兩國都是人工智能技術推動下的新型武器平台和軍事技術的主要探索者，隨着網絡、太空、極地軍事化的動向的發展，在這些領域如何管控競爭亟待提上日程。

許多學者把新冠肺炎疫情視為冷戰後世界歷史的一道分水嶺，認為它給人類帶來的衝擊不僅是心理上的，也是物質上的。但是目前看，它帶來的變化並非顛覆性的，而是在產生催化劑和加速度的效果，全面加快和深化了已經在發生的趨勢。例如，經濟全球化和區域化更快調整，國際權力進一步分化，大國戰略競爭態勢更加清晰，等等，一些國家的內部治理矛盾也更加嚴峻。中美關係的惡化不是孤立發生的，需要放在多角度、多層次的變化中加以審視和度量。

從經濟全球化角度看，疫情進一步挑戰全球化思維，主要經濟體紛紛反思和重審現行全球化模式下產業鏈對外依賴的風險。有分析認為，在經濟全球化的大框架下，有可能會形成以中國（東亞）、美國、歐盟為中心的三大分體系，由此向外發散，離岸外包越來越被近岸外包取代，生產基地盡量靠近終端消費市場，供應鏈流程變短並更加多元，以便於靈活應對突發波動。三個中心的形成也會促使國際資本相應調整流向，客觀上助推

1　《中美達成共識，不衝突不對抗》，人民網，2013 年 6 月 10 日，http://world.people.com.cn/n/2013/0610/c364320-21810197.html。

中美「脫鈎」。從目前各國的政策討論和擬推出的舉措看，有以下動向：
第一，攸關美國安全的產品生產，如生物醫藥、個人衞生防護設備（PPE）
和部分尖端製造企業可能會被移出中國，不排除美國立法強令企業回遷；
第二，勞動力密集型產業因生產要素成本變化而從中國向外轉移的步伐可
能加快，美國在耐用消費品上的對華依賴下降；第三，適應中國市場需求
的行業巨頭會駐守，它們在全球銷量下降之際，繼續從中國市場的復甦中
獲益。第四，5G 等高科技產業「脫鈎」，導致中國被排除在美國及其盟友
市場之外，存在形成事實上的兩個體系、兩種標準的可能性。

從全球治理的角度看，中美仍然擁有應對全球性挑戰的廣泛共同利
益，兩國的專業界在傳染病防治、應對氣候變化等重要領域的功能性合作
並未停止。但是，現任美國政府不但缺乏對兩國在全球領域合作的政策支
持和資源投入，而且力圖阻撓中國在國際事務中發揮影響力，把從多邊機
構中排斥中國作用當作重要的外交目標。美國政府架空世界貿易組織，終
止與世界衞生組織的合作，在世界知識產權組織、國際貨幣基金組織、世
界銀行等機構中阻撓中方人選承擔關鍵領導職務；同時，與多國談判和簽
署以「零關稅、零壁壘、零補貼」為核心內容的新雙邊自貿協定，植入排
斥中國的「毒丸條款」。美國這一系列做法，對以聯合國為中心的國際治
理和合作體系的破壞和干擾是比較大的，發展下去難免會影響到全球解決
共同挑戰的意志和能力。

從國際格局的角度看，冷戰後中國對國際格局的描述是「一超多
強」，但是這一格局已經因為美國和中國的相對力量變化而發生動搖。
2020 年年初清華大學戰略與安全研究中心舉辦年度國際形勢研討會時，
中外戰略界學者對當今世界的力量和權力分配進行了評估。一個比較重要
的看法是，美國的霸權難以為繼，但是作為超級大國，其實力地位和影響
力仍然超羣；中國雖然在硬實力和軟實力方面都與美國有相當大的差距，
但是在經濟規模和新經濟態勢上同排在後面的國家已經拉開了距離，中美
加起來約佔世界經濟總量的 40%、全球軍費開支的 44%。未來這兩個相

對強大的國家如何確立彼此關係，能否給世界帶來穩定預期，抑或相反，是當今國際政治中的最大的課題。

中方學者認為，中國與美國在實力上有比較大的差距，國際社會對「兩極世界」也有很不好的歷史記憶，但是，兩個遙遙領先的大國不可避免地對世界發展擁有更大影響，也因此必須承擔更多責任，包括準確判斷彼此意圖，避免基於誤判確定戰略。這原本是一個在複雜互動中緩進的過程，然而，2020 年新冠肺炎疫情的發生及其後果與美國大選選情的變化交織在一起，與美國國內政治、經濟和社會矛盾的激化疊加，使得美國的自信心進一步下降，對中國的恐懼和疑慮更深。這也必然會影響到兩國探索新路徑的互動方式和節奏，無論向哪個方向發展，都會明顯提速，中美界定彼此看法和相處方式的迫切性變得更加突出了。

在中美戰略博弈過程中，不能忽略第三方視角。中美關係已經成為影響新的世界格局形成的主線，未來世界能否保持在和平與發展的軌道上？還是會進入大國戰略競爭甚至衝突？在很大程度上取決於中美對對方和兩國關係的定位，是「敵」還是「非敵」，結果大不相同。而在這個方向的確定中，兩國都會受到其他各方政策取向的影響。國際上的其他主要力量，無論是歐洲、日本、澳大利亞等美國的盟友國家，還是印度等發展中國家，目前都採取一定的觀望態度，構成某種「第三方力量」。

由於中國對世界經濟擁有巨大影響力 —— 全球 70% 國家和地區都以中國為第一大貿易夥伴，而美國擁有在世界金融和科技等領域的領先優勢和對國際事務的傳統影響力乃至其同盟體系的聚合力量，仍對世界發揮着主導性作用。第三方力量普遍不希望中美緊張關係嚴重到導致世界發生大分化的地步，各國也因與中美都有千絲萬縷的利益關聯，不想在兩國之間做選擇。但是，如果中美不可逆轉地走向了衝突，許多國家在缺乏來自中國的利益和安全保障的情況下，即便不主動選擇美國，也很難選擇支持中國。疫情期間筆者參加一些中外學術線上會議時就注意到，國際學界在議論「他者的崛起」（the rise of the others），言外之意，如果世界進入領導

力缺乏的狀況，需要考慮如何構建新的聚合性領導力。[1] 2019 年法德曾提出「多邊主義聯盟」的倡議，意在聯合多國應對單邊主義挑戰，維護其自身利益和全球治理體制。[2]

以上便是中美博弈的全球大背景，這些高度複雜和多元、多層次的因素是流動性的和可以轉換的。中美競爭固然已經不可避免，但是與美蘇冷戰等歷史上曾經有過的因大國權力爭奪而引發的對立關係不可簡單類推。近現代史上曾出現三次比較典型的大國競爭——第一次世界大戰前的英德競爭、20 世紀 30—40 年代的美日對抗、20 世紀後半葉的美蘇冷戰，它們有一些相近的特點，例如，都曾經有全球性經濟危機的背景，新興大國表現出亢奮的強國心態，守成大國在強烈的憂患意識和被追趕的恐懼心理驅動下奉行遏制政策。但是中美競爭是在世界經歷了比較長時間的和平和經濟全球化發展之後，被人為地突出起來的，兩國相互之間和各自與世界多國已經存在深度依存的關係，中國自身也實現了綜合力量的全面發展。[3] 這些特點和條件在以往的大國惡性競爭中都是不存在的。這就決定了中美競爭將更加複雜和利弊關係難以拆解，雖然競爭面比較廣泛，有時甚至十分激烈，但兩國在競爭和敵對關係之間仍有空間。中美必須面對的最重要挑戰、抑或是最重要的選擇是，未來將是繼續在同一個全球體系內解決彼此分歧，還是分道揚鑣，剝離成為兩個相對獨立且又彼此連接的體系，各行其是。而後者也意味着全球化的終結和現存國際體系的裂解。

一場世紀博弈的序幕已經拉開，無論中國人是否情願，都已被裹挾其中。同時，需要看到的是，美國已不具備冷戰剛結束時的那種影響國際事

---

1 Ziv Rubinovitz, "The Rise of the Others: Can the U.S.Stay on Top?", *Great Powers and Geopolitics*, 2015, pp.31-64, https://link.springer.com/chapter/10.1007/978-3-319-16289-8_3#citeas.

2 "Germany, France to launch multilateralism alliance", April 3, 2019, https://www.dw.com/en/Germany-france-to-launch-multilateralism-alliance/a-48172961.

3 參見王立新《從歷史與比較的視野看大國競爭時代的中美關係》，澎湃新聞網，2019年 6 月 9 日，https://www.thepaper.cn/newsDetail_forward_3611847。

務和國際關係的絕對強勢地位，也沒有充分的理由和足夠的號召力掀起一場對華全面戰略圍堵和意識形態圍獵的世界浪潮。中美關係揭開了新的篇章，雙方既存在觀念、目標、路徑上的差異，同時也有着維繫現存體系和總體和平合作大勢的共同責任，兩國人民在世界的穩定和可持續發展等重大問題上，存在廣泛的共同利益。

目前中美兩國對相互競爭的認識和基本判斷存在比較大的差異，甚至可以說雙方競爭的目標不在同一維度上：美國堅信中國的意圖是從自己手中奪取世界領導地位，兩國之爭的性質是「老二」與「老大」的地位之爭，因此其競爭戰略以從各方面有效制約中國為目標；而中國的意圖是實現「兩個百年」的發展目標和民族復興，如果說爭，爭的是自己的發展空間。未來中美是否會陷入零和對抗、抑或實現「競合」關係，關鍵要看兩國能否客觀認知對方的實力與意圖，進而找到彼此目標相容的空間。

在 2020 年餘下的時間，美國外交舉措必然要受到總統選舉因素影響。經濟衰退、兩黨極化、種族等社會問題和特朗普本人極富爭議等現象，使得美國內持續動盪，政治爭鬥和民情撕裂的程度高於往屆大選。針對「中國威脅」的炒作進一步向「高政治」辯題發展，強硬勢力會更加賣力地仇化對華關係，不能排除會利用各種藉口發動激烈攻勢，中美關係的形勢更加嚴峻。

無論美國大選結果如何，中美關係的未來方向都是下一階段雙方需要認真思考和理智探討的。看美國對華態度的演變趨勢，在如何實施新戰略上可以觀察到兩個方向上的推動力：一股力量以華盛頓右翼為主導，主張對抗和「全面打壓」中國，不斷挑動爭論，包括用「國家安全關切」和「政治分歧」等引領議題，極力減少雙方各領域交往和持續推動「脫鈎」。另一股相對理性的力量也是存在的，不主張放棄「有限接觸」，希望保持務實關係，督促中國修正自己，改變「違規」和「不公平」做法。美國政府過激的對華政策措施對美自身的傷害日益顯現。因此，雖然這種觀點常常被更加高調和尖銳的對抗聲音所遮蔽，但是並非沒有廣泛和沉默的支持

者，將來隨着美國國內政治局勢的變化，其影響可能會有所上升。

對於中國而言，如何應對美國的競爭挑釁，如何準確判斷世界潮流，並且能順勢而為，對內確保實現「兩個百年」目標的進程不被打斷，對外贏得和保障國家發展所需要的和平與合作的環境？如何贏取更多國家對中國政策的了解和理解，在構建人類命運共同體的道路上有效爭取和開展國際合作，維護世界和平與發展的大勢不受嚴重干擾？這些都是擺在 21 世紀歷程途中必須面對的大問題。而中國對兩國關係發展方向的選擇，將很大程度決定對上述問題的回答。

毋庸諱言，美國對華政策和戰略的調整帶來的挑戰是嚴峻的。在前述兩種方向的選擇中，前者意味着正面對抗，意圖將兩國關係拖入惡性競爭、兩敗俱傷的軌道。若此，中國自身的發展路徑很難不受到大的衝擊。一旦中美滑向局部乃至全面「脫鈎」，美國對華採取極端行為的顧慮則會下降，中國進一步深化改革開放的難度也會增加。後者看似緩和，但是順着這個方向發展下去，不能排除美方會持續提高要價，所謂「合規」的壓力從經貿領域外溢到政治和安全領域，將中國規範為美國治下的新全球體系的一部分。

需要認識到的是，歷史人物是否成功，關鍵取決於他們的思想和行動是否符合歷史發展的客觀規律。我們看今天的美國對華政策調整，不能低估一些政客出於各種利益的考慮刻意誤讀、誤判中國和由此可能對兩國關係帶來的傷害，甚至會讓兩國關係一時偏離正確軌道，但是也不必高估他們改變歷史潮流的能力。正如習近平講到的，各國逐漸形成利益共同體、責任共同體、命運共同體。這既是經濟規律使然，也符合人類社會發展的歷史邏輯。[1]習近平還指出，我們應該把握時代大勢，客觀認識世界發展變化，以負責任、合規矩的方式應對新情況新挑戰。

1　「習近平出席 APEC 工商領導人峰會並發表主旨演講」，新華網，2018 年 11 月 17 日，http://www.xinhuanet.com/politics/leaders/2018-11/17/c_1123728801.htm。

　　鑒此，我們需要對未來中美關係的發展做認真的思考和設計，主動提出自己的選擇和方案，既能夠切實維護我國根本利益，又能解決美國合理關切，同時也符合世界和平發展的大方向。畢竟，中國的發展已經與世界息息相關，中美兩個大國，合則兩利，鬥則雙輸。為此，兩國領導人曾經達成的構建「穩定、合作和協調的中美關係的共識」應是思考和設計兩國關係具體路徑的根本指導。

　　中美關係未來比較好的前景是，經過博弈和理性的利益權衡，形成「競合」關係，即相互進行有限、可控的競爭，同時能保持協調，維繫雙邊關係在具體問題上相對穩定的發展，在多領域和全球事務中開展合作。最終實現這種大國良性競爭新型關係的前景，需要雙方認真做出努力。然而，目前美國在官方層面不僅這種意願比較小，反而在加緊向相反的方向使勁兒，因此對中國來說，朝這個方向努力的難度和阻力是非常大的。在未來美國大選前的幾個月，美國對華態度很難有積極的改變，接下來中國的選擇和作為將對中美關係能否走向正確方向更具塑造力。

　　我們需要學會從相對平視的角度處理對美關係，客觀和冷靜地評估我們所處的世界環境，善用對未來所擁有的前所未有的塑造力，須以足夠的自信、定力和韜略同美國這個老道的大國打交道。中美關係的更新和調整，必然要經歷一個較長時期的艱難博弈的過程，好的結果是不可能求來的，只能通過艱苦鬥爭、大膽博弈和主動協調來贏取。

　　在現階段的中美博弈中，中方需要更多地從積極的角度發揮引領作用，儘可能多地注入理性和務實的成分。可以考慮主動進取，主動出牌，推動在關鍵領域開拓坦誠對話，彼此真正傾聽，切實解決雙方的合理關切，累積經驗和條件。中美貿易第一階段協議就是在這個方向上努力的一個成功案例，雖然雙方都沒有實現所有的願望，但是結果惠及彼此，也有利於兩國關係的長遠。這個協議在執行中難免遇到困難，尤其在當前氣氛惡化的環境中，阻力和壓力必然增大。但是，放棄帶來的風險更大，協議的有效落實才能避免兩國關係更快下滑。協議中涉及的許多問題亦是中國

改革中需要解決的。

中國堅決維護自身政治制度和發展道路的安全，反對任何干涉國家內政的企圖。同時，中國也不以消滅其他制度為目標，更不會重蹈美西方向世界推廣自己價值觀的窠臼。要實現新時代的大國關係穩定，雙方需要通過對話和談判加深對彼此核心利益、制度尊嚴、價值體系的理解，按優先順序梳理各自和共同關切的清單，爭取就行為邊界形成共識和必要的默契，逐漸培育尊重對方關切和恰當的利益交換的習慣和能力。對一些不可調和的安全利益和分歧，做出必要的管控安排。

中國的海上力量在成長，其意圖和目的必然是美國等其他海上傳統力量關注和需要應對的新問題。我們需要在西太平洋維繫力量存在並建立有效威懾，通過必要的維權行動、積極的溝通磋商、務實的海上合作和專業有效的風險管控，實現保衛國家安全和維護地區和平的責任。為此須使中國的防衛政策和目標更加透明，讓各方切實了解中國軍事安全的主張和底線。國際戰略界也關心中美能否通過談判構建軍事力量和平共存的戰略均勢。雖然目前缺乏談判的氣氛，但是中美作為亞太兩大重要軍事力量，雙方在戰略安全領域建立對話渠道尤顯重要。應開闢有效和多層溝通的管道，同時加強危機管控機制建設，避免發生誤判。另外，中國雖不參加涉及美俄雙邊問題的核裁軍條約談判[1]，但一直是國際軍備控制體系重要成員，幾乎參加了所有重要機制，在國際上有良好口碑。中國在這方面可以更多地主動作為，例如推動有核國家接受中國提倡的「不首先使用」原則等。

中國人關心和善於的，主要還是要做好自己的事。例如在科技這個新的博弈前沿，需要將美國施加的巨大壓力轉化為激勵自強的動力。可以充分利用當今世界全球科技的開源知識環境，努力提高創新能力，補「短板」以增強在技術、元件上的自給能力，更重要的是增「長板」，提升向

1　具體指《中導條約》和《新削減戰略武器條約》（New STart）。

世界科技進步提供支撐的能力。唯有更好地維護我國在世界科技和經濟體系中的影響力，維繫全球體系的健康成長，才能真正打破「脫鈎」和分裂世界的企圖。宜堅定和及時地採取的「反脫鈎」策略，在各個領域都採取堅決維護和增進交往的政策，各部門都多做掛鈎的事，不做和少做會進一步導致「脫鈎」的事。

我們需要以習近平外交思想為指引，明確中國作為國際秩序和體系維護者和改革、完善者的站位，堅持高揚全球治理、多邊主義的旗幟，用中國的「進」應對美國的「退」，用維護和平、促進增長的行動，對沖美國的破壞性舉動，維繫經濟全球化的勢頭。面對後疫情時期世界發展難題和矛盾增加的局面，儘可能多地開展協商，協助各國解決問題，也就是在國際關係中多做「加法」，多「賦能」，承擔合作型大國的責任。做第三方工作要切實以發展彼此互利合作為目的，以促進世界和平發展為大方向，而不需要形成中美爭奪第三方的零和局面。

在全球問題上，中美共同關切多於矛盾，而且世界多國都期待，當美國政府在這些領域減少投入之際，中國能發揮領導力。目前在氣候變化等領域，國內已構建起政府與智庫的有效合作機制和政策儲備手段，無論是在官方層面，還是在社會層面，都與國際社會保持着比較好的互動，體現了合作的力量。可以此為藍本，在涉及反恐、防擴散、禁毒、跨國傳染病防治乃至人工智能治理、打擊跨國犯罪等全球關注的重大課題上，培養官方和智庫的有效合作，鼓勵拓展國際對話渠道，不斷提升向世界提供有效資源、解決實際問題的能力。

在國際傳播領域，我們需要增強有效傳播的能力，包括鼓勵和動員多元化的傳播手段和渠道，積極培養人才，改善和增強中國國際形象。我們需要更多地向國際信息庫提供關於中國的一手信息和資料，讓世界更多地從中國人這裏獲取而不是從間接渠道得到中國信息。此次美國大選，共和、民主兩黨都在用中國議題競選，通過炒作「中國威脅」「中國挑戰」來拉選票，這對我們是挑戰。同時，從傳播邏輯的角度看，外部的高度關

注也為中方有針對性地傳播中國知識和信息提供了窗口，如果能有效和合理利用，可以讓更多的美國人乃至國際民眾了解到中國的真實情況和中國人的想法。

　　總之，中國已經從力量偏弱的國家，成長為擁有較強力量和一定國際影響力的大國，進入一個需要在新的實力基礎上和更廣闊的利益平台上運作內政和外交的時期，對美關係的處理也需要反映和適應這種變化。哈佛大學的格雷厄姆·艾利森教授一直試圖論證中美之間是否存在「修昔底德陷阱」，最近他在把研究重心轉向為避免衝突提供解決之道，發起了一項名為「尋找應對中國挑戰的大戰略」（Searching for a Grand Strategy to Meet in the China Challenge）的專項研究。[1] 這樣的研究在美國並非僅此一家。中國的戰略界是否也需要行動起來，研究「應對美國挑戰的大戰略」呢？筆者認為是有必要的。

1　Graham Allison, "Contest: Do You Have a Grand Strategy To Meet the China Challenge?", March 2019, https://www.belfercenter.org/publication/contest-do-you-have-grand-strategy-meet-china-challenge.

逆全球化：疫情後籠罩世界經濟的陰影

蔡　昉

一　引言

　　根據歐盟歐洲疾病預防與控制中心數據，從 2019 年 12 月 31 日起，截至 2020 年 6 月 30 日，全球感染新冠肺炎的人數已經超過 1027.3 萬，其中超過 50.5 萬人死亡，過去 14 天發生的感染人數為 226.9 萬，佔全部感染人數的 22.1%，說明疫情仍在發展。作為世界最大經濟體和最發達國家的美國，確診人數已經超過 259 萬，死亡人數超過 12.6 萬，[1] 均居世界各國首位，死亡人數早已遠遠超過在越南戰爭中美軍的死亡人數（5.8 萬餘人），以及近年來美國歷次流感季的死亡人數（其中 2017—2018 年流感季為 6.1 萬人）。並且，過去 14 天新增人數比例為 18.4%，也說明仍處在上升區間。巴西、俄羅斯、印度、南非等新興經濟體以及英國、德國、意大利等發達經濟體，也都位居感染人數前茅。

　　總體來看，新冠肺炎疫情的全球流行病學曲線，沒有像中國那樣到達峰值之後便迅速下降，形成一個倒 V 字形軌跡，而是曲折地不斷攀登新的數量高峰。正如圖 1 所示，截至 2020 年 6 月 30 日，全球新冠病毒的流行病學曲線絲毫沒有顯示出平緩下來的趨勢。

　　鑒於我們對新冠肺炎疫情發展的觀察和判斷，即一方面，疫情發展

＊　作者係中國社會科學院副院長、學部委員。

1　參見歐洲疾病預防與控制中心網站，https://www.ecdc.europa.eu/en/geographical-distribution-2019-ncov-cases。

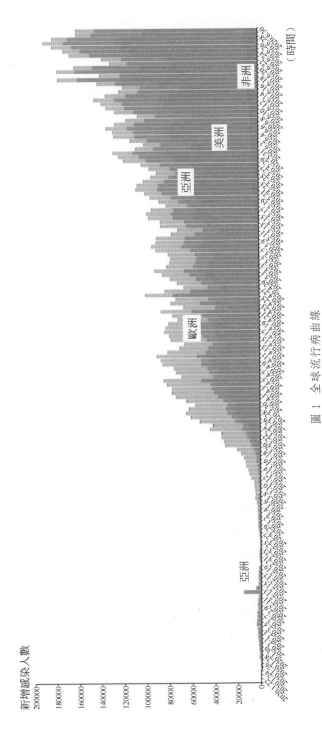

圖 1 全球流行病曲線

資料來源：http//www.ecdc.europa.eu/en/geographical-distribution-2019-ncov-cases，2020 年 7 月 1 日瀏覽。

在國家之間形成「一波未平一波又起」的趨勢，另一方面，越來越多的醫學專家預期，疫情可能形成第二輪甚至更多輪峰值，還有很大的可能性是人類需要與新冠病毒長期共存，因此，從全球流行病學曲線的形狀，我們可以看出越來越明顯的倒 W 字形軌跡，並且與以上判斷也是完全吻合的。

疫情全球大流行造成的經濟衰退及其復甦，時間和歷程都將受到流行病學曲線的制約。相應地，按照目前疫情全球發展的趨勢，即便是最為樂觀的經濟學家，也不再心存僥倖地期待一個 V 字形的全球經濟復甦軌跡，甚至從全球而言，U 字形復甦也難以預期。國際貨幣基金組織（IMF）預測，2020 年全球主要經濟體和世界經濟將經歷嚴重的負增長，世界經濟增長率為 -3.0%，全球貿易增長率為 -11.0%，[1] 不久後，世界銀行就做出更不樂觀的預測，世界經濟全年將收縮 5.2%，除中國將增長 1% 外，主要經濟體皆為負增長[2]。同時，世界貿易組織對全球貨物貿易的預測則是從縮減 13%（樂觀）到縮減 32%（悲觀）[3]。

如果如越來越多的醫學專家所認為的那樣，全球新冠肺炎疫情很可能不是一次性的，不會一波過後即止，可能在一段時間內甚至長期與人類共存，那麼毋庸置疑的是，我們面對的也並不僅僅是全球性的公共衞生危機，各國經濟、社會乃至政治所受的衝擊不僅是巨大的，也是百年不遇的，而且會持續下去。因此，新冠病毒會對世界經濟和全球治理體系產生長期、深遠和顛覆性的影響。

畢竟，隨着各國紛紛實行的大隔離和保持社交距離等防控措施取得一定成效，一些國家在付出巨大生命代價的條件下或許會產生一定的羣體

1　International Monetary Fund, World Economic Outlook, Chapter One: the Great Lockdown, Washington, D.C.: International Monetary Fund, April 2020, p. ⅸ .

2　World Bank, *Global Economic Prospects*, *June 2020*, World Bank Group, Washington DC, 2020, p.4.

3　World Trade Organization, *Annual Report 2020*, https://www.wto.org/english/res_e/booksp_e/anrep_e/anrep20_e.pdf, 2020 年 7 月 1 日瀏覽。

免疫力，而且有不同國家的眾多團隊研發特效藥品和疫苗也可能取得一定程度成功，這次百年一遇的大流行終將完成這一輪波峰。新冠病毒既無情又狡猾，但是，人類也變得越來越聰明。人類較之以往更加聰明的一個表現，便是積累了足夠的經驗和教訓，而且樂於並善於運用這些珍貴的信息，以歷史為鑒，以當下為鑒，並由此預見未來。但是，以怎樣的立場應對危機，卻可以形成大相徑庭的政策傾斜，導致截然不同的後果。

一個較為流行的對疫情之後世界的判斷，就是新冠肺炎疫情的全球大流行將終結這一輪全球化的進程。即便是不那麼激進的觀點，也認為疫情至少會改變全球化的演進方向和運作方式。既往的經驗和教訓表明，全球化固然是一種歷史的必然性，但是，經濟全球化在產生顯而易見的積極效應的同時，也生產出諸多不利的副產品。因此，全球化治理要求形成一系列發揮全球化正外部性，同時消除其負外部性的規則和機制。

改革開放以來的中國，既是經濟全球化的獲益者，也始終為維護全球化及其賴以存在的多邊主義機制而做着自己的努力。面對疫情全球大流行帶來的新情況和新趨勢，我們有必要準確判斷疫情後全球化的走向，認清事物發展的可能選項和給我們帶來的挑戰，以便確立有效的應對策略及實施手段。

二 民粹主義本質與疫情政治化

在西方國家，對諸如疫情大流行這樣的突發事件，政府的應對表現如何，總是會影響政治家的選情乃至最終選票，因此，這類事件從本質上就不可能迴避被政治化的命運。一般來說，在許多國家不絕如縷的民粹主義政策傾向，其根源就在於，政治家面對國內種種長期無法解決的棘手問題，在解決這些問題的體制根源方面投鼠忌器，既無心也無力一舉斬斷繞成一團亂麻的戈迪亞斯之結（Gordian Knot）。因此，他們只剩下以下三條民粹主義道路可走：要麼尋找一個外部目標作為替罪羊來轉

移矛盾，要麼做出一紙空文式的民生承諾，要麼採取飲鴆止渴的經濟刺激政策。

　　從西方國家的歷史看，每逢發生大規模的戰爭、自然災害和疾病大流行，都伴隨着隱瞞事件發生的原因及嚴重程度等事實真相、污名有競爭關係的國家或者作為傳統替罪羊的族羣（如猶太人）、藉機打擊政治上的競爭對手、把意識形態泛化到各個領域和社會生活的各個方面等做法，由此產生無奇不有的民族主義和民粹主義思潮、無所不用其極的政府舉措，以及荒誕不經的社會行為。

　　以一個世紀以前發生的著名大流感為例。[1]1918 年導致全球 5000 萬人到 1 億人死亡的這場大流感，起源地是美國哈斯克爾縣（Haskell County，Texas）和鄰近的范斯頓軍營（Camp Funston，Kansas），並通過軍隊在國內調動以及到歐洲參戰而廣泛傳播，演變為流行全球的大瘟疫。但是，美國的聯邦政府和地方政府無視科學家和醫生們的一再警告，罔顧已經普遍發生的嚴峻事實，以一切為了戰爭（參加第一次世界大戰）為由，封鎖和壓制關於疫情的真實信息，故意淡化疫情的嚴重程度，沒有做出有助於阻擋疾病傳播的必要應對，最終造成美國人民和世界人民生命和健康的極大損失。

　　當時，美國政府為了轉移公眾視線和推卸自身責任，採取了種種高壓手段控制輿論和無視民情，各種針對國內非主流政治羣體、少數族裔以及其他國家的污名化行為也甚囂塵上。一個最為經典和最具標誌性的事實是，為了作戰的需要，參戰各方都對疫情的報道進行了嚴格的新聞管制，以至於一個作為中立國因而無須新聞管制，且與大流感起源無關的國家——西班牙為疾病發源地「背鍋」，並且從那以後，「西班牙流感」這個疾病的名字被用了一個世紀有餘。

1　[美] 約翰‧M. 巴里：《大流感：最致命瘟疫的史詩》，鍾揚、趙佳媛、劉念譯，上海科技教育出版社 2008 年版。

在很多國家，採用包括經濟政策在內的各種民粹主義政策，不惜以飲鴆止渴的辦法來應對那些短期難應對且長期無出路的困難局面，也是具有悠久歷史傳統的。多恩布什等經濟學家最早提出宏觀經濟民粹主義這個概念，並以拉丁美洲國家為對象進行了經驗研究，從中得出的結論是，一些國家經濟的失敗正是在於應用了這類政策。[1]

實際上，美國這個世界上最發達的經濟體，也有深厚的宏觀經濟民粹主義傳統。例如，拉古拉邁·拉詹就曾指出，美國政府試圖通過擴大信貸來刺激消費，以便緩解由於收入差距擴大造成的中產階級和低收入羣體的深層次焦慮。[2] 這類政策的後果表現為金融過度發展，導致物質資本和人力資本的錯配，直至造成 2007 年的美國次貸危機進而引發國際金融危機。然而，儘管金融危機後發生了很多重要的變化，美國國內的收入差距擴大和中產階級萎縮現象卻並沒有改變，貧富分化及其導致的社會分裂和政治對立等現象愈演愈烈。

新冠肺炎疫情對美國產生的巨大衝擊，迄今已經顯示出聯邦政府的嚴重應對不力。2020 年 1 月 23 日，在中國武漢「封城」的時候，美國僅有一個感染病例。世界衛生組織（WHO）也早在 1 月 30 日就宣佈新冠肺炎疫情為「國際關注的突發公共衛生事件」，當時在中國境外只有 82 例感染且沒有死亡病例。然而，包括美國在內的許多國家沒有珍惜這個時間窗口，未能果斷實施必要的隔離措施。直到 3 月 13 日美國才宣佈進入國家緊急狀態，而確診病例已達到 1600 多起。在信息充分的情況下一再貽誤時機，不僅造成巨大的生命和健康損失，也致使經濟陷入深度衰退和失業率飆升，民不聊生和民怨沸騰威脅到政治家的選票。

因此，正如完全可以預料到的那樣，美國總統特朗普及其團隊為了在2020 年的大選中贏得連任，這時再次急需尋找替罪羊，不遺餘力、不擇

1　Rudiger W.Dornbusch, Edwards and Sebastian, "Macroeconomic Populism in Latin America", *NBER Working Paper*, No.w2986, May 1989.

2　［美］拉古拉邁·拉詹：《斷層線——全球經濟潛在的危機》，中信出版社 2011 年版。

手段地把國內矛盾轉移到國外。為此，他們不惜用盡諸種不名譽的手段，包括污名中國的國內抗疫策略和對外抗疫援助、敦促美國企業與中國供應鏈脫鉤、掣肘 WHO 在國際合作抗疫中發揮協調作用、製造各種有關中國以及中國與 WHO 及其他國家合作的陰謀論，以及實施可能產生巨大負面溢出效應的貨幣政策（赤字貨幣化）。可見，美國國內政策的民粹主義和國際關係中的民族主義，與把疫情政治化的做法具有相同的動機。而且，這些意識和行為也都會產生逆全球化的結果。

三　疫情之後的逆全球化表現

早在十餘年前開始應對國際金融危機時，許多國家經濟的內顧傾向就開始滋長，不斷為逆全球化的星星之火澆注燃料，或者說對經濟全球化釜底抽薪。從全球貿易增長明顯減緩的事實，可以清楚地看到這個趨勢（見圖2）。從 20 世紀 80 年代後期直到 2007 年，全球出口總額的增長速度都是顯著高於世界經濟增長速度的。受到金融危機的衝擊，2009

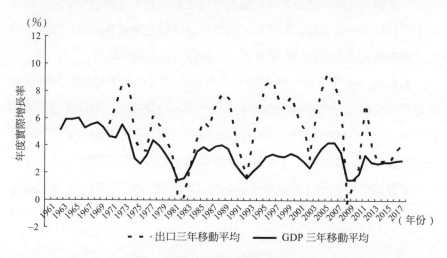

圖 2　國際貿易和世界經濟增長率

注：圖中的兩條曲線分別為全球貿易和世界經濟增長率的三年平滑水平。
資料來源：世界銀行數據庫，http://data.worldbank.org/。

年全球出口以大得多的幅度跌為負增長（為 −11.8％，同期 GDP 增長率為 −1.7％），在 2010 年以同樣大得多的幅度回升到正值（為 11.8％，同期 GDP 增長率為 4.3％）以後，迄今為止，出口增長率總體而言就未能再高於 GDP 增長率。

可見，經濟全球化的式微，或者說金融危機後呈現出的逆全球化表現，即便沒有發生新冠肺炎疫情，也已經是注定的趨勢且逐步顯現。特別是美國政府實行一系列單邊主義政策，嚴重威脅到第二次世界大戰後建立的多邊主義機構和機制，更加劇了這個趨勢。然而，從新冠病毒疫情演變為全球大流行之日起，越來越多的現象表明，諸多以往被普遍認同的全球化理念、機制和實踐正在受到更為嚴峻的挑戰。

許多學者紛紛對疫情後的世界做出自己的判斷和展望。美國《外交政策》雜誌約請 12 位被認為是全球頂級思想家的作者，就「新冠大流行之後世界將是個什麼樣子」發表意見。總體來說，應約表達觀點的作者大都認為，疫情大流行是一個產生了廣泛後果因而足以改變世界的事件。一些作者認為疫情之後會出現各國政策更為內顧、國家之間進一步分化、供應鏈發生斷裂乃至脫鈎等逆全球化現象。從相對樂觀的方面看，很多人或許並不認為這意味着全球化的終結，仍然滿懷希望地呼籲各國全面理解事物的發展趨勢，做出正確的政策反應，共同努力以挽救全球化。[1]

其他許多國際主流媒體也發表了大量關於疫情影響世界和全球化發展趨勢的文章，一時間眾說紛紜、莫衷一是。如果撇開不同作者觀點的相異之處，一個共同的認識是，疫情後的世界面貌會發生深刻的變化。這個共識體現在弗里德曼的一個表述中，他認為新冠肺炎疫情的全球大流行，如同耶穌誕生日一樣，可以把世界的變化做出新冠前（B.C.）與新冠後

1　John Allen, Nicholas Burns, Laurie Garrett, et al., "How the World Will Look After the Coronavirus Pandemic", *Foreign Affairs*, March 20, 2020, https://foreignpolicy.com/2020/03/20/world-order-after-coroanvirus-pandemic/.

（A.C.）這樣的劃時代區分[1]。雖然這個說法看似僅具有修辭學的意義，但是，它反映了在學者們的眼裏新冠大流行的當下和後續影響之大，同時也為人們討論問題提供了一個簡潔的話語概念。

無論是根據歷史經驗還是迄今為止出現的種種現象進行判斷，疫情之後的世界經濟不可避免地被籠罩在更為濃重的逆全球化陰影之中。這種逆全球化霧霾的構成元素和具體表現固然是多種多樣的，甚至可謂不勝枚舉，不過，如果着眼於它對過去近 30 年經濟全球化最重要支柱的潛在破壞性，我們可以把觀察重點放在這樣幾個方面，即在發展理念上貿易保護主義對自由貿易的挑戰，在全球治理上單邊主義對多邊主義的取代，以及在現實經濟層面上全球供應鏈的被動斷裂和主動脫鈎。

從新冠肺炎疫情傳播的早期，研究者們就常常不約而同地表達一個類似的看法，即新冠病毒在經濟社會意義上的傳染性，絲毫不亞於公共衞生和醫學意義上的傳染性。各國媒體也披露了諸多印證這個說法的事例。把這些表現歸結起來，不難看到全球化面臨的與大流行病相關的嶄新考驗。

很多國家對於大流行病的反應，在認識上從掉以輕心到過度恐慌，在行動上從貽誤時機到急不擇路，幾乎是在一夜之間發生的。在慌亂應對中，各掃門前雪的心態甚至以鄰為壑的自利表現暴露無遺。譬如，在意大利受疫情衝擊處於最暗黑的時刻，有血脈之親的歐盟國家一時竟無一伸出援手。更有甚者，在運輸途中攔截他國購買的從醫用防護裝備到口罩、呼吸機、藥品等救命物品的「海盜」行為也時有發生。

類似的，以國家安全為藉口，因疫情引起的保護主義意識和實施的保護手段，也不出意料地大行其道。一項調查顯示，2020 年以來直至 5 月 1

---

1 弗里德曼借用公元前（before Christ，簡稱 B.C.）與公元後（after Christ，簡稱 A.C.）的縮寫，以 B.C. 和 A.C. 分別代表新冠肺炎疫情發生之前的時代與之後的時代（英文分別為 before corona 和 after corona）。參見 Thomas Friedman, "Our New Historical Divide: B.C.and A.C.: the World Before Corona and the World After", *The New York Times*, March 17, 2020, https://www.nytimes.com/2020/03/17/opinion/coronavirus-trends.html。

日期間，全世界共有 22 個國家和地區對農產品和食品出口實施了總計 31 項限制措施，有 82 個國家和地區對醫療用品和藥品出口實施了總計 132 項控制措施。[1]

如果說上述表現是由於疫情暴發後國內死亡率迅速攀升，政府出於恐慌而急不擇路，可以看作只是偶發性事件或者臨時性措施的話，應對疫情衝擊的宏觀經濟政策缺乏聯動性和協同性，則是許多全球化制度和機制從設計之初便固有的缺陷。以歐元區為例。如果說，以往對歐元機制的作用以及存在的可持續性的懷疑，是認為統一貨幣下的金融制度安排存在缺陷，犧牲了成員國宏觀經濟政策的相機決策靈活性和主動性，那麼，由於新冠肺炎疫情的性質，這次事件則暴露出共同貨幣區域內協調機制的不健全和運轉不力。當諸多國家認識到在危急時刻，盟友、全球化機制和區域機制都靠不住的時候，民族主義、保護主義和單邊主義等傾向，就更容易在政策制定和實施中佔據上風。

新冠肺炎疫情暴發並嚴重化之後，一些國家在社會保障體制上的諸多弊端得以暴露，長期存在的貧富差距也表現在抵禦病毒侵害能力的差別上面，不同的社會階層對疫情帶來經濟衝擊的承受力也大相徑庭。這些問題由來已久、積重難返，民粹主義政策似乎成為政治家的唯一選項，對一些不明就裏的民眾也不啻一種安慰劑。疾病大流行本身以及不得不為的嚴格防控措施，在從供給側和需求側阻礙國內經濟正常運轉的同時，也必然抑制國際貿易和對外投資活動，各國經濟的內顧傾向和保護主義傾向愈加明顯。像美國這樣長期掌控全球治理話語權，而近年來大搞單邊主義的國家，也就難免更加變本加厲地向現存的自由貿易理念和多邊主義體系開戰。

隨着疫情在世界範圍的蔓延以及各國經濟遭受重大打擊，許多國家

1　The Global Trade Alert,"The GTA Reports", May 2020, https://www.globaltradealert.org/reports.

對戰略性產業的保護意識和實施措施明顯增強。無論是出於對在危機期間國內重要企業被外資收購的擔心，還是僅僅以此作為打擊他國競爭力的藉口，各國紛紛做出旨在遏制跨國投資活動的更嚴格規定。

例如，歐盟、澳大利亞、印度、意大利、加拿大、德國、西班牙、法國等分別通過制定和修訂相關法規等措施，加強了對外國企業在特定行業投資和收購的限制。大多數這類政策法規的出台，不乏濃厚的歧視性質和把中國作為假想敵的意圖。並且，以美國為代表，直接針對中國，在關鍵技術領域擴大對出口、投資和收購的審查範圍的措施也紛紛出台。

全球供應鏈受損也是伴隨疫情危機的一個突出現象，並且有着客觀和主觀兩方面的原因。無論是在大隔離期間各種經濟活動被動停止以致部分供應鏈斷裂，還是經濟在重啟的時候受到需求不足的衝擊造成供應鏈受損，以及無論是出於自身供應鏈安全的考慮，還是出於遏制競爭對手的用意，或者兩個因素同時存在，抑或僅僅出於回天乏力的無奈，許多國家主動實施脫鈎策略，20 世紀 90 年代以來這一輪經濟全球化的最重要成果——全球供應鏈，或多或少都要遭受到持久性的損害。事實上，僅從這一個方面，就足夠提出新冠肺炎疫情之後，經濟全球化是前進、停滯還是終結的生與死大問題。

四　逆全球化陰影下的中國應對

作為世界第二大經濟體和第一大貨物出口國，中國在改革開放過程中實現的前所未有的發展和分享成就，也得益於這一輪經濟全球化。與此同時，這一輪經濟全球化也推動了史無前例的世界經濟趨同和發展中國家的減貧，全世界生活在每天 1.9 美元（2011 年購買力平價）以下的人口比例，從 1990 年的 36% 大幅度下降到 2015 年的 10%。正因為如此，中國仍然要堅定不移地推進對外開放，同時利用自身的國際經濟地位和治理話語權，在國際舞台上堅決維護自由貿易理念和多邊主義體系。

　　在率先取得防控新冠肺炎疫情傳播的不凡成績之後，中國進入復工復產和推動經濟社會生活正常化的階段。對中國來說，經濟復甦面臨的最緊迫任務之一，便是修復受疫情本身、防疫措施以及其他國家相應表現等諸多影響因素而受損的產業鏈，並因應新的全球化格局確保供應鏈的長期安全。

　　在遭受新冠肺炎疫情衝擊最嚴重的時刻，中國實施了一系列嚴格的防控措施，導致眾多形式的消費活動停止以及大規模的停工停產，並且在春節之後的一段時間也未能復工復產。在第三產業經歷了嚴重萎縮的同時，製造業活動也經歷了從未有過的下降。根據國家統計局數據，非製造業商務活動指數和製造業採購經理指數（PMI），在 2020 年 2 月都下降到歷史最低點，分別僅為 29.6% 和 35.7%。製造業 PMI 的單月跌落幅度，甚至超過歷史上最大跌幅，即 2008 年 11 月的 38.8%（見圖 3）。

　　隨後，從 2020 年 2 月這個極低的基數上，製造業 PMI 於 3 月回升到 52.0%，4 月也繼續保持在榮枯線以上（50.8%）。但是，PMI 構成部

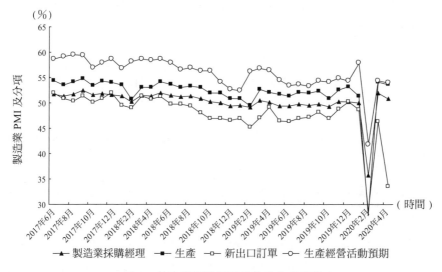

圖 3　製造業採購經理指數及分項指數

資料來源：國家統計局，http://data.stats.gov.cn/easyquery.htm?cn=A01。

分中的新出口訂單指數卻再次大幅跌落，也就是說，在 2 月跌到 28.7%
這個極低點之後，3 月回升到 46.4%，4 月再次回落到 33.5%，5 月為
35.3%，6 月為 42.6%。在一定程度上，這種情形也被許多經濟學家和企
業界人士預料到了，即在中國抗疫取得成效並加速復工復產之際，境外疫
情進入大流行的蔓延模式，許多重要的經濟體和中國的貿易夥伴進入「大
鎖閉」模式（Great Lockdown），出口訂單被取消的外部衝擊如期而至也
在意料之中。

誠然，新出口訂單指數反映了 3 月以後新冠肺炎疫情在中國境外發展
的現實。特別是主要發達經濟體普遍經歷確診病例數的爆漲，因此導致經
濟活動的大幅度停擺，進而使醫療防護用品和藥品等抗疫相關產品之外的
進口需求顯著萎縮。然而，全球疫情大流行的現實，還會讓許多國家對醫
療衛生用品的供給安全性進行重估，進而促進供給來源地的多樣化以及生
產活動地與消費活動地的匹配。此外，美國等國家借疫情污名中國，進而
採取惡意脫鉤的舉措，都會破壞現有的供應鏈格局，傷害中國製造業的發
展[1]。全球疫情大流行的確為疫情前即出現的逆全球化火上澆油。

可見，修補製造業的供應鏈、維護和提升中國產業在全球價值鏈分工
中的位置、確保產業鏈和供應鏈的安全，是中國堅持對外開放和維護經濟
全球化行動題中的應有之義和當務之急。對於這一點，我們需要從理念上
對產業發展規律有準確的把握，在實踐中對面臨的近期、中期和長期任務
有切實的定位。

首先，從維護製造業供應鏈入手推動高水平對外開放，與挖掘超大規
模市場優勢和內需潛力任務並無矛盾。經濟全球化並沒有終結，中國仍然
是並且越來越是一個最大的開放型經濟體。在這個基本趨勢背景下，全球

1　羅奇把美國等國家推動供應鏈脫鉤的目的歸納為三點，分別是在新冠肺炎疫情問題上
　　歸罪和懲罰中國、消除自身在關鍵設備生產線的潛在脆弱性、把海外生產能力回遷以
　　解決國內空心化問題。參見 Stephen Roach,"Don't Blame Supply Chains", Yale Global
　　Online, May 7, 2020, https://yaleglobal.yale.edu/content/dont-blame-supply-chains。

化的價值鏈本身就是生產率的源泉，這種分工格局既不會以某些國家的意志為轉移，我們自己也不應輕言放棄。即便是以滿足國內需求為主的產品和產業，也必然要面對來自外部生產者的競爭，沒有也不應該有一個免於競爭壓力的保護傘。

中國正處於從中等偏上收入向高收入過渡的階段，面臨着加快從高速增長模式向高質量發展模式轉變的艱巨任務。在這個過程中，一個重要的任務目標就是建立現代化經濟體系。只有在繼續積極參與全球分工體系的條件下，中國經濟的創新發展才有足夠的內在動力，勞動生產率和全要素生產率提高的潛力才能得到挖掘，國家總體競爭力才能與日俱增。

其次，從維護製造業產業鏈入手推動高水平對外開放，與保障供應鏈安全、解決核心關鍵技術「卡脖子」問題的任務並無矛盾。中國製造業具有強大的配套能力，在聯合國分類標準中擁有最為齊全的工業類別，製造業增加值總額和出口規模居全球第一位。然而，中國製造業整體而言仍然處於價值鏈的中低端，以至於在關鍵核心技術上對發達國家有很強的依賴，並因此而受到越來越嚴峻的制約。

中國貨物貿易對高收入國家曾經具有很強的依賴，在整個 20 世紀 90 年代，中國貨物進口中大約 84% 左右來自高收入國家，出口中大約 87% 左右流向高收入國家。由於中國在 2004 年前後跨過劉易斯轉折點，勞動力短缺現象日益普遍化，勞動力成本提高，導致製造業傳統比較優勢加速喪失，因而貨物以高收入國家為對象的貿易比重顯著下降。然而，隨着中國製造業升級優化，創新度逐漸提升，近年來對高收入國家出口比重下降的趨勢已經減緩，進口比重則已經有所回升。

總的來說，解決「卡脖子」問題，絕不意味着主動脫鈎，也不能「將錯就錯」，而要採取逆流而上的姿態，穩定傳統的貿易夥伴關係，加快發展新的貿易夥伴關係。同時要把自主研發核心關鍵技術的領域選準，才能集中優勢資源實現突破。以打破制約並保障產業和供應鏈安全為前提，牢牢嵌套在全球價值鏈之中，恰恰是推動更高水平對外開放的要求。

　　最後，從深化資源重新配置入手，提高製造業的全要素生產率，延續和挖掘動態比較優勢，提高產業的國際競爭優勢。長期以來，中國製造業的競爭地位主要建立在發揮資源比較優勢的基礎上。在勞動力充裕的條件下，通過促進勞動力從第一產業向第二產業和第三產業的轉移，實現了資源的重新配置，提高了中國經濟整體的全要素生產率。在過去十餘年中，隨着人口紅利迅速消失，勞動力成本的提高致使傳統比較優勢趨於弱化，相應地，製造業增加值佔 GDP 的比重自 2006 年以來一直處於下降趨勢。雖然從理論預期和跨國比較數據看，製造業比重隨人均收入提高而下降具有一定的必然性，但是，目前中國製造業比重的下降帶有早熟的性質，是在發展潛力尚未挖掘殆盡的情況下發生的。

　　歸根結底，製造業的競爭力在於全要素生產率的不斷提高。根據經濟和產業發展的規律，在勞動力從農業向非農產業轉移空間縮小，因而三個產業之間的資源重新配置對生產率提高貢獻率式微的條件下，在第二產業和製造業內部的更小分類部門之間，乃至這些分類部門內的企業之間，仍然存在着進行資源重新配置的巨大空間。生產要素合理配置的過程進入越來越小的分類部門及至進入企業層面，是一個資源重新配置深化的過程，也是未來全要素生產率的重要源泉，應該成為提升供應鏈質量的突破口。

後疫情時代的數字經濟展望

江小涓

一 數字時代的中國經濟增長：相對樂觀預期

改革開放以來，中國經濟保持高速增長，40 多年平均增長速度達到 9.7％。不過，從 2009 年開始，中國經濟進入了緩慢下行軌道，增長速度持續下行。這個下行點起始於美國金融危機帶來的全球影響，但下行時間之長、趨勢之穩定，卻超出了這個衝擊點帶來的影響。從根本上看，下行是由於我們進入了服務業為主的發展階段，服務業佔國內生產總值的比重持續上升。經濟理論和國際經驗都表明，服務業為主的經濟結構，有將經濟增長速度拉低的內在力量。這也是許多先行國家走過的道路：服務業比重超過 50％之後，經濟增長就開始呈現喇叭口模式：一條曲線是服務業在經濟中的比重，呈現上行趨勢，比重不斷升高；一條線是經濟增長速度，呈現下降趨勢，速度持續下行。這是世界經濟發展史上的一個規律性現象。

之所以有這種規律性存在，是因為服務業是相對低效率的產業，服務業比重升高，經濟活動的效率會下降，同樣的投入，產出減少，以至於拖累了整個經濟的增長速度。為什麼服務業是低效率產業？這源於許多服務過程要求生產和消費同時同地，「人對人」「點對點」，例如教育、醫療、

＊ 作者係全國人大常委、全國人大社會建設委員會副主任，清華大學公共管理學院教授、院長。

現場藝術表演、保安等。這個過程中，人力資本是主要的供給要素，所以很難利用高效率的機器設備批量地生產。不像製造業能夠用高效的設備、大批量的生產來提高勞動生產力。因而服務業勞動生產率長期保持在一個不變水平，但與此同時，不同產業中有勞動者要求近似的報酬，服務效率低但是工資不能低，與商品相比日趨昂貴。現在，中國經濟已經進入到了服務業為主的時代，同先行者相似，呈現出經濟增長速度持續下行的階段性特點。

中國會不會遵循先行者的軌跡進入中低增長階段？我們有沒有辦法將增長速度維持在相對較高的水平？總體看，速度下行難以避免，但我們希望能夠比其他國家表現得相對更好。這個希望並不是非理性的願望，而是有實在的依據，即我們是在數字時代進入了服務業為主的時期。

數字經濟具有三個顯著特點，不僅可以改變傳統的低效率問題，還可以創造新的商品服務和商業模式，創造新增長點。

第一，數字技術極大提高了服務業勞動生產率。服務業主要的問題是勞動生產率提不高，拖累了整個經濟的增長，如果提高了勞動生產率之後這個問題就不存在了。比如說銀行是一個非常費人工的行業，為什麼銀行對中小企業不願意提供服務，因為一筆很大的貸款和一筆很小的貸款，人工成本相近。現在互聯網銀行把數字技術用到貸款服務上，基本上是無人工干涉的一個智能的放貸過程。大概三四百人可以為千萬級數量的中小企業提供萬億元級的貸款，其效率是此前階段完全不能比擬的。再如教育行業，過去百多年來，大中小學的師生比沒有變化，即老師的勞動生產率沒有提升。但是有 MOOC 以後就有變化了，每位老師觸達的學生的人數成倍、成幾十倍甚至上百倍增加。清華大學排在前列的幕課，註冊學生人數近百萬，這與幾十人的線下課堂完全不能比。從經濟學的道理來講，數字化服務的高效率源自以下特點。一是規模經濟極為顯著，這源於許多網絡服務的初始成本很高而邊際成本很低，特別是可複製的文化類、信息類服務更是如此。一部網上視頻是一個觀眾還是億個觀眾，製作成本相同，增

加觀眾的邊際成本極低。二是範圍經濟極為顯著。一個巨型平台形成後，可以銷售多種產品和服務，並且以品牌優勢不斷拓展新的產品和服務。對消費者來說，登錄一個平台就會應有盡有，對企業來說能最大化地利用平台資產，降低成本提高效率。三是長尾效應極為顯著。所謂長尾效應，是指當產品和服務多樣化的成本足夠低時，那些個性化強、需求不旺、銷量很低的產品和服務仍然能夠「上架」，這些「小眾」「冷僻」的需求匯聚而成的市場份額可以和那些少數熱銷產品所佔據的市場份額相匹敵甚至更大。互聯網企業沒有庫存，網站維護費用遠比傳統店面低，平台能夠聚焦無數的賣家和買家，能夠極大地擴大銷售品種，最有效地形成「長尾效應」。例如，一家大型書店通常可擺放 10 萬本書，因此不可能擺放那些很小眾和過期已久成為「冷門」的書，但網絡書店則完全不受此限制，亞馬遜排名 10 萬以後書籍的銷售額佔到總銷售額的 1/4 以上。如果網上銷售的是服務，配送成本為零，更可以把長尾理論發揮到極致。網絡視頻、音樂下載等都屬於這種情況。由於「尾巴」很長，這些單品銷量並不大的商品和服務匯聚起來，就會成為巨額銷售。這表明在網絡時代，多樣性、複雜性的增加並不意味着平均成本的增加。

第二，數字技術能快速創造新的產品、服務和商業模式。傳統產業中，新產品、新服務開拓市場的時間非常漫長，你得先把產品設計出來，用各種廣告讓消費者知曉，現場演示，優惠銷售，才能抵達數量有限的消費者。數字時代產品和服務創新速度極快，幾大平台每天合計上新 300 萬件以上的產品和服務，促進消費者不斷嘗試新的產品和服務，消費迭代的速度加快。現在，願意不斷嘗試新商品新服務、而不是只消費已知品牌商品和服務的消費者佔到七成以上。數字化還可以迅速創造出全新的商品和服務類型，激發消費增長，例如在線遊戲，這個行業很熱。特別是疫情期間大家在家待着，在線遊戲的人數超過 4 億，這是一個非常大的消費新行業。

第三，數字技術成為配置資源的一種力量。首先它配置存量資源，

數字技術可以低成本地將零散資源和片斷時間與需求匹配，為經濟增長和社會服務做出貢獻。其次能配置增量資源，例如金額機構，靠智能數據分析、依從風險控制指標，決定誰能得到資金和其他資源。另外，數字技術還能配置關注力資源。以前企業想要知道消費者想要什麼，要做市場調研、開發產品、試用、反饋、推銷、優惠，最後抵達客戶。現在，直接用大數據來探知個性化的需求，並在此基礎上進行個性化推送。現在，消費者發現品牌的優先渠道，從廣告、演示和試用，變成了搜索、推送、社交網絡等。數字技術匹配的關注力非常精準，推給你的就是你關注的問題、想要知曉的信息。現在，數字平台已經成為廣告投放的主要渠道，這就是資源配置的一個方式。

我們國家具備的一些國情和產業特點，特別有利於數字經濟發展。首先，我們是一個超大規模國家，消費者有近 14 億人，數字平台的規模經濟特別明顯，邊際成本基本上為零，增加客戶基本上沒有什麼額外的支出。量大就能支持一個大平台存在，量很大就能支持若干個大平台存在，大就有規模經濟，多個並存就能相互競爭，既能達到規模效應，也能達到競爭效應，使得服務迭代非常迅速，為消費者帶來福利。大國消費者眾多，小眾感興趣的消費就能有可觀規模，支持多種新商業模式的發展。有 1% 的關注就是 1400 萬，足足可以支持一個新型商業模式的成功。

其次，國內市場大，就能支持數字企業在本土成長，直至具備全球競爭力，到國際市場上競爭和發展。如果一個小國家的企業發起一個數字化平台，一開始就必須是全球性的平台。而我們國內消費者數量就能支持數個平台成長發展，並形成競爭促使企業持續努力提高競爭力。在這次疫情中，國內兩家大數字平台騰訊和阿里，為了爭奪線上辦公客戶，拚勁十足，幾十天內十數次升級應用。企業的責任感和員工的拚命精神是內因，激烈的市場競爭是外因，兩者匹配才能做到如此迅速地迭代升級。這種大規模且激烈競爭的國內市場，可以促使企業即使在國內市場上發展，也能成為具有全球競爭力的企業。中國出海品牌 50 強是一個著名品牌評價機

構評出的中國在海外最強的品牌榜單，前五名的華為、聯想、阿里、小米、字節跳動，一開始都是在國內運營，在競爭中成長為非常有競爭力的企業，其後才在海外擴展並進一步提升競爭力。

綜上所述，數字技術時代，服務業的性質發生了根本變化，我們有幸在進入服務業為主的發展階段時，恰好與數字技術發展應用相重合，而且具有多方面的優勢發展數字產業。因此，我們在這個階段有可能打破「服務業時代是低增長時代」這個過往的規律，有可能保持相對較快的增長速度，比先行者展示出更好的增長態勢。

二 中國發展數字經濟的長期有利條件

關於長期有利條件，我們講以下四點，第一是黨和國家高度重視數字經濟的發展，第二是新技術發展提供新的支撐。第三是產業互聯網發展提出的要求，第四是製造業、服務業融合發展提出的要求。

第一，黨和國家高度重視數字經濟發展。最近幾年，中央高度重視數字技術創新和數字經濟發展。第十九屆中央政治局到目前為止，一共有19 次集體學習，其中 4 次都是直接和數字技術、數字經濟相關。一次是實施國家大數據戰略，一次是人工智能發展現狀和趨勢，再有一次是全媒體時代和媒體融合發展，最近的一次是區塊鏈技術發展現狀和趨勢。從工作部署看，2018 年 12 月中央經濟工作會議上，就提出了要加快 5G 的商用步伐，加強人工智能、工業互聯網、物聯網等新型基礎設施建設。我們可以看出中央對數字經濟、數字技術、新一代通信技術發展的要求，深思熟慮，及早部署。

第二，新技術發展提供新的支撐。最近兩年多，數字經濟的發展實際上呈現出減力態勢，雖然還在增長，但是增長速度和增長勢能都有所減緩。這種狀況表現在這幾個方面，其一，從市場規模來講，移動互聯網用戶數和每位用戶平均上網時長出現了停滯，這兩個數字最近兩年多的增長

出現明顯減緩,在疫情之前幾近停滯。對線上市場來說,上網人數乘以人均上網時長,就是市場總規模,這個市場的約束力很強。實物產品市場擴張受到的主要約束是購買能力,財力足夠的消費者可以購買大量產品而無須花時間消費,擁有本身就是享受。富豪們可以同時擁有幾十輛豪華車輛,可以擁有世界各地的多套別墅。但數字服務消費是體驗式的,消費者必須花費時間親自參與,消費者同一時間內不可能觀看兩部電影,聽兩首歌,不能同時聽兩位老師授課,因而數字服務受到國民上網總時長的強約束,繼續發展需要有單位時間能創造更高價值的新產品新服務出現。其二,從供給側看,互聯網新產品的表現總體上比較貧乏,一個重要原因是在 4G 技術支持之下,互聯網能夠支持的應用,需求已經比較飽和,新一輪發展需要新的技術來支撐。今後,隨著 5G 等新一代互聯網技術的發展,我們可以啟動更多的數字消費,例如新技術發展支持移動互聯網和物聯網雙輪驅動,很多百億級、千億級的消費可望實現商業化。

第三,產業互聯網帶動「互聯網＋」的下半場。現在人們認為,面向消費者的數字化平台,是「互聯網＋」的上半場,下半場則應該是面向生產者的「互聯網＋」。在新一代通信技術之下,產業互聯網的前景是很廣闊的。產業互聯網需要的通信量和計算量,和我們消費互聯網是完全不一樣的。無論淘寶、天貓、京東,它有一個數字化平台,對所有的企業、對所有的消費者、對 C 端都是可用的。但是對產業互聯網來說,每個平台都是個性化的。打個比方,消費互聯網是一馬平川,而生產互聯網是山頭林立。而且,消費互聯網連接的主要是信息,而產業互聯網連接的是物,是移動和轉動的物體,需要的通信能力也是完全不同的。新技術的發展,支持互聯網的下半場具備更好的入場條件,容納更多的入場者。

第四,產業互聯網促進服務業和製造業融合發展。這是我們現在的一個痛點,到底應該重點發展服務業還是重點發展製造業(實體經濟),來回搖擺,提法多變。這個兩分法讓我們自己陷入一種困境。實際上,現代經濟是一個高度融合的經濟,我們現在經常講服務型製造商和製造型服務

商，都是兩者融合的企業。數字技術的發展能提供更多更高效的生產性服務，實現服務業和製造業的融合發展。

下面舉幾個例子，第一個例子是一個生產性服務綜合平台，叫豬八戒網，給生產企業提供全生命週期的專業生產性服務，你開辦的時候需要做什麼？需要創建、需要註冊、需要取名、需要品牌設計、需要文案、需要向社會推介。你在企業生產的時候，你需要錢、需要專利、需要商標、需要版權、要交稅。企業運轉，需要 IT 系統，需要很多的東西。你企業要形成特色，可能需要裝修、需要品牌設計，你開國際會議需要翻譯。對於中小企業來說，自己做這麼多的服務項目，一定水平低，效率差。因為你僱不起那麼多高水平的專業人士。類似豬八戒網的生產平台，可以用專業化的人才提供給企業全生命週期的大大小小各種類型的生產性服務。這個企業在重慶，它有多大規模呢？總註冊數是 2200 萬。共享的人才數即服務商有 1000 多萬，僱主企業數 1000 多萬，開店的服務商有 120 餘萬家，已經有 10 萬多家個人在平台上，被孵化成公司了。它的業務量，為 1000 多萬個買方、僱主提供了服務，能提供 1000 多種生產性服務，給 300 多萬戶企業設計了品牌，給 100 多萬戶企業設計了 logo，提供了 180 多萬次營銷服務。給企業做 IT 系統有 80 多萬次，提供知識產權服務有 120 多萬次。

還有一類生產性服務企業，專業化程度細分，單品價值低，發展依靠的是大規模。比如杭州有一個企業，它是做印刷線路板的，給印刷線路板打樣，打樣環節在企業可能要打幾次、十幾次，實際上就是做一個樣品看一看，一個企業打樣是間隔性的，很零散的，單價也不高，但是量很大，時效要求又很高，這個企業就只做這一件事，可以想像它的專業化程度有多高。它把過去需要五天才能完成的樣品生產時間縮短到了 24 個小時。

還有一個企業在寧波叫生意幫，是一個社會化組織生產的企業。利用寧波、江蘇產業集羣特別密集的特點，就是中小企業構成的產業羣。中小企業的特點是生產不均勻，每個企業在不同的訂單之間，會有一些閒置設備。生意幫利用這樣一個背景來做一種創新的製造業務。生意幫並無實體

工廠和設備,接單以後,就詢問區域內的這些小企業,誰有我需要的空閒設備?把這些設備組織起來,形成「雲工廠」,生產一個專門產品,生產完以後如果無後續訂單,雲工廠解散,接了新單,需要什麼設備,就再次匹配重新組織一個雲工廠。這個案例特別有經濟學的價值。美國的經濟學者科斯教授講過一個很有意思的道理,他說為什麼要有企業?我們社會化來組織生產不是更好嗎?企業一旦組織起來,接不到單就會有設備閒置,企業化的生產缺乏彈性,不能接不同的訂單做不同的產品,不能按照生產任務多少及時進行產能調整。然而,為什麼要有企業存在呢?科斯就提出了一個交易成本的概念,他說社會化組織生產的交易成本太高,我要不斷搜索哪有現成的設備,我要知道這個企業的信譽高不高?產品質量如何,上一單做得怎麼樣?是不是一個可信的企業?我如何能及時將那麼多的設備匹配在一起,完成一個生產過程?他說社會化組織資源的交易成本太高,所以我們要有企業,降低交易成本。我們現在設問一下,數字經濟時代,搜索成本、信任成本、匹配成本都大大降低之後,也許企業的組織形態會發生重要而普遍的變化。

三 疫情為數字經濟發展助力賦能

在上述有利於數字經濟發展的長期因素之外,這次疫情又為數字經濟發展賦予新的能力,提供新的機遇。

第一,數字技術在防疫抗疫中表現突出。一方面,數字技術在疫情防控中,包括在患者的診療、疫情地圖、人羣追蹤和分類管理四個方面都發揮了重要作用。簡單看一下,患者診療方面,有幾個新的應用發展較快。一是智能醫療機器人在醫院中的應用,它可以傳送很多的物品來減輕醫護人員的工作壓力,降低交叉感染的可能性。二是智能化的醫療影像分析技術,提高了速度和診斷的準確率,阿里、騰訊、華為這些大的科技平台企業在這方面都做得很好。三是遠程醫療,它為專家的遠程會診創造了條

件，解決了我們疫區專家資源不均勻和安全性的問題。疫情地圖也是新的應用，可視化地顯示疫情，實時動態，能看到今天新確診的病例在哪裏，去過哪裏，追蹤還是非常詳細的，也是非常有用的。在人羣追蹤方面，你乘坐過哪趟交通工具，這趟交通工具上是不是有過確診和疑似的病例，自己錄入進去就可以查詢。分類管理方面，比較典型的就是健康碼。

另一方面，數字技術在社會運轉方面也發揮了非常重要的作用，包括在線教育、餐飲外賣、協同辦公和零售電商等方面。例如在線教育，春季學期，大中小學都在進行遠程授課，特別是釘釘對中小學的教育發揮了非常大的作用。它支持了各種創新的在線教育模式。外賣和零售電商為保證老百姓的生活發揮了不可替代的作用，推動了無接觸購物和配送，相信我們每一位在線者，對保障日常生活運轉的數字化技術的應用都有深刻的印象。再一個就是遠程協同辦公。復工以後，幾個平台企業提供的遠程辦公視頻會議降低了人羣集聚的風險，騰訊會議的用戶是成倍、成十倍地增長。

數字企業還在不斷地創新之中，2020 年清明節和五一節，美團和中國景區協會聯合會共同發佈了防疫標準，符合標準的景區，就會標注為安心玩景區。清明節期間，安心玩景區收穫的客流量是非安心玩景區客流量的 2.1 倍。另外它和飯店協會聯合推出了防疫標準，標注了安心住酒店，也是在清明節期間，安心住酒店的間夜量環比，是非安心住酒店的 1.6 倍。這都是這些大的數字技術企業，根據當前防疫、復工正常生活的需要，不斷地創新，不斷地開發消費者需要的新產品的結果。除了保證國內民眾正常的生活工作之外，這些企業還向全球展示了我國數字企業的優秀和責任感。比如釘釘被聯合國推薦給全球的學生和老師進行遠程學習，騰訊被聯合國用來提供遠程會議和交流。

第二，疫情為數字消費開闢了更廣闊的市場。由於在疫情防控和生活服務方面的優異表現，數字企業、數字服務被更多的消費者所知曉和接納，這為此後的發展打下了重要的社會基礎。互聯網不管提供什麼樣的服

務，它一定要消費者在線，這是一個基本條件。我國互聯網活動用戶在一年多前達到了 11.38 億的高峰，此後略有下降直到疫情之前，人均上網的時長也幾乎停滯。然而在疫情之中，數字消費、數字生活得到更廣泛應用，原本的線上消費者用更多時間探索更多可能性，也使那些以線下消費為主的消費者，習慣了上網和線上消費。上網人數和單位上網時長雙雙增加，開闢了更廣闊的線上消費空間，也為數字企業提供了更大的市場。

第三，疫情助推了新一代數字技術加快應用。消費互聯網是上半場，產業互聯網是下半場。巨頭們希望進入下半場，但還沒見到有如消費互聯網那種熱鬧場面，原因還是在於目前技術支撐不夠。疫情之後，「新基建」的概念受到廣泛關注，加快推進勢在必行。「新基建」集中在這幾個方面：5G、人工智能、工業互聯網和物聯網，最近又加上了數據中心建設。中國信息通信研究院的報告說，2020—2025 年，5G 商用將直接帶動中國10.6 萬億人民幣的經濟總產出，能夠創造 300 萬個新的就業崗位。我相信我們有好幾個方面的優勢。一是我們有應用 5G 的較強的能力，有巨量的消費者和大規模的產業基礎。中國的巨量消費者能支撐多個巨型平台的存在。我們產品迭代是非常迅速的，這是一個非常明顯的優勢。現在 5G 超高可靠和超低延時的通信能力可以滿足數字服務業更高標準的應用。比如說教學，5G 使多個學生可以跟老師直接地點對點交流，這樣可以使需要及時互動和動手型的教育可以在互聯網做。二是現在可以做遠程醫療檢查，可以做遠程手術，這都需要很好的通信能力的支撐。三是體育方面，現在有了新的形態，這次發展起來了一些智能體育，將來這個模式會大大發展，美國在家智能運動明顯衝擊了體育俱樂部的業務，例如一台智能單車，一套數字仿真系統，騎行中顛簸的程度、上下坡的感受和真實的道路是沒有差別的。如果你覺得一個人騎沒意思，可以約朋友一起騎，可以選一條賽道比賽，你騎得快在 VR 場景中就是快，非常真實。這就需要很高流量的通信能力才能做到，所以 5G 在這方面的應用前景非常大。

第四，「新基建」將加快支持產業互聯網的發展。產業互聯網平台要能連接非常多的企業和設備，5G加快發展才有可能發展大規模的產業互聯網。再往後，還能支持智能數據體系、機器學習等。機器學習需要什麼呢？它需要巨量數據不斷地輸入來進行訓練。我們國家大，產業規模大，在許多方面可以錄入供機器學習的數據，應該都是全球最大的。有了5G等新一代通信技術的支撐，我們的優勢就能發揮出來。此外，我們有一批好企業，有不斷創新和竭盡全力工作的企業文化，不光有能力，還有價值觀。在這次疫情中，由於對數字應用的需求擴容和升級非常快，這些企業的許多團隊幾乎天天在更新版本，天天在加班工作，快速迭代應用，提供更好服務，不斷擴展市場。在疫情中，馬雲公益基金會等聯合搭建了一個國際醫生交流中心。各個國家和地區的醫務工作者能夠實時交流最新的疫情防控臨牀經驗，機器翻譯支持十一種語言。各國的醫務工作者既可以選擇和中國醫生一對一交流，也可以選擇參加醫院分享直播課堂，這在國際上受到了廣泛的讚譽。

第五，疫情使數字服務進入了原本難以進入的領域。網絡學習、網絡會議、網絡醫療、網絡辦公等，此前雖然技術條件已經具備，卻因各種原因難以廣泛推開。現在大家都已經非常適應了，對新應用形態接受程度更高，想像空間更大。疫情結束以後，有些是不會取消的，比如說網絡會議，把外國人從美國請來開20分鐘會，說10分鐘話，以後還有這個必要嗎？還是直接遠程接入就行了？這樣一次非設計的、廣泛滲透的互聯網應用展示，不是這個情景不可設想，而是很難設想如此廣泛地在真實場景中進行測試和應用。在這之中，突破了數字經濟發展原有的一些限制。比如互聯網醫療，以前是不能做首診的，基本醫保是不支持的。但是2020年4月，國家發展改革委、衛健委、醫保局等一起頒佈新的政策文件，試點醫保支持的互聯網醫療的診制，這是一個巨大的突破，意義重大，網絡上以後可以看病，而且醫保是可以支付的，這是互聯網醫療行業呼喊了多年的訴求，借這個機會突破了障礙。

四 疫情之後政府與企業要各歸其位，形成合力促進發展

在疫情這個「非常時期」，政府與企業相互借力，取得了很好效果，在疫情結束回歸正常增長狀況後，市場和政府要各歸其位，形成合力促進發展。

在新一輪數字經濟中，市場機制和市場主體要發揮主導作用，這是我們一個基本觀點。數字經濟領域的創新性極強、創新速度極快，這種創新迭代速度，這種腦洞大開的想像力，這種多源頭創新過程，很難事先做出一種規劃、計劃，只有活力足夠的市場主體來推進，市場機制作用才能加強。由於競爭的不確定性和高失敗率，新的市場主體時時有焦慮感、挫敗感，希望政府給予支持，社會各方面也講政府要這樣要那樣，但現實是，政府做不了這些事，更做不好這些事。回想改革開放初中期，在那些確定性較好的產業中，應該發展什麼產品、應該採用什麼技術，都是很明確的，國有企業當時的優勢也很明顯。即使是在這種環境中，政府去規劃應該生產什麼、生產多少、如何生產、由誰生產、給予什麼支持政策等，也沒有什麼效果，還干預了市場正常發揮作用。在現在這種多樣化創新和速變時代，企業一定是創新的主體。現在數字服務創新內容非常豐富，我們有那麼多的產品，那麼多的服務，那麼多的商業模式，政府怎麼可能想得出來。而且產品迭代速度很快，還沒想好、還沒看准就變了，因此，必須依靠企業自主決策與發展。

政府也應該更好地發揮作用。以前政府、產業、企業的「合理」關係大致是：企業自己設計和生產產品、開拓市場，但是有些基礎性研發，投入高、週期長、不確定性大、風險高，而且研發有外部性，因此政府應該對研發投入給予支持，包括直接投入和支持專業機構和企業投入。現在，政府的這種職能依然重要，但同時有新的變化。現在那些大企業，如阿里、騰訊、幾大移動、幾大石油等，企業有研發投入能力，它內部研發和技術開發人員的水平並不比專業機構差，因此產業、企業也就是市場端

的研發能力在提升，他們的自主研發水平在提高。但是，以前他們自己做的市場開發和落地應用，現在反而做不了。為什麼？因為許多市場的進入許可都在政府手上，比如說互聯網醫療，現在互聯網發展、數字企業的水平，可以做遠程診斷、檢查、治療甚至手術，但是整個醫療體系是以公立醫院為主，醫保體系是政府管理的，兩個體系存在，政府不許可，再有本領的數字企業也進不去、做不成。此時的創新沒辦法落地，就不可能成為新的商業模式，新的服務增長點。再如，智慧城市建設是地方政府的職能，交通管理、社區管理、環境管理、安全管理等分屬不同部門，不能統籌考慮，數字管理的應用就是碎片化和缺乏競爭的。還有，智慧教育也需要政府許可，龐大的公辦教育體系得能進去才行。所以數字服務下一步的發展還是需要政府發揮作用，該做的事情還有很多。

概括地講，在數字技術時代，「市場有效」和「市場失靈」的概念依然有效和重要，但其內涵發生了重要變化。過往多年所認為的「市場失靈」應該由政府發揮主體作用的領域，如教育、醫療、社會管理等，現在數字技術高度發達，網絡廣泛滲透，社會高度連通，這類服務效率極大提升，已經可以部分商業化運作，並且與政府提供時相比，成本相同甚至更低。這意味着政府與市場的邊界發生了變化，這類服務市場有效而且可能更高效。

總的來說，我們相信數字經濟一定是下一步新的重要增長點，而且我們希望它能夠重要到如此程度，能夠突破先行國家展示出來的這個階段只能中低速增長的「魔咒」，能夠讓我們的經濟在更長一段時期保持相對較快的增長，對此我們有信心。發展數字經濟，我們有多方面的突出優勢，我們在數字產業中的全球競爭力，將來不會比傳統製造業的全球競爭力差。近期看，數字產業對疫情後的復甦，對吸納就業、消費迭代、經濟升級、國際競爭力的提升都有重要作用。數字經濟的發展，要強調市場是基礎性力量，政府的作用很重要，兩者都要依據新的形勢和要求，各歸其位，產生合力，促進數字經濟的長期可持續發展。

做好應對新型長期衰退的準備

李 揚

　　新冠肺炎疫情大暴發之前，全球經濟已呈下行趨勢。疫情的衝擊將在中長期內影響全球的經濟增長動能和發展潛力，因此，全球經濟增長前景極不樂觀，大概率將進入一種新型長期衰退。當前最重要的任務是控制公共衛生危機，以此為前提，經濟政策應致力於防止經濟過度衰退。面對疫情，財政政策應當發揮主導性作用，且應做好政府債務的管理。貨幣政策應較快降低利率，增加信貸供應量。應對本次疫情帶來的嚴峻挑戰，我們應以黨的十八屆三中全會精神為指引，深入推動國內改革；以建設人類命運共同體為旗幟，推進「一帶一路」倡議落實。

一　引言

　　筆者傾向於用「新型長期衰退」來概括當前全球經濟的狀況及發展趨勢，其表達了兩層意思，一是我們將面臨長期衰退，二是這種衰退非常特別，過去沒有遇到過，當然也沒有應對的經驗。在這次疫情大暴發之前，2019 年的全球經濟和中國經濟都已呈下行趨勢。不幸的是，屋漏偏逢連夜雨，新冠肺炎疫情洶洶而來，整個經濟的運行被推出了正常軌道，下滑到了更低一級的層次上。

*　作者係中國社會科學院原副院長、學部委員，國家金融與發展實驗室理事長。
　本文係作者 2020 年 4 月 10 日在《財經》舉辦的「疫情下的全球經濟信心指數發佈」線上論壇講話的整理稿，業經作者審定、修改。

應當清楚地看到，疫情對全球經濟的衝擊全面且巨大。概括起來，主要體現為七個方面的衝擊，即：需求衝擊、供應衝擊、金融衝擊、生命損失衝擊、勞動力市場衝擊、中小企業破產衝擊以及全球產業鏈衝擊。這些衝擊中的任何一個都不易對付；七個衝擊疊加，當然壓力巨大。這些衝擊將在中長期內影響和消蝕全球經濟的增長動能和發展潛力，使得全球經濟脫離常軌，滑向一個水平更低的增長軌道。2020 年 4 月 9 日，國際貨幣基金組織（IMF）總裁克里斯塔利娜‧格奧爾基耶娃（Kristalina Georgieva）在為 IMF 與世界銀行遠程春季會議發表揭幕演講時說：「受新冠肺炎疫情影響，2020 年全球經濟將急劇跌入負增長，全球預計將出現 20 世紀 30 年代大蕭條以來最糟糕的經濟後果。」筆者基本同意她的看法。

二　疫情下的經濟形勢：研究方法的選擇

研究經濟形勢，第一重要的是選擇方法。各種各樣的政策結論，都是運用某種方法對經濟事實進行解析的結果；方法不同，可能產生完全不同的形勢判斷和政策結論。那麼，面對疫情衝擊這一新局面，怎樣的分析框架是最適合的呢？筆者認為，疫情經濟學可能是最適合的分析方法，更準確地說，在各種分析方法中，疫情經濟學可能最具針對性。基於此類方法，分析疫情蔓延下的經濟運行，有三個不可忽略的要點。

第一，疫情蔓延下，一切政策發揮作用的前提，是疫情能得到控制。這是一個排他性的前提條件。就是說，如果不能優先應對好控制疫情這場公共衛生危機，如果不能有效對付病毒，切斷其傳染途徑，包括貨幣政策和財政政策在內的所有政策都將歸於無效。

第二，由第一點，自然得到這樣的推論：居家隔離成為目前應對新冠肺炎疫情的一項公共衛生措施。這是因為我們所採取的所有措施，或者阻礙了生產要素的流動及其結合，從而加劇了供應端的衰退；或者減少了收入，阻礙了消費，從而在需求端加劇了衰退。這就意味着，在抗疫期間，

經濟衰退是正常的，是政策有意為之，因而是不可避免的。這樣，疫情下經濟運行的三項關鍵因素——醫療救助、人的生命保全以及經濟增長——就綜合包含在同一個分析框架之下。

第三，疫情中造成的一些產業鏈的斷裂，有些或可事後修補或重續，有些則可能永遠不能恢復。如果疫情持續較久，在「制度化」的作用下，不可恢復的斷點增多，則疫情結束後的經濟運行，將被全面拉至比疫情前更低的增長軌道。

基於以上三點，主要政策結論是：面對疫情，防疫是壓倒一切的目標。在這裏，不像其他領域，也不像正常時期，基本上不存在政策諸目標之間的權衡，亦不存在與其他經濟政策目標的「替代」問題。因此，在保證實現控制疫情這一目標的前提下，經濟政策只能在有限的程度上，做到將防疫的時間拖得長一點還是壓縮得短一點（這還要受制於疫情自身發展的科學規定），因而，經濟政策的用武之地，聚焦於防止經濟過度衰退上。在這個意義上，目前各國採取的「刺激計劃」，本質上都是「保護計劃」。這些計劃需要為各類員工、企業、銀行以及生產網絡提供保護；需要激發人們對於經濟終將恢復正常的信心；同時，也需要為那些陷入困境的公民們提供最基本的生活保障。

近來，國內很多地方開始復工，但是復產的情況並不樂觀。有人評論說，這種不復產的復工不如不復，而筆者認為，在疫情仍在蔓延、防疫已經常態化的情況下，復工哪怕不復產，也是戰勝疫情的一種必要姿態，燈亮着，說明單位還在，說明人還在，大家的希望就還在。這就告訴我們：在疫情蔓延期間，政策的指向並不主要是刺激經濟，而是要維持企業生存和人口就業。活下來才有希望，活下來就有希望。因此，儘可能維持企業運轉，致力於恢復信心，致力於對貧困人口提供救助，是我們真正要做的事情。這是我們研究當前形勢的分析方法。

仔細分析 2020 年 4 月 9 日美聯儲公佈的政策聲明，有助於我們理解這種基於疫情的分析方法和由此產生的政策立場。美聯儲的聲明稱：當前

最優先要解決的問題是公共衛生危機，貨幣政策的職責是在此經濟受限時期，行使全部權力以提供救援和穩定，所採取措施要「強有力、積極主動甚至有攻擊性」，確保經濟在疫情結束後能夠強有力地復甦。顯然，其重點在於保持穩定和恢復信心。我們看到，從 3 月初展開規模空前的一體化救市措施以來，美國財政金融政策的救助觸角已經延伸到了經濟的每一個角落，救助對象也廣泛包括了住戶、企業、地方政府和州等一切主體。仔細分析這些舉措的導向就會很清楚，維持生存是第一要務；放眼世界各國，莫不如此。這種政策邏輯，值得我們認真分析和借鑒。

三　對策要點：就業優先、生存為要、民生為本

根據前述的分析方法，抗疫時期整體的政策要點可以概括為如下三點，即：就業優先、生存為要、民生為本。這幾個要點，是前面討論的疫情分析方法合乎邏輯的展開。我們看到，圍繞這些目標，已經推出的政策不計其數，諸如財政方面的減免降稅和各種補貼，社會政策的免租金、發救濟，貨幣金融政策的增加貸款、降低利率等，不一而足。我們認為，所有這些政策都十分重要，接下來的任務是抓緊落實。在筆者看來，所有這些紓困救急的措施中，支持中小微企業和實施大規模公共工程最為重要。

切實支持中小微企業

中小微企業直接關乎就業，間接地關乎社會穩定，其重要性無論如何強調都不過分。所以我們看到，自疫情開始之時，從中央到地方，幾乎每天都有支持中小微企業的措施推出。但是，客觀地說，迄今為止，廣大中小微企業仍然未獲得太多的實惠。這種「好政策不落實」的情況，近年來廣泛存在，其中原因，需要認真分析。我們認為，突出的問題有兩類。一是制度問題。凡是認真研究過中國小企業問題的學者和官員們都知道，在

中國，中小微企業大多是民營企業，對它們的支持在一定程度上還遠遠不夠，首先是因為針對民營經濟的「高門檻」「玻璃門」等體制機制障礙長期難以破除，且有加劇之勢。二是技術問題。中小微企業在發展進程中，信息、技術、信用、管理、人才、市場等都十分缺乏。在這些層面上給予中小微企業支持，可能比提供資金更重要。三是資金支持的形式問題。這是因為大部分中小微企業對投資的需求更大，而對於貸款的需求則排在其次。因此，在廣大企業的生存都遇到問題的當下，我們政策的着眼點卻主要置於向它們提供貸款、讓它們承擔額外的債務負擔上，豈非文不對題？所以，筆者以為，中國支持中小微企業發展的體制機制，到了認真改革的時候了，而疫情的蔓延，則使得這一問題更加緊迫。

就業優先

在討論疫情下振興經濟的方略時，大家對「老基建」和「新基建」的興趣很大。筆者以為，這確實是應對之策的要點。因為在可見的未來，在經濟增長的需求面，出口負貢獻、國內消費負貢獻都將成為長期現象。因此，增加投資，勢必成為拉動經濟增長的唯一途徑。無論我們對投資拉動型經濟有多少臧否，這個事實在短期內仍難改變。而且，投資拉動與創新驅動並不矛盾。這是因為，任何創新，無論其技術過程如何千差萬別，促使其從技術階段轉向經濟過程的第一個環節都是投資。然而，如今依賴投資來拉動經濟，必須解決好兩大問題，一是投什麼？二是錢如何籌？

投資領域的選擇，核心原則是要確定增長優先還是就業（民生）優先。長期以來，我們的經濟發展和發展計劃都是增長優先，所以，投資的主要領域是「鐵公基」。2008—2009年應對國際金融危機，走的仍然是這個路子。很長時間以來，主管當局的主導看法是，有增長就有就業，因此，就業目標可以被增長目標覆蓋。應當說，在高速工業化過程中，這樣處置兩者的關係是可以理解的，也有一定合理性，但是，工業化基本完

成，服務業在國民經濟中的佔比不斷提高之後，增長和就業的關係就不能相互覆蓋了。普遍的情況是：有就業就一定有增長，反過來，有增長卻並不一定有就業。實踐的反轉，終於將「就業優先」寫進了中央文件，成為我國經濟發展和宏觀調控的主導目標。

筆者以為，抗疫期間，更要不折不扣貫徹就業優先原則，重點解決多數企業的生存問題和大多數人的吃飯問題。此次疫情以冷靜的事實告訴我們：原來，社會上有那麼多的人是掙一文吃一文的，原來，中國的絕大多數人是基本沒有財產收入的——對於所有這些人來說，沒有就業就可能沒有收入，就可能餓肚子，這些人羣中，當然也包括廣大的城市「月光族」和工薪階層。面對這種冷酷的事實，開展廣義的以「賑災」為內容的公共工程，無疑應當成為我們安排投資戰略的主導性政策取向。

聚焦公共工程

在具體討論這個問題之前，我們可以一起學習幾年前習近平關於產能過剩、國土整治和城市基礎設施問題的重要講話。習近平講話的大致意思是說，如果我們致力於像歐洲各國那樣將自己的國土整治一番，如果我們致力於全面完善城市基礎設施特別是地下基礎設施，中國的投資將還會延續幾十年。由於國土整治、完善城市基礎設施所需的實體材料，主要是鋼筋水泥等「過剩」產品，因而，如果我們啟動大規模的國土整治和基礎設施建設，則中國根本就不存在產能過剩。問題很清楚，這裏的關鍵是投融資體制不相適應的問題，是我們資金籌集、轉換、配置、運行的狹隘邏輯，阻隔了在實體經濟領域中均已客觀存在的供應和需求，使得它們在現實中難以配對，從而一方面生造出大規模的產能過剩局面；另一方面讓我們坐看我國廣大的城市基礎設施和國土面貌長期處於不發達的境地。現在，到了我們認真解決高強度工業化之後大規模城鄉一體化過程中的投融資體制改革和建設問題的時候了。

在公共工程建設這個總方向下，有四個領域特別值得關注。一是基

建，特別是「新基建」，應當成為投資的重點。這關乎中國未來的發展，
關乎中國發展的科技含量，一點鬆懈不得。二是環繞城鄉一體化和鄉村振
興戰略，大力進行國土整治和城鄉基礎設施建設。這裏的核心，是改變傳
統的城市化理念，以城鄉一體化為發展目標，建立城鄉統一的土地市場，
推行城鄉公共服務均等化。三是在城市裏特別是特大和超大型城市裏，以
公共衛生和防疫為突破口，全面提升和完善城市基礎設施。這次疫情，讓
我們看到了城市發展中大量的不足和短板。例如我們才知道：新加坡人口
不足 600 萬，卻有 889 間發熱門診。這種佈局，使得它面對疫情，能夠
「佛性」地應付裕如。相比而言，上海市 2000 多萬人，疫情前卻只有 117
間發熱門診，抗疫期間緊急增設了 182 間社區哨點診室，加起來也僅及
新加坡的 1/3。北京人口也超過 2000 萬，發熱門診佈局比上海還少。須
知，人口超千萬，密度超一定閾值，客觀上可能產生多種我們不了解的
公共衛生和公共安全問題，新冠肺炎只是這些風險中的一例。為應對這
些我們完全陌生的現代風險，必須按照現代化城市發展的要求，全面提
升城市基礎設施的數量和質量。四是全面提升城鄉教育水平。2019 年世
界銀行有一個發展報告《工作性質的變革》，集中闡述了科技的發展已
經改變了企業形態和就業格局，使得「打零工」成為社會的常態。該報
告強烈建議：為了跟上這個變化，各國應集中經濟資源，改革現有的教
育體制，建立終身學習機制，而發展中國家更應以強烈的緊迫感投資於
自己的人民，特別是投資於健康和教育這兩類人力資本的基石。毋庸諱
言，在這兩個領域，我國可以說剛剛起步；投資於此，當有廣闊的空間和
無窮的獲益。

四　財政政策與貨幣政策

採取更為積極的財政政策和貨幣政策，並使兩大政策體系更為協調配
合，方能有效應對疫情的蔓延及其對國民經濟產生的不利衝擊。

財政政策走上前台

面對疫情，財政政策應當發揮更大的而且常常是主導性的作用，這一點已基本沒有疑問；財政支出的細節也有大量文章可做。2020 年 4 月 17 日中央政治局會議，對今後一段時期的財政政策做出了基本部署：「積極的財政政策要更加積極有為，提高赤字率，發行抗疫特別國債，增加地方政府專項債券，提高資金使用效率，真正發揮穩定經濟的關鍵作用。」這段重要表述中所列的要做的事情有四件，三件關乎籌資，即提高赤字率、發行抗疫特別國債、增加地方政府專項債券；一件涉及支出，強調了提高資金使用效率。大家知道，在社會經濟發展最需要政府增加支出之時，政府的財政收入卻相對下降了。在 2019 年的全國財政統計中，28 個省市自治區的財政收入增長率大部分是下降的。2020 年已經公佈了 2 月的數字：28 個省市自治區中只有浙江和雲南是正增長，其他全是負增長。問題的嚴重性在於，這種現象恐怕又是一個長期趨勢，也就是說，在今後一個相當長的時期中，我們要面對越來越大的財政收支缺口。

面對長期收支缺口，出路也很清楚，就是發債，越來越大規模地發債。中央政治局 4 月 17 日會議就列出了赤字債、抗疫債和地方債三大類。這樣，從中央到地方，政府債務管理的問題便以前所未有的尖銳形式提到我們面前。筆者作為財金問題的研究者，從來不反對政府舉債，而且，長期以來，筆者的看法在國內只能屈居少數。如今，實踐的發展使得結論從天而降，作為研究者，筆者的興趣已經轉向債務的管理問題上了。應當看到，舉債籌資，在我國尚有大量的基礎性工作要做，其中，地方政府舉債問題，更亟待有體制性解決。且不說根據憲法法律，我國地方政府不能安排赤字，即便能夠安排，它們也承受不了規模如此巨大、增長如此迅速的債務擴張，而一些地方政府的財政管理能力更令人堪憂。應當看到，政府作為融資主體，其融資方式多種多樣，赤字債務融資自不必說，非赤字融資也有很大的空間，如今我國地方政府的專項債多數屬於後

者。大致說來，赤字融資是用來彌補政府的公共消費性支出，而非赤字性
的融資則廣泛地服務於各種公共投資項目，這些項目可能會產生現金流，
並能夠積累資產，但是既然是公共設施投資，其商業可持續性便不那麼完
備。因此，管理此類政府融資活動，對我國財政政策乃至宏觀調控政策的
總體，都構成嚴峻的挑戰。應當看到，政府用發債方式籌集資金，進行投
資，雖然具有極大的「政策性」，但是，在社會主義市場經濟的大背景下，
它們本質上還須遵循市場原則。筆者以為，正因為如此，所有圍繞這些項
目展開的投融資活動，大概念上都可歸為政策性金融。這就意味着，在抗
疫過程中，隨着政府投融資活動發揮越來越重要的作用，隨着政府債務迅
速擴張為金融市場上的第一大券種，財政政策和貨幣政策協調配合問題，
也無可爭議地成為關乎宏觀調控機制建設和宏觀調控效率的關鍵環節。

貨幣政策：創造有利的貨幣金融環境

金融的作用當然不可或缺，可以做的事情也很多。簡單概括起來，就
總量而言，筆者主張比較快地把利率水平降下來，在這個過程中，應減少
利率的種類，強化「一價」機制。就數量而言，貨幣和信貸的供應當然也
要增加。同時，我國金融體系中「價」與「量」的動態長期相互隔離的局
面也亟須改變。總之，我們完全沒有必要在全球低息和量寬的大「放水」
環境下，刻意獨自保持某種狀態。這既無必要，事實上也做不到；勉強去
做，宏觀效果並不理想。

應當清楚地認識到，貨幣政策的效力，多年來已經逐漸弱化。世界範
圍來看，標誌性事件就是 1991 年時任美聯儲主席艾倫·格林斯潘（Alan
Greenspan）在國會銀行委員會就貨幣政策發表的證詞。這一著名的證詞，
宣告了以「單一規則」為主要內容的傳統貨幣政策範式已經過去，同時宣
告了貨幣政策以調控利率為主的新時代的開始。對於這種轉變，很多人比
較偏重於分析其從直接調控轉向間接調控，從數量調控轉向價格調控的一
面，強調其調控機制的轉變，並不太關注這種轉變宣告了貨幣政策調控效

率遞減的事實。從目前的情況看，貨幣政策，無論是其數量還是其價格，都難以做到「精準調控」，其主要作用是非常宏觀地為實體經濟的運行創造一個合適的貨幣金融條件。近兩個月來，美聯儲連續頒行了很多政策，其利率接近零，貨幣的投放也沒了底線。這樣做的目的和作用是什麼？筆者以為，其主要目的是在向全社會宣佈：為了戰勝疫情，為了便利實體經濟進行結構性調整，貨幣當局提供了一個不對實體經濟運行造成任何障礙的寬鬆環境。這種以創造環境為第一要務的政策導向及其背後的宏觀調控哲學，值得我們認真琢磨。

　　在金融政策的結構上，筆者特別強調三點。一是對中小企業提供信貸支持的同時，更應當有效增加形成權益的投資。前面已經討論過，在生存都是問題的條件下，僅僅發放貸款，廣大中小微企業是不願意接受的。因此，我們應當認真考慮，通過改革，創造向中小微企業提供資本、提供籌措權益資本的機制。在這方面，德國、日本和美國，都有成熟的經驗可資借鑒。二是要發展各種各樣的政策性金融業務。自從 2007、2008 年金融危機以來，政策性金融業務就重新獲得了各國貨幣當局的青睞，甚至一些政策性金融機構也重登舞台。據此可以認為，至少在抗疫和經濟恢復期間，政策性金融將發揮更為重要的作用。事實上，前面提及的社會基礎設施投資，其大部分也只能通過政策性金融機制予以支持。三是改造現有的三線以下城市的中小金融機構，使之成為滿足地方經濟發展需求、滿足中小微企業對投資和債務資金的需求、滿足普惠金融發展需求的機構。這當然也意味着，在這些機構的未來發展中，政策性業務將佔有相當的比重。在這方面，美國的《社區再投資法》提供了大量有益的體制機制安排，其他發達國家也有成熟經驗。提出這一改革方向，還有一個重要原因，那就是幾年來，我國中小金融機構已經積累了大量的不良資產，並已達到危及金融穩定的程度。借抗疫之機，將廣大中小金融機構引導到與大機構差異化發展的路徑上，將為疫情後我國經濟金融的發展奠定較好的金融基礎。

協調配合最重要

在分別討論了財政政策和貨幣政策之後，兩大政策體系協調配合問題便呼之欲出了。我們注意到，近年來國內針對這一問題，不時有所討論，但總體趨勢還是要將兩套體系分別開來。而且，囿於研究者的立場，綜合地從體制機制層面探討兩大政策體系的關聯的研究，並不多見。危機到來，一下子將財政政策和貨幣政策協調配合問題以極具緊迫性的實踐問題形式提到我們面前。大家知道，社會科學工作者特別關注對危機的研究。這是因為，社會科學不能像自然科學以受控實驗為主要手段，我們之所以關注危機，是因為危機用最極端、最慘烈、最具破壞性的方式，將社會經濟運行最深層、最本質的因素和關聯性揭示出來。因此，認真剖析危機，便成為社會科學研究的一項不可或缺的功夫。我們看到，在美國，針對20世紀30年代大危機的研究，已經形成了一個龐大的經濟學科，該學科甚至被認為是經濟學研究體系中的「聖杯」。也正是因為對歷史上的危機有持續深入的研究，美聯儲和美國財政部在2007、2008年金融危機以及此次危機中所採取的對策，才可以做到全面、迅速、果斷，正因為「心中有數」，應對危機的政策才更有現實針對性。就此而論，我們關於歷次經濟波動所做的研究是太缺乏了，以至於我們常常「在同一塊石頭上跌兩跤」。

本文不擬更全面、更深入討論這個宏大的論題，筆者只想說明一點，危機告訴我們，財政與金融是內在地密切聯繫在一起的，而且，總體來說，是國家財政的需要（代表國家意志）決定了金融的走勢。在這個意義上，我們再回頭看看最近幾年在國際社會上被廣泛討論的「現代貨幣理論」（MMT）就絕非臆斷，它道出了問題的本質，在危機中，人們逐漸認識到它的實踐意義和理論價值。在這裏，筆者無意對這樣一個涉及財政金融最基礎理論的題目做什麼結論，而是希望指出，為了有效應對疫情，我們必須認真研究財政金融兩大政策體系的協調配合問題。其

中，關於債務貨幣化的機制以及整個過程中的風險管理問題，更應當提上議事日程。

債務危機深化

毋庸諱言，應對疫情的各項政策的綜合結果，便是將全世界的債務提高到一個新的水平。債台高築，是 21 世紀以來全球金融乃至全球經濟的一個突出現象。這種現象，與全球應對 2008 年債務危機的機制有關。2008 年債務危機以及全球應對機制，出現了很多與以往不同的特徵，其中最重要的就是：危機的進程。一方面，在實體經濟層面，沒有出現典型的經濟蕭條階段；另一方面，在金融層面，則是沒有伴隨發生一個金融「瘦身」「縮水」的階段，相反，債務只增不減，金融持續繁榮，以致於全世界都落入債務膨脹的大泡沫之中。這又是一個值得認真分析的事實。我們看到，2008 年金融危機以來，在各國共同努力下，全球經濟下行趨勢有所和緩，動盪沒有那麼劇烈。這是近幾十年來各國宏觀調控技術日趨嫻熟的結果，是危機之後各國攜手採取措施共克時艱的結果。但是，我們也清楚地看到，各種調控只能消除或平滑危機之果，未能消除危機之因。因而，有得必有失，經濟衰退固然不再表現為實體經濟的劇烈波動，但卻留下巨額的債務在時時困擾我們。

在這個意義上可以說，債務積累便是救市之代價。2008 年金融危機顯然是個債務危機，克服危機的必要條件，便是減債和降槓桿。但是，我們看到的情況是，截至 2019 年年末，全世界的債務總額高達 355 萬億美元，全球 70 億人，人均高達 3.15 萬美元。此次疫情洶洶而來，各國又都祭起了應對 2008 年危機的方式。在短短的兩個月內，全世界的貨幣發行洪水滔天，同時利率重新被壓至零及零以下的流動性陷阱之中。

各國當局競相放水，產生了一系列深遠的後果，特別值得關注的有三點。一是金融與經濟的關係會越來越疏遠，貨幣政策的效力進一步遞減。因為大量投放的貨幣並不為實體經濟服務，而是在為貨幣和金融運行的自

身服務，是自娛自樂。在這種狀況下，貨幣金融政策便只能退而求其次，致力於在為實體經濟運行創造合適的宏觀環境方面產生作用了。二是經濟運行的週期越來越成為純粹的金融週期，隨着金融創新的全面開展並導致經濟「金融化」或「類金融化」，經濟運行顯著受到金融的「繁榮—蕭條」週期的影響。巨量的貨幣和信用源源不斷地注入並滯留於金融體系，不僅加大了金融體系對實體經濟的偏離程度，還使得金融方面的扭曲往往先於實體經濟的扭曲發生。這意味着，在現代金融體系下，危機的發生可直接經由資產價格路徑而非傳統的一般物價和利率路徑。這對於貨幣政策、金融監管，乃至金融理論均提出了嚴峻挑戰。三是如果債務長期化，那麼負利率有可能長期化。我們不妨想一想這樣的問題：在債務長期化的情況下，要想使得債務可持續，必要條件是什麼？研究顯示，必要條件就是使債務利息支出佔 GDP 之比持續地低於債務總額佔 GDP 之比。要達成這一目標，實施負利率自然就有了必要性。在這個分析中，我們不僅找到了貨幣財政政策領域的高額債務和數量寬鬆與負利率的內在一致性，也發現了一系列需要進一步探討的新問題。

五 警惕金融「去中國化」

在疫情的發展過程中，我們憂慮地看到了「去中國化」的新動態。如果說 2018 年中美貿易摩擦以來，「去中國化」就在某些大國的主導下或明或暗地展開，那麼，疫情的衝擊，更使得這個趨勢公開化了，集團化了，加速了。

「去全球化」

借疫情全球蔓延之機，污名中國、孤立中國，是輿論上的「去中國化」。而各國相繼「封國」，無論其主觀意圖如何，客觀上均產生了切斷供應鏈、產業鏈和去全球化「去中國化」的效果。如此發展下去，封國若

達 3 個月左右，這個世界可能回到「城堡經濟」時代。

國際社會也強烈表達了對去全球化的擔憂。在最新一期的《世界經濟展望》中，國際貨幣基金組織將現在發生的事情稱為「大封鎖」，有些學者希望降低封鎖的「陰謀論」色彩，將此稱為「大關閉」。即便如此，這一概念也指出了這樣的事實：即便政策制定者沒有主觀事實封鎖的動因，防疫的客觀要求和集體行動，都將產生關閉各國國境和產業鏈脫離的結果。於是，全球經濟同樣會崩潰，而且由於「體制化」過程的存在，在封鎖結束後，有些斷裂可能永遠無法修復，世界經濟將在去全球化的軌道上低位運行。

金融領域中的「去中國化」

值得關注的是：在實體經濟「去中國化」和去全球化的同時，貨幣金融領域似乎在展開一個相反的過程，即將中國和人民幣排除在外的新的全球貨幣金融一體化的步伐似乎從未停止，甚至更有加快之勢。代表性現象有二。

一是，在新冠肺炎疫情全球加速蔓延的背景下，2020 年 3 月 19 日，美聯儲與澳大利亞、巴西、韓國、墨西哥、新加坡、瑞典、丹麥、挪威和新西蘭 9 家中央銀行建立了臨時的美元流動性互換安排，總計 4500 億美元。不止如此，還不到半個月，3 月 31 日，美聯儲進一步宣佈設立海外央行回購工具，在已有的美元互換工具基礎上，進一步加碼向全球提供美元流動性。可以說，一個以美元為核心，明確排除人民幣，聯合各主要經濟體的新的國際貨幣金融網絡已呈雛形，在這個新網絡中，美元藉助「美元荒」的蔓延，其國際地位得到進一步鞏固和提升。

回溯歷史，各國央行間的貨幣互換協議始於 2007 年 12 月。當時，次貸危機的衝擊導致全球金融市場的風險溢價迅速拉升，為應對流動性休克所帶來的衝擊，美聯儲與澳大利亞、巴西、加拿大、丹麥、英國、日本、韓國、墨西哥、新西蘭、挪威、新加坡、瑞典、瑞士的央行和歐洲央行

14 家中央銀行達成貨幣互換協議，同意在需要的時候，各國央行可以用各自本幣進行即期兌換，並約定在未來以固定的匯率水平重新換回各自的本幣。顯然，2020 年 3 月設立的各國央行貨幣互換機制，正是 2007 年同樣的基礎、相同目的的互換機制的繼續和延展。只不過，在此次央行互換安排中，美元的地位進一步突出了。深入分析便可清楚地看到，疫情衝擊在國際金融領域產生的綜合結果，便是導致全球出現了新的「美元荒」，這使得美國仍然保持了世界救世主的獨享地位。僅此一點就說明，此次全球危機，至少在金融領域，相對獲益的仍然是美國。

二是，雖然中國之外的多數國家疫情呈上升勢頭，中國疫情率先得到控制，但人民幣的對外價值卻略有下降，與此同時，美元卻比較堅挺且穩定。這說明，危機期間，貨幣的避險價值在突顯。我們知道，所謂避險貨幣，指的是投資者風險偏好下降或者經濟前景不明時，對外價值會有所升值的貨幣。一般認為，低利率、擁有高額海外淨資產和高度發達的金融市場，是一國貨幣成為避險貨幣的必要條件。對照這三條，美元顯然獨佔鰲頭，日元和瑞士法郎緊隨其後，其他貨幣，包括歐元，均不具有避險功能。同樣，對照這些條件，人民幣也遠遠不具備避險貨幣的功能。

總結以上，筆者認為，中國作為最大的發展中國家，作為經濟總量世界第二的大國，不可不重視這樣的事實：一個將人民幣排除在外的新國際貨幣體系正在形成。2019 年天秤幣（Libra）的推出，明確將人民幣排除在外，也可視為這個趨勢的佐證。

總之，此次疫情，再次向我們提出了大量的嚴峻挑戰。應對這些挑戰，是我們今後的主要任務。我們要認真落實 2020 年 4 月 8 日、4 月 17 日中央政治局會議精神，「面對嚴峻複雜的國際疫情和世界經濟形勢，我們要堅持底線思維，做好較長時間應對外部環境變化的思想準備和工作準備」，以黨的十八屆三中全會精神為指引，深入推動國內改革；以建設人類命運共同體為旗幟，推進「一帶一路」倡議落實。這應當成為我們應對新挑戰的兩大戰略體系。

美聯儲「無底線印鈔」的邏輯與警示

余永定

2020 年 3 月 23 日，美聯儲宣佈不但將不受限制地繼續購買政府債券、按揭貸款支持債券，而且將購買包括風險最高的投資級別公司債券。這種無底線救市方案，打破了所有的禁忌。美國在持續十年用「直升機撒鈔票」之後，又開始用「B-52 轟炸機撒鈔票」。美聯儲正在用美元淹沒全球。此次美國受新冠肺炎疫情和石油價格暴跌觸發的股災是否會發展為另一次全球金融危機還有待觀察，但美國經濟陷入衰退已無懸念，進入蕭條的可能性也非常大。當美聯儲開始「無底線」印鈔時，作為美國國債最大海外債權國，中國必須密切關注美國金融風暴的演進，並想清楚如何保護好自身利益。

一 美國次貸危機演進過程的回顧

為了更好地理解此次美國股災、美聯儲政策，預判美國金融、經濟未來走勢，我們首先需要回顧 2007—2008 年美國次貸危機的演進過程，以及美國政府在應對次貸危機時所採取的一系列政策。

美國的次貸危機可以劃分為六個發展階段：第一階段，無收入、無

* 作者係中國社會科學院學部委員、研究員。

本文係作者 2020 年 4 月 7 日「浦山講壇」第 10 期「美國股災和美聯儲救市：原因與含義」主旨演講，主要內容發表於中國金融四十人微信公眾號 2020 年 4 月 9 日，收入本文集時作者有所修改。

工作、無資產的貧困階層借入大量次級貸款；第二階段，由於種種原因，這些貸款的違約率急劇上升；第三階段，由於違約率急劇上升，以次貸為基礎的資產（如 MBS、CDO 等）價格大幅下跌，與此同時，貨幣市場出現流動性短缺，資產支持商業票據（Asset-Backed Commercial Paper，ABCP）等短期債券的利息率急劇上升；第四階段，金融機構不得不壓縮資產負債表以滿足資本充足率要求，於是出現信貸緊縮；第五階段，金融機構特別是一些系統重要性的金融機構破產，整個金融系統陷入危機，雷曼兄弟的破產是美國次貸危機爆發的標誌性事件；第六階段，美國實體經濟陷入衰退。

次貸危機的第三階段（貨幣市場流動性短缺階段）以及第四階段（信貸緊縮的階段）與目前美國所發生的股災有很多相似之處。對比它們之間的異同對我們理解這次美國股災很有幫助。

首先討論第三階段：流動性不足的階段。

為什麼在次貸危機時，MBS、CDO〔抵押貸款證券（Mortgage-Backed Secrity）和擔保債務憑證（Collateralized Debt Obligation）〕這些資產價格的暴跌會引起流動性不足呢？因為 MBS、CDO 等資產是長期資產，它的期限可能是十年、二十年、三十年，購買這些金融資產的行為屬於長期投資。但是，想要持有這些長期資產的金融機構需要從貨幣市場借錢購買。例如，很多金融機構需要發行三個月或時間稍久的 ABCP 等短期融資工具。舉例說明，金融機構想購買 100 億的 MBS，就要從貨幣市場上融資 100 億，融資期限是三個月或者是六個月。但是 MBS 資產的期限可能是十年、二十年甚至更長的時間。所以這些金融機構必須不斷從貨幣市場上融資，借新還舊，以便長期持有 MBS、CDO。它們正是通過借短投長獲得收益（投資收益―融資成本）的。但是一旦 MBS、CDO 這類債券的價格下跌，在貨幣市場上為長期投資者提供資金的短期投資者，如 ABCP 的購買者，因為擔心長期投資者可能違約，不再願意購買 ABCP。於是，貨幣市場突然出現流動性不足。

資產價格下跌，貨幣市場投資者不願意購買 ABCP 等短期融資債券，使得持有長期資產的金融機構不得不想盡一切辦法籌資，以解決流動性不足的問題。找不到錢，就只好賣掉所持有的長期資產。

這時候就進入了第四階段，即信貸緊縮階段。

一個金融機構想要購買資產進而盈利，必須要藉助槓桿，不能僅靠資本金。也就是說，金融投資者必須借別人的錢來進行長期投資，通過增加資產來增加利潤。此時就會存在槓桿率的問題。所謂槓桿率，就是資產對資本金之比。在資產價格上漲時期，金融機構的槓桿率通常都非常高。正常時期槓桿率是 10 倍或 20 倍，資產價格上漲期間可能高到 50 倍甚至更多。在次貸危機爆發之前，美國大金融機構的槓桿率都非常高。一旦資產價格下降，按照會計原則使用公允價格（Fair Value）計價，必須重估資產負債表的價格。例如原來賬面資產有 100 億，重估後只有 50 億，所以資產就減少了一半。根據會計準則，資本金也必須等量扣減。假設某金融機構擁有 1000 單位的資產，50 個單位的資本金，這個機構的槓桿率就是 20 倍。資產價格下跌，計算槓桿率時分子和分母要減同一個數。這就意味着，如果同樣減扣 30 個單位，資產的價格會由 1000 個單位降到 970 個單位，資本金由 50 個單位變成 20 個單位，這樣槓桿率就變成 48.5 倍了。

在金融危機時，風險非常高，金融機構應該降低槓桿率而不能提高槓桿率，否則沒有投資者敢持有這些機構的資產。例如，沒有投資者會去購買高槓桿率金融機構發行的短期債券了。這樣，金融機構就必須採取措施，把槓桿率降回到投資者所能接受的水平。

降低槓桿率有以下兩個途徑：（1）增加資本金。比如現在金融機構的資產只有 970 個單位了，資本金有 20 個單位，這時候如果能增加 28.5 個單位的資本金，槓桿率就又降回到 20 了；（2）壓縮金融機構的資產負債表，減少資產。這種途徑現實之中採用更多。比如資產價格暴跌，只剩 970 個單位，這時如果再減少 570 個單位，變成 400 個單位，槓桿率就回

到了 20 倍。所以,減少資產是使金融機構的槓桿率保持在使公眾投資者放心的水平上的主要做法。減少資產的同時,意味着負債也減少了,賣出資產的錢用來還債,資產和債務同時減少。也就是說,一個金融機構為了穩定槓桿,將減少資產,壓縮資產負債表。

對於單個金融機構來說,出售資產以償還債務、降低槓桿率是一種合理的決策。但是如果所有金融機構都這樣來做,就會出現所謂合成推理的錯誤:資產價格進一步下跌,於是便需要進一步出售資產降低已回升的槓桿率。這樣,就出現了一種惡性循環:資產價格下跌 —— 出售資產 —— 資產價格進一步下跌。我的資產是別人的負債。譬如,銀行的資產是給企業提供貸款(企業的負債),壓縮資產意味着要減少給企業的貸款。企業就得不到貸款(無法負債)了。金融危機一方面會導致金融機構倒閉,另一方面也會引發實體經濟的危機。生產企業得不到銀行貸款,生產就難於維持,企業就會倒閉。

總之,次貸危機演進的大概過程是:(1)次貸違約;(2)證券化資產(MBS、CDO)價格下跌;(3)貨幣市場出現流動性短缺;(4)銀行、投行、對沖基金等金融機構去槓桿、壓縮資產負債表;(5)由於流動性短缺、信用收縮、資金鏈中斷,金融機構倒閉;(6)借貸活動停止,生產企業無法投資和生產,經濟增長速度受到影響。同時,資產價格的暴跌通過財富效應傳導到居民部門,導致居民也要減少消費,所以投資減少、消費減少。於是,經濟增長速度出現負增長,經濟陷入衰退。

二 美聯儲兩步走應對次貸危機:穩定金融、刺激經濟

美聯儲為了應對次貸危機,分兩步走採取措施:第一步,穩定金融;第二步,刺激經濟。同樣的,我們現在面臨疫情衝擊,想要恢復宏觀經濟也應該分兩步走。第一步,穩定整個供應鏈,穩定恢復生產系統;第二步,刺激經濟增長。

當時的美聯儲和財政部，為了穩定金融分三路出兵：第一路是資產方，第二路是負債方，第三路是資本金。

次貸危機的緣起是資產價格下跌，比如 MBS、CDO 等價格的下跌。這時，美聯儲首先要遏制這些資產的價格下跌。投資者不買入，政府就買入。所以 QE1 中的一個重要內容就是買進有毒資產。同理，當年中國香港救股市，在投資者拋出股票的時候，香港金融管理當局入市買股票，不讓股票價格下跌。

總之，美聯儲應對金融危機時採取的第一步措施就是買入資產。當然也有可能幾種措施同時進行，所以也可以說買入資產是美聯儲應對措施的其中一個方面。

另一個路徑是通過公開市場操作注入流動性。短期投資者不願意再買入 ABCP，期滿之後也不再重新購買，大型機構無法通過融入短期資金來持有長期資產。這時美聯儲向貨幣市場注入流動性，使短期投資者願意繼續購買 ABCP 這類短缺債券。同時可以為發售 ABCP 等短期資產債券的金融機構提供資金支持，使它們不再被迫低價出售此類資產。

還有一個路徑是補充資本金。例如英國在北巖銀行（Northern Rock）面臨倒閉時將其國有化；或者政府通過債轉股等方式，向金融機構注入資本金。

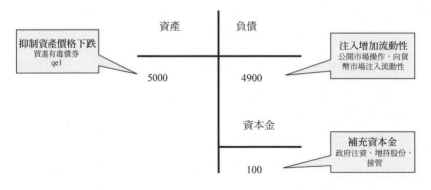

圖 1　救市三路徑

如圖 1 所示，假設資產是 5000 個單位，負債是 4900 個單位，資本金是 100 個單位。一旦金融危機到來，如果沒有政府施以援手，金融機構的合理反應通過合成推理的錯誤，導致這些數字變得越來越小，陷入惡性循環。

若想穩定這些數字，應在資產端使資產價格止跌；在負債端使金融機構免於被迫減少負債；在資本金這一項目上，政府通過增持股份、接管等方式為金融機構補充資本金。美國對兩房的接管和英國北巖銀行的國有化都是從資本金入手遏制金融危機進一步惡化的具體例證。

在次貸危機發生後，美聯儲就是通過以上三個途徑來穩定整個金融體系的。我們在分析本次美國股災、試圖去理解美國政府政策的時候，可以考察一下美國政府是如何從上述三個方面入手穩定金融市場的。

美國治理金融危機的第二階段，是在穩定了金融市場之後，開始刺激經濟。美國的主要政策是 QE＋降息。QE 操作有四次，QE1、QE2、QE3、QE4，各次目標有所不同。總體而言，美聯儲推行 QE 的目的主要是抬高資產價格。

美聯儲既購入有毒資產（主要是 MBS），也購入了大量的長期國債。前者穩定了 MBS 之類資產的價格，後者導致國債價格上升。國債價格上升，意味着國債收益率下降。國債是最安全的資產，一旦外部有風險，投資者都會湧向國債市場，這是美聯儲不希望看到的。美聯儲壓低國債利率，把投資者、公眾投資者推向其他資產市場。資金不會轉向聲名狼藉的 MBS、CDO，於是大量地轉向股市。如此一來，股票價格上升，產生強烈的財富效應：老百姓通過各種各樣的基金購買了股票，其資產增值，進而增加消費。另外，股票價格上升，使企業比較容易融到資金。

QE 導致股票價格飆升，後者通過財富效應、托賓 Q 效應，刺激了消費和投資。有效需求的增加很快使美國走出經濟危機，並維持了近 10 年的經濟增長，對經濟增長起到了推動作用。QE 還有其他兩個重要目的，

一個是製造通貨膨脹，另一個是誘導美元貶值。兩者都有利於美國經濟增長，減少債務負擔。但這兩個政策目的似乎實現得並不十分理想。

QE 這種通過大規模的公開市場操作來購買國債的行為算不算印鈔？在十多年前 QE 政策剛剛推出的時候，美國和中國的學界就曾問：QE 屬於一般公開市場操作還是屬於印鈔？因為 QE 跟平常的公開市場操作不同：第一，QE 的規模巨大；第二，QE 不僅買美國的國庫券，還買MBS、CDO 之類的有毒資產；第三，QE 不但買一般的美國國債，還買長期國債，這些操作都是不平常的。

認為 QE 不屬於印鈔的理由主要有三個。

（1）是不是印鈔要看目的，如果目的在於赤字融資，就屬於印鈔；如果目的在於刺激經濟增長，就不屬於印鈔。

（2）QE 是臨時性的政策，當經濟恢復正常增長的時候，美聯儲會退出 QE，把多買的國債賣掉。現在買入的有毒資產，待其價格回升時也賣出，不但可以把多放出的貨幣收回，而且可以為財政部盈利。

（3）美國現在面臨的主要問題是經濟衰退，暫時還不需要擔心通貨膨脹。

事實上，美國從 2013 年年中開始談退出 QE，但實際實施情況如何？

如圖 2 所示，從 2014 年開始，美聯儲的資產不再增加。危機爆發前美聯儲資產有 8000 多億美元，後來漲到 4 萬多億美元。2016 年以後在緩慢下降，2018 年下降得比較突出。但現在由於新冠肺炎和股災的衝擊，資產變成了 5 萬億美元，QE 的退出變得遙遙無期了。

筆者認為，QE 就是印鈔。從美國的角度來看，QE 具有合理性，而且當時也沒有其他更好的選擇。但什麼政策都是有代價的，QE 也不例外。美聯儲的 QE 等一系列政策，包括美國的財政政策，對美國資本市場的大小和結構產生了很大影響。而次貸危機之後，美國資本市場的變化尤其是結構變化與今天股災的發生是密不可分的。

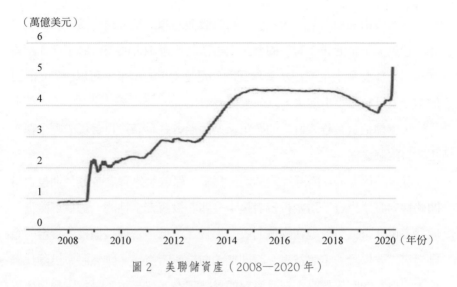

（萬億美元）

圖 2　美聯儲資產（2008—2020 年）

三　QE 助推股市泡沫，新一輪

金融危機能否避免？

美國的資產結構到底發生了什麼變化呢？

第一，各類國債總額接近 20 萬億美元。次貸危機前，美國國債餘額並不算高，現在變得很高了，是 GDP 的 100% 多一些。這是美國資本市場最重要的變化。第二，股市在美國資本市場上一直佔有最重要的地位。次貸危機前股市的重要性進一步提高。原來就是最重要的，現在更重要了。2019 年年底，股市市值有 30 萬億美元左右，其變動對美國的金融和經濟的影響非常大。第三，當前公司債大約有 10 萬億美元，較以前有明顯的增長。第四，以前美國資本市場中住房抵押貸款的重要性排在第二位，當前它的重要性有所下降。這是在次貸危機時，美聯儲實行 QE 這一系列政策之後，美國資本市場所發生的改變。

所以總的情況是：國債的份額增加，股市的重要性增加，長期公司債也有顯著增長，住房抵押貸款的相對重要性就下降了。

　　本次股市暴跌之前，大多數人認為股價的飆升是美國實體經濟表現良好的結果，不是泡沫。股災的發生則再清楚不過地證明美國股市存在嚴重泡沫。為什麼會產生泡沫？毫無疑問，這是 QE 的結果。可以說 QE 的目的本身就是製造股市泡沫，以刺激經濟增長。

　　美聯儲把資金趕入股市的政策又是通過哪些具體途徑實現的呢？似乎主要有兩個途徑。

　　其一，因為 QE 所導致的長期低利率，保險金、養老金等長期投資者開始轉向股票投資。這些投資者是十分關心投資安全性的。國債風險低、收益率也非常低，但現在國債的收益率實在太低。管理長期投資資金的金融機構需要保證一定收益率，否則無法向投資者交代。雖然股票風險比國債大，但它的回報很高，況且股票的風險現在看起來也不是特別高，所以金融機構對股票的需求增加了，這就推動了股票價格的上漲。

　　其二，大公司回購自己公司的股票，美國股市上漲同大公司的回購有關。據報道，自 2012—2015 年，標普 500 榜單上的公司回購了 4.37 萬億美元的股票。美國的頭 10 大公司都大量回購了自己公司的股票。股票回購抬高了股票價格，降低了市盈率，增加了分紅，但實際利潤可能根本沒有增長。徐志、張宇在一篇文章中講到，美國上市公司美股盈利的年複合增長速度達到了 11%，而企業的複合利潤增速僅為 8%，兩者之間 3% 的差距，是回購人為推高的，這也就意味着美國上市公司的盈利中，大約有27% 是由回購行為所虛增的股市泡沫。具體數字後續再討論，但股票市場出現泡沫與回購行為導致的股價虛高的確是密不可分的。

　　總之，美國股市的上漲，從大環境上來說，是美聯儲採取了極度擴張性的貨幣政策（如零利率、QE 等）所致；從具體的操作層面來說，是由於長期投資者轉向股市以及大公司大量回購股票所致。同實體經濟增長脫節的股票價格暴漲，遲早會發生問題。新冠肺炎和石油價格暴跌只不過是壓倒駱駝的最後一根稻草。

　　許多投行的研究報告中，對於美國股市泡沫和股市暴跌的原因除了有

政策層面的分析外，還有大量涉及資產市場參與者與金融機構投資策略的技術層面的分析。次貸危機之後一些金融市場參與者的角色發生了變化。次貸危機的罪魁禍首是投行。金融危機之後，投行變成了金融控股公司，它們的業務領域和投資方式也發生了變化。從投資策略的角度看，次貸危機在很大程度上是次貸過度證券化造成的；在此次美國股災中，對沖基金和資產管理機構是資本市場上最活躍的角色。在股災原因分析中討論最多的投資策略大概是風險平價策略（Risk Parity Strategy）。這種策略是根據不同資產的風險和收益水平決定資產配置。基金管理者都有特定的波動性水平目標，一旦超標，他們就會自動減持。

因為在美國股災初期，橋水（風險平價策略是橋水創始人雷伊·達里奧在很多年前發明的）等執行風險平價策略的基金拋售了大量的股票和其他資產，一些市場人士指責風險平價策略基金是本次股災的罪魁禍首。另一些市場人士則指出，風險平價策略是為了降低外部衝擊對資產價格的影響，風險平價策略基金是受害者而不是肇事者。

事實如何還可以再討論，但美國股災的爆發證明：無論採取何種技術性措施，即便資產組合中資產種類非常不同，相關性很低，一旦大的衝擊到來，如新冠肺炎、石油危機，任何分散風險的策略都會失靈。

一些交易員抱怨「沃爾克規則」妨礙了他們在危機時刻得到必要的流動性。次貸危機之後，監管推出沃爾克規則的目的是隔離投行和商業銀行業務，限制銀行為對沖基金、避險基金提供資金。沃爾克法則提高了金融市場的安全性，本身沒有問題，但它確實限制了銀行為流動性短缺的金融機構提供流動性。因此，當股票市場泡沫崩潰頻頻下跌時，沃爾克法則確實加劇了資本市場上的流動性短缺，不利於股市的回穩。但有更好的選擇嗎？

在 2020 年 2 月中旬以來的新冠肺炎疫情和石油價格暴跌，可以看到新冠肺炎是導致美股暴跌的最根本最重要原因。在從 2 月 12 號的高點到 3 月 20 號，美國各指數均出現暴跌，道瓊斯下降了 35.1%。這種情況與

次貸危機時 MBS、CDO 等金融資產價格暴跌的情況類似。

一旦資產市場出現問題，很快會導致流動性短缺，貨幣市場利差開始上升。衡量流動性短缺程度的利差包括各類短期資產利率與 OIS（隔夜指數掉期利率）之差，以及 3 個月期 AA 金融 CP—OIS 利差等。在 2007年、2008 年次貸危機爆發時，貨幣市場利息率急劇上升。在這次股災爆發後，各種短缺資產利率與無風險資產利率也突然上升，這些都是流動性短缺基本標誌。還可以看到，雖然 LIBOR 和 OIS 的利差也明顯上升，但與 2008 年上升幅度相比還有些距離，這可能與美國在金融危機之後採取各種措施有關。股災爆發後，黃金價格下跌也是流動性短缺的表現，當人們急需美元時，就會選擇賣掉黃金。

金融危機爆發後，美元指數上升也是可以預料的。發達國家自 20 世紀 80 年代之後，經濟金融危機一旦爆發，其本國貨幣不像發展中國家那樣會出現貶值，相反要升值。這是由於國內出現問題時，金融機構和大公司要把海外資金調回，以解決流動性短缺、補充資本金不足等問題。

美國國債是避險天堂，一般情況下，當某種資產出了問題，資金就會逃離相應市場而進入國債市場。國債需求增多，價格會上升、收益率下降。但在這次股災中，美國國債價格不升反降、收益率不降反上升，這是怎麼回事？美國國債收益率的上升說明貨幣市場上的現金已極度短缺，連國債都要拋售套現了。所以，同 2008 年次貸危機時期相比，此次美國股災發生後的流動性短缺可能更為嚴重。

現在大家在談論股災，但對金融穩定來說更為巨大的威脅可能來自公司債。米爾頓・弗里德曼（Milton Friedman）曾經說過，無論股市發生了什麼事情，只要貨幣政策不出大問題，就不會出什麼大事。但對公司債來說，就很難這樣說了。

前面已經提到，由於美聯儲的 QE 和零利率政策，美國資本市場上公司債的體量急劇增長。不僅如此，美國債券市場中，高收益債的比重非常高。高收益債一般指風險很高的垃圾債。而高收益債中能源板塊比例又很

高。當沙特阿拉伯和俄羅斯出現問題，能源價格下跌、風險上升時，高收益債的收益率飆升是再自然不過的。

以美國國債利息率作為比較基準，美國不同等級的企業債的利差急劇上升。公司債利差普遍明顯上升說明市場不看好美國公司債。可以看到，現在美國公司債利差還沒有達到次貸危機期間的程度，但是已經明顯在上升。公司債和股市不同，股市在繁榮或蕭條時期的價格走勢一致性很強。由於不同的期限、品種，公司債價格走勢的一致性較差，但這可能恰恰是我們必須高度關注公司債的原因。

由於槓桿率的急速提高，美國公司債本來就面臨着很大的壓力。新冠肺炎疫情使公司債雪上加霜。一切取決於新冠肺炎疫情形勢的發展，如果疫情持續很長一段時間，大批高槓桿公司必然陷於破產。而大量公司債的違約將使金融危機難以避免。在這種情況下，美國乃至全球都將陷於金融和經濟的雙重危機。

在此次美國股市風暴中，風險資產下降的速度甚至高於次貸危機期間，但在次貸危機期間雷曼兄弟等超大規模金融機構破產的事件到目前為止還沒有出現。所以，按照約定俗成的定義，現在還不能說美國已經發生了金融危機。

四　美國應對新冠肺炎疫情衝擊的宏觀經濟政策及其對全球金融的影響

可以說，到目前為止，美聯儲應對股災的一系列措施是正確的和及時的。理解了 2008 年以來美國貨幣當局採取的一系列反危機措施，我們就能比較好地理解自 2020 年 3 月以來美聯儲所採取的一系列措施，比較好地評估這些措施的後果以及對中國的可能影響。

股災發生之後，美聯儲的主要措施包括：3 月 15 日，將貼現窗口利率下調 1.5 個百分點至 0.25%、法定存款準備金率降至 0；3 月 16 日，宣

佈將隔夜利率降至 0，恢復數量 7000 億美元的量化寬鬆；3 月 17 日，重啟商業票據融資便利機制 (CPFF) 和一級交易商信貸便利機制 (PDCF)；3 月 18 日，啟動貨幣市場共同基金流動性便利（MMLF）；3 月 19 日，美聯儲宣佈為澳大利亞儲備銀行、巴西央行、韓國央行、墨西哥央行、新加坡金融管理局、瑞典央行分別提供高達 600 億美元的流動性，為丹麥央行、挪威央行、新西蘭儲備銀行分別提供 300 億美元的流動性；3 月 20 日，紐約聯儲宣佈進行每日 1 萬億美元的回購操作，時間持續一週；3 月 23 日，美聯儲宣佈史無前例的「無底線」救市方案。

（1）推出定期資產抵押證券貸款工具（TALF），主要是向 ABS 的發行者提供融資，並由資產證券化（ABS）的發行者提供資金給私人或小企業，該項政策在 2008 年曾經使用過；

（2）推出一級市場公司信貸工具（Primary Market Corporate Credit Facility，PMCCF），設立 SPV（特殊目的機構）並從一級市場購買期限在 4 年以下的投資級公司債；

（3）推出二級市場公司信貸工具（Secondary Market Corporate Credit Facility，SMCCF），設立 SPV 並從二級市場購買剩餘期限在 5 年以內的投資級公司債，以及投資投資級公司債的 ETF。

此外，特朗普推出刺激計劃（提供 1.2 萬億美元財政刺激措施），其中包括向每位美國人提供 1000 美元和 500 美元的支票，總額為 2500 億美元，3000 億美元的小企業貸款，2000 億美元的穩定基金以及延期納稅。

根據 2008 年的經驗，我們知道美聯儲的救市政策是從補充流動性、穩定資產價格、注入資本金這三個方面入手的。這次救市就大方向來說與上次救市並無不同。

首先，在金融機構的負債方，美聯儲注入大量流動性，以緩和貨幣市場上的流動性短缺。美聯儲的政策工具箱中有大量應對流動性短缺的工具。有些工具是原有的，有些是最近新創造出來的。這些工具包括：商業票據資金便利、定期拍賣便利、貼現窗口、資產支持商業票據貨幣市場互

助基金流動性便利。所有政策工具的目的都是解決危機期間流動性不足的問題。

我們已經知道，如果貨幣市場融資渠道受阻，金融機構就將不得不進一步壓縮資產規模從而導致資產價格的進一步下跌。為避免產生這種惡性循環，必須立即給貨幣市場注入大量流動性。

其次，在金融機構的資產方穩定資產價格。原來是通過買入 MBS、CDO 等長期資產維持價格，而現在主要是股市的問題，所以具體的操作不太一樣。美聯儲推出了一些新的政策工具以便投資者可以繼續持有他們的長期金融資產，如公司債、股票等。美聯儲表示，在必要的時候也完全有可能大量購買公司債。3 月 18 日，本·伯南克（Ben Shalom Bernanke）等人發表文章，提出美聯儲可以請求國會授權購買有限數量的投資級公司債券。

最後，在股東權益（資本金）方，國有化金融機構是維持金融穩定的一個重要方向。雖然在這個方面還沒什麼大動作，姆努欽已經表示，美國政府將入股航空公司，作為向這些航空公司提供撥款的條件。

除貨幣政策外，財政政策也相繼出台。特朗普上台前就強調美國要發展基建，借當下的時機，特朗普提出了近 2.5 萬億的刺激措施。

由於美聯儲和美國財政部採取的上述一系列措施，金融形勢一度發生好轉，美股一度回升，波動指數出現了下降，美元開始轉弱，黃金開始回升，這些似乎都是美國金融市場趨穩的信號。

不幸的是，美國疫情的惡化又使一切都變得難以預料。最近美國又推出了臨時性的回購便利工具（FIMA Repo Facility），凡是在美聯儲開設有賬戶的外國中央銀行和國際機構，可以使用該工具，質押自己手中的美國國債向美聯儲換取存款（美元流動性）。

總體而言，美國此次股災是否會發展為金融危機還很難判斷，但美國經濟陷入衰退已無懸念，進入蕭條的可能性則非常大。今後美國經濟的發展方向要由病毒來決定。所有國家現在都面臨着空前的挑戰，有很多不確

定性需要注意並仔細研究。

從資產泡沫、流動性短缺等方面來看，此次股災實質上與 2008 年金融危機沒有根本性不同。所以，研究 2008 年的經驗對分析現在、預測未來很有幫助。可以看到，美國穩定金融的政策大體與之前的政策相同，均包括增加流動性、穩定資產價格、補充資本金三個方面，僅在具體政策形式上有細微區別。

美聯儲應對股災的措施同應對次貸危機的措施完全是一個路數，說到底就是印鈔。3 月 23 日，美聯儲宣佈的無底線救市方案，即不顧一切阻止資產價格進一步下跌。這已經打破了所有的禁忌，當美國自身出現問題，它就會為維護金融市場穩定而不擇手段。美聯儲救得了美國金融市場，但卻救不了美國經濟。一切取決於醫學科學是否能夠戰勝COVID-19。「直升機撒鈔票」之後，美國正在用美元來淹沒全球，美國今後政策方向很清楚：大幅度增加政府財政赤字，無底線地印鈔，「在我之後，哪怕洪水滔天」。當美聯儲開始「無底線」印鈔時，作為美國國債最大海外債權國，中國必須密切關注美國金融風暴的演進，並想清楚如何保護好自身利益。

五　中國應當積極做好經濟恢復工作，
但不應急於拆掉金融屏障

第一，美聯儲的政策毫無疑問會產生強烈的溢出效應，關於美國經濟蕭條將如何衝擊中國經濟，筆者觀點是一貫的，即中國在擴大開放等方面要掌握好度。如果能夠把握、控制好跨境資本的流動，我們就可以趨利避害，很多外部衝擊是可以被隔絕的。

第二，筆者依然強調匯率問題。匯率需要有靈活性，它也是隔絕外部衝擊的一個重要方面。同時，資本市場，特別是國債市場應該進一步提速，衍生金融供給也應該得到進一步發展，以便為我國企業提供各種各樣

的避險工具，鎖定未來風險。一定程度的資本管制、靈活的匯率和資本市場的深化是我們在堅持金融開放的同時，規避來自外部金融衝擊的重要保證。

第三，美國無底線印鈔雖然在短期內穩定了美國金融體系，但卻稀釋了美元的價值。儘管在短期內不會造成通貨膨脹，但誰能保證美元的長期穩定呢？不僅如此，美國政府還動輒揮舞金融制裁大棒。這種把美元作為政治工具的做法更是損害了美元國際儲備貨幣的地位。針對這種情況，中國完全應該不失時機地推動人民幣國際化，推進旨在擺脫美元霸權的國際結算體系建設。

第四，由於疫情處理嚴重失誤惱羞成怒，以及長期以來的地緣政治考慮，不能排除美國對中國的美元資產採取某種行動的可能性。拋開資源配置問題不談。美國國庫券的安全性也不是沒有問題的。誰能保證美國就不會違約呢？1971 年尼克遜政府單方面宣佈停止 35 美元兌換 1 盎司黃金的莊嚴承諾不就是一次嚴重違約嗎？前美國財政部部長勞倫斯·薩默斯（Lawrence Summers）在 2002 年發明了「金融恐怖平衡」一詞。他稱，「不論是美國還是持有巨額儲備的中國等東亞國家，都不敢打擊對方，因為美國需要後者的錢，而後者需要前者的市場」。但是，這種平衡是不對稱的。例如，英國著名時政評論家馬丁·沃爾夫（Martin Wolf）在 2013 年 12 月 3 日 FT 上的一篇社評中直截了當地指出，「在發生衝突時，美國完全可以凍結（sequester）中國的外匯資產。雖然雙方都會遭受慘重損失，但中國的損失將更為慘重」。事實上，在 2008 年美國次貸危機爆發後不久，「兩房」債券陷於違約的邊緣，若不是時任財長亨利·保爾森（Henry M. Paulson，JR.）力排眾議，堅持施救，中國的 4000 億美元「兩房」債券就打水漂了。換一個財長，美國政府還會救援「兩房」嗎？沒人知道。現在許多美國政客在大肆鼓譟沒收中國的美國國庫券。雖然美國政府未必敢於這麼做，但這些危險我們絕對不能掉以輕心。

第五，中國應該繼續努力實現中美貿易平衡。中國沒有必要繼續保

持對美貿易的順差，沒有必要繼續用真金白銀換取「美元借條」。為此，我們應該以最大誠意履行中美貿易協定（如果美國無法供貨就另當別論了）。大量進口美國糧食（轉基因問題應由科學家解決）、石油和其他產品，這不僅有利於中國的經濟安全，也有利於中國的金融安全。

中國經濟目前已經從防疫紓困階段進入全面恢復生產階段，儘管我們還面臨一系列困難和挑戰，但只要我們自己進退有據，中國經濟的增長前景依然十分光明。

全球化、疫情與國際經濟治理

張蘊嶺

　　新冠肺炎疫情在全球蔓延，幾乎沒有一個國家可以倖免，受感染人數數百萬，經濟損失難以統計。面對新冠病毒在全球範圍內肆虐，各屆人士都在尋找原因，除了對病毒本身追蹤尋源外，也對由此引發的經濟社會影響進行探究。由此，全球化成了眾矢之的。全球化把世界連接在一起，於是，病毒也就有了在全球蔓延的方便之途。全球化生成的全球供應鏈受到疫情衝擊，導致鏈條斷裂，使得經濟加速下滑。因此，有人認為，新冠肺炎疫情標誌着全球化的終結，全球化已經死亡。究竟如何認識全球化，疫情過後全球化如何發展，後疫情時代國際經濟治理如何推進？這些都是非常重要的問題，值得深入分析和研究。

一　第二次世界大戰後全球化的大發展

　　要判斷疫情後全球化如何發展，還需要首先認識全球化是什麼，如何發展的，起什麼作用？就經濟全球化而言，其真實含義就是世界市場的開放與連接。第二次世界大戰後的經濟全球化是通過制度化構造的、全球範圍內推動市場開放的機制。這個機制主要就是原來的《關稅與貿易總協定》（GATT）。第二次世界大戰以後，世界經濟發展需要一種新的秩序，其中，最重要的是構建開放的世界市場。這一認識是基於第二次世界大戰

---

*　　作者係中國社會科學院學部委員，山東大學講席教授，國際問題研究院院長。

前20世紀30年代經濟危機的教訓。20世紀30年代發生了嚴重的經濟危機，經濟危機到來之後，各國爭相採取以鄰為壑的保護政策，結果經濟的交往阻斷，危機進一步加深。

第二次世界大戰後，以美歐國家為主導建立了推動市場開放的國際機制——《關稅與貿易總協定》（GATT）。美國出於打開歐洲市場的需要，積極推動GATT下的市場開放談判，後來，越來越多的國家加入這個組織，包括發達起來的日本，也包括大批發展中國家。隨着多輪談判回合取得成功，世界市場的開放度也越來越大。冷戰結束以後，GATT升級為世界貿易組織（WTO），中國和一大批國家先後加入，成為全球性的國際貿易治理機制。WTO作為一個多邊國際組織，在制定國際貿易、投資和服務規則，以及以法律為基礎解決貿易爭端方面發揮了核心作用。

當然，世界市場的開放首先得益於各國實施的開放發展政策。本國採取開放發展政策是國際貿易、國際投資發展的一個最基本條件。政府實施的開放政策、以WTO為基礎的國際治理體系，加之幾乎所有的國家和地區加入到這個體系中，這樣，就有了經濟全球化的基礎，商品、服務、資金、人員等的流動也變得更加自由和便利，由此，世界經濟的增長得到了快速的發展。

從經濟發展的角度，在市場開放條件下，資源得到更好的配置和利用，同時，由於絕大多數國家都加入了世界多邊體系，市場的空間更大了，從而獲得了經濟發展的規模效應，這樣，公司可以在一個更加開放的地區和全球市場環境下從事投資和其他經營，這使得很多公司發展成為跨國公司，一些小的公司也通過這種全球參與，加入到國際分工中，進而促進了國際分工的進一步發展。基於全球化的國際分工大大推動了國際貿易和投資的發展，也拉動了與貿易投資相關的服務業的發展和人員的流動，由此，推動了整個世界經濟的發展。特別是，後起發展中國家通過加入多邊貿易體系獲得進入世界市場的機會，通過接受產業轉移和參與國際分工解決發展的瓶頸——資金、技術與管理的短缺，從而可以實現經濟較快的發展。

全球化有兩面性，在促進世界發展、帶來福利的同時，也產生負面影響，而正是負面影響導致反全球化的運動興起。

其一，產業轉移會導致轉移地區的「產業空心化」，使一些傳統產業地區成為衰落的「鐵鏽地帶」。企業把大量的製造業轉移到生產成本更低的發展中國家，由此，生產成本得到了降低，消費者能買到更便宜的商品，但是如果產業輸出後沒有其他的新興產業及時彌補，就會導致當地經濟衰落，就業減少。以美國為例，伴隨着美國的製造業外移，一些原來繁榮的地帶蕭條，原來依靠這些產業的藍領和白領出現收入下降，不僅是美國，其他一些發達國家也有這樣的問題。

其二，在開放的市場空間，競爭力的差別導致增長的受益不均衡，一則表現在國家之間，那些缺乏吸引力的國家被邊緣化，出現了資本和人員大量外流。因此，儘管總體上世界經濟得到了快速增長，財富總量大幅度增加，也有相當一批國家和地區被「邊緣化」，被排斥在發展進程之外，使得世界的貧富差距變得更大了。20 世紀 70 年代，德國前總理勃蘭特就主持寫過《增長的極限》研究報告，提出過這個問題，但這個問題沒有得到很好的解決，富國和窮國的差距在拉大。

其三，財富積累出現兩極化，開放的世界市場空間為擁有資本、技術與管理優勢的公司和個人提供了拓展空間，因此，世界的財富越來越向少數公司和少數個人集中。越來越多的公司富可敵國，越來越多個人擁有的財富也大得驚人，出現了財富佔有的 1% 和 99% 問題，即 1% 的人擁有大多數財富，而 99% 的人只擁有很少的財富。[1]

反全球化最開始是少部分人參與，後來逐漸發展成為了一種社會運動，在一些國家，就表現為保護主義、民粹主義、極端主義趨勢，反全球

1　關於全球化利弊的辯論，參見 Mike Collins, "Pros and cons of globalization", forbes.com/sites/mikecollins/2015/05/06/the-pros-and-cons-of-globalization/#6d9b3174ccce; Murray Weidenbaum, "Weighing the pros and cons of globalization", https://www.wilsoncenter.org/event/weighing-the-pros-and-cons-globalization.

化的政治人物受到越來越多的選民的支持。在美國大選中，特朗普的勝選代表了一種轉變，支持他的很多都是所謂的藍領票，就是那些傳統的製造業州的選票。這些州的傳統產業大都轉移走了，引發了藍領工人、中產階層的不滿，因此，他們支持倡導保護主義、民粹主義的特朗普。其實，不只是美國，歐洲的反全球化傾向也有發展，法國、意大利、奧地利等極右翼政黨的支持率大幅增加。[1]

二　對全球化的反思

開放是發展的利器，但是也要有很有效的社會政策來糾正開放帶來的問題。在全球化高漲發展的時候，大家關注的主要是推動開放，現在，所謂逆全球化來了，不是要實行保護主義，關起門來發展，而是要對快速發展的全球化進行反思，找出問題。

所謂反思，並不是簡單地說全球化是壞的，而是要找到問題的根子，糾正失衡。總的來說，需要注重開放與保護的平衡，如果失衡，就會出問題，使得矛盾積累。開放促進競爭，競爭提高效益和推動產業提升，但是從社會整體，就要考慮均衡，有些領域承受不了全面開放的衝擊，需要緩開放，有些起步企業需要給予一定的保護，為那些被淘汰的產業和人羣提供救助，財富的過度集中需要有效的社會政策，包括稅收調節政策，在世界範圍，需要有對邊緣化國家提供支持的新型發展合作等。

全球化進入了一個需要反思、調整階段。如果說全球化過去發展得太快了，那麼現在到了需要調整的階段。就世界而言，發展的問題一直是一個大問題，開放條件下發展的不平衡危及世界的發展和安全。WTO 多哈回合，即新一輪被稱為「發展回合」的多邊貿易談判，體現了發展中國

1　參見張蘊嶺《反全球化的聲音也要聽聽》，2017 年 2 月 14 日，http://people.chinareform. org.cn/Z/zhangyunling/Article/201702/t20170214_261364.htm.

家參與後，要求多邊體系改善發展中國家經濟的發展環境和條件。比如，在改善發展條件的要求中，很重要一點就是要求發達國家取消對農產品的補貼，發達國家擁有這麼高的補貼，生產的農產品非常便宜，發展中國家進口農產品比種植更划算，這就會造成發展中國家的農業發展不起來。但是，保護農業涉及發達國家的核心利益，所以發達國家不同意取消農業補貼。另外，在談判中，發展中國家還要求漸進地開放市場，不能一下子都實現零關稅，否則對國內產業衝擊太大，民族工業永遠起不來，而發達國家要「一攬子」的深度開放。分歧這麼大，導致多哈回合談不下去，無疾而終。

在特朗普就任之前，美國的政策還是受自由主義信條的主導，要以加快和深化市場開放來獲得競爭優勢，取消發展中經濟的差別待遇和削減其低成本競爭力。比如，美國認為多邊談判太慢，就自己拉朋友圈，搞美國領銜的《服務貿易總協定》，高標準的《跨太平洋夥伴關係協定》（TPP）。特朗普反對自由主義信條，對以前的協定很不滿意，上台後宣佈終止TPP，重新談判《北美自由貿易協定》和其他雙邊貿易協定。特朗普政府通過雙邊談判，使對方做更多的讓步，推行對等安排。各國經濟發展水平不一樣，開放的標準不可能都一樣。因此，自由貿易協定下的市場開放應該是漸進、有差別的，特別要加強經濟合作。只有這樣，才可以讓後發展的國家有空間不斷改善發展的條件和環境，在全球化的過程中各國才能均衡受益，全球化才能有持續的動力。

在實現經濟發展中，市場開放是其中一個因素，但並不是全部，需要改善綜合的發展條件，比如基礎設施建設、能力建設、產能合作等問題，這些都應該包括到這種新的市場開放綜合安排裏面。如果只要求發展中國家開放市場，不改善他們的綜合發展環境，許多國家難以發展起來，有些還可能更邊緣化，導致沒有資本願意流向那裏，因此，開放的同時需要改善基礎發展條件。在中國和東盟談判自貿區時，我們就注意到了這個問題，採取了漸進、逐步的開放方式，談判中也是堅持先商

品、服務再到投資的步驟,為欠發達國家設置了更長的過渡期,專門設立了開展經濟合作的內容。由東亞 16 個國家談判的《區域全面經濟夥伴關係協定》(RCEP)[1],應該構建一個適合 16 個國家發展,有利於創建東亞經濟區發展新動力的一種綜合的區域安排新模式,比如,可以把 RCEP 框架下的互聯互通作為開放合作的重點內容,規劃實施的步驟,制定互聯互通落實計劃。[2]

特朗普政府推行以鄰為壑的保護主義,這肯定會給全球化的發展帶來很多麻煩,但這也可能是一個轉機,促使各國對以開放為主導的全球化進行反思和調整。東亞要通過創新模式,堅持開放,推進合作,中國要成為維護世界市場開放的中堅力量,要在推動合作中發揮重要的作用。

總結來看,經濟發展快是好事,但太快了也不行,發展對外貿易是好事,但過度依賴出口拉動也不行,需要平穩可持續的發展,需要構建內在的可持續動力。從世界經濟發展角度看,後起國家實施趕超模式,經濟增長速度比較快,但過快也會留下一系列的問題,除了地區差距、行業差距外,還有一個最大的問題,就是接替產業轉移造成的污染轉移,這些後續環境問題也逐漸暴露出來了。一個國家發展必須要實現綜合的平衡。過去,發達國家的發展靠先污染後治理,代價很大。現在整個世界都加入到這個生產過程中,規模這麼大,如果還走先污染後治理的道路,那就是一場災難[3]。人類活動的總體量增加,造成整體性不平衡,也引發了極端天氣的出現,在這種情況下,也需要一個綜合的調整。第二次世界大戰以後,通過幾十年的發展,世界在取得前所未有的財富總量增長的同時,也積累了許多嚴重的問題,一系列全球問題突顯,其中,生態環境的惡化和與此

1　2019 年,RCEP 協定的基本文本完成,印度宣佈暫不參加,因此,RCEP 只有 15 個國家。

2　這方面分析參見中宏國研,《分析 RCEP 與 CPTPP、USMCA 的區別》,http://www.china-cer.com.cn/hongguanjingji/202001161927.html。

3　中國在付出環境惡化的代價之後,認識到走綠色可持續發展的重要性,提出基於科學發展觀和新發展理念的綠色可持續發展戰略。

相關的氣候變化最為嚴重，危及地球生態和人類生存，解決這些問題既需要觀念更新，也需要實際的行動。

三　疫情對全球化的影響

新冠肺炎疫情突如其來，並在世界範圍蔓延，疫情和為防疫情採取的措施帶來非同一般的綜合性影響。疫情防控的最重要措施是隔離和封閉。中國對最先暴發疫情的武漢採取封城與隔離措施，隨之，在全國範圍實行了空前嚴厲的隔離管制，由此造成經濟社會活動斷崖式下跌，許多活動近乎停滯。鑒於中國是東亞地區及至世界的供應鏈中心，中國的斷供，立即導致許多地區和全球供應鏈斷裂。與此同時，許多國家為了防止疫情擴延到本國，也不同程度地採取了大幅度減少，甚至阻斷與中國的人員、商貿交流。在此情況下，那些依賴供應鏈生存的企業不得不關閉工廠，那些依賴人際交往，特別是旅遊業生存的服務業，也都陷入凋零。

疫情在世界蔓延，導致各國各行其是，採取各種隔離、封閉措施，進一步加劇世界範圍的阻斷效應。原本，在疫情出現拐點之後，中國抓緊復工復產，希望盡快恢復供應鏈，但是，世界其他國家的疫情惡化所導致的第二波阻斷反過來也影響中國。特別是，疫情蔓延在世界各國的不同步，不但拉長了供應鏈斷裂的時間，而且使得影響進一步擴大，危及更多的行業，包括金融市場。目前還無法預測疫情何時能在世界範圍終止，且人們擔心可能會有復發，因此，即便疫情減輕，許多防控措施也不敢輕易放開。由此，世界經濟難以在短期內得到恢復，悲觀的預測認為，世界會陷入嚴重的經濟危機。

疫情的蔓延和由此帶來的巨大衝擊與破壞，令人們吃驚，原來相互依賴的世界變得如此脆弱，全球化如此不堪一擊。在此情況下，原本就對全球化持批評態度的各屆人士似乎找到了根據，由此，反全球化的輿論與勢力大幅度上升，同時也引起政府、企業、個人對全球化的進一步思考。總

的看，對全球化的反思集中在全球化所造成的國家、企業以及個人的安全保障問題上。

如前所述，全球化的調整在 2008 年金融危機之後加速，這次疫情引發的調整更為深刻，在一些方面帶有轉變性的特徵。首先，無論是政府、企業，還是個人都更加強調經濟與社會的安全。在政策層面，政府會更加重視本國基本必需品的安全供給保障能力，減少重要必需品的對外依賴程度，加大產業回歸的支持力度，採取措施限制核心產業流出，如核心科技、國計民生關鍵產業環節，甚至可能會在法律法規層面增強限制力度。同時，對於外資的進入，特別是購買本國涉及核心競爭力與社會公共安全的產業，加大審查力度。像美國、日本等都開始制定更為嚴格的外資審查與批准法規，限制外資進入核心技術領域，嚴防外資在本國經濟困難的時候，以低價購買本國的公司企業等。看來，以經濟安全、社會安全與政治安全為理念的「民族保守主義」將會產生更大的影響力[1]。

在經營戰略層面，企業將更加重視供應鏈的安全，為此，可能會縮短供應鏈環節，力求掌控核心環節，為了降低經營成本，可能會大規模使用機器人、職能化技術。同時，將可能會對原來的「零庫存即時供應鏈」體系（主要是零部件）進行修改，適度增加庫存，建立雙保險供應體系，建立備用供應鏈合作夥伴機制等。

在社會層面，公民對政府的訴求壓力增大，要求限制外來資本、外來人口流入，保證就業機會，提高社會保障力度等的聲音更為強烈。保護主義、民粹主義的社會支持度會增強，形成更為有影響力的政治集團。

由此，自由主義信條將終結，全球化理論與輿論轉向「有管理的全球化」或「有限制的全球化」，也有的稱之為「均衡的全球化」。顯然，原

1　這種轉變可能並不僅發生在發達國家，發展中國家也會更多地考慮引進的安全問題，而對於發展中國家來說，一直存在外資壟斷市場的問題，在當前情況下，這方面的關注會增強。

來的全球化回不去了，全球化進入一個新的再調整與重構期。[1]

不過，我們應該認識到，全球化已經是全球經濟社會運行機體的一個重要組成部分，不可能被簡單拋棄。作為一個發展的進程，全球化可調、可控、可變，但不可棄，無論是國家、企業，還是社會羣體，都不可能全身而退，退縮到封閉性的所謂「部落主義社會」。比如，政府可以支持企業回歸，但不可能強制企業回歸。在現實中，為數眾多的企業是回不去的，特別是那些依賴當地市場與要素資源生存的企業，回去是死路一條。特朗普的經濟顧問庫羅德曾公開表示，讓企業回遷美國，政府承擔所有回遷費用，做起來難，一則政府沒有這個能力承擔，二則即便承擔回遷費用，回去的經營呢？因此，真正能響應回遷的企業有限，從根本上說，是否回遷，是企業根據自身需要經營調整的問題。政府可以對企業的國際化經營進行監督和一定的干預，但不可能讓他們做到完全與中國「脫鈎」。

對於企業來說，依託世界市場可以獲得巨大的發展空間，大企業做大網絡，中小企業參與網絡，退回國內不但失去拓展空間，而且不一定安全，因為國內也會發生問題，在突發事件面前，就是在國內也難保安全，像日本的名古屋大地震、福島核泄漏，都曾導致供應鏈中斷。突發事故，或者像新冠肺炎疫情這樣的大規模傳染病蔓延，是難以預料的，由突發事件引起的斷供和應急需求，是沒有辦法作為常態維持的。因此，企業經營佈局調整要考慮綜合因素，以有利於發展和盈利為基本標準。對於那些以當地市場為基地的企業來說，可能更重視當地經營的綜合安全，而不是撤走。

從社會角度觀察，公民對生命和生活安全保障的優先意識加強，會對那些實行選舉政治的國家的政治組合與政府政策產生更強的影響。面對疫情衝擊激起的綜合影響，以不同形式表現出來的民粹主義的影響力可能會進一步提升，但是，看來其成為主流意識還是很困難，因為民粹主義導

1　黃仁偉提出「有選擇的全球化」，由於各國的情況不同，只有選擇對自己有利的部分參與全球化。參見黃仁偉《從全球化、逆全球化到有選擇的全球化》，載王輝耀、苗綠主編《全球化向何處去》，中國社會科學出版社 2019 年版，第 91—95 頁。

致的問題會更多，社會矛盾會更大。其實，疫情中，公民的反思並不主要
是體現在極端意識上，事實上，更為理性的思考應佔主流，比如人們對現
代化的反思，對現代生活的反思，對政府作用的反思，對個人與社會的反
思，等等，都表現出對未來世界的發展、對國家的發展、對個人的發展等
更理性的認識。疫情讓人們明白，頻發的災難是全球系統失衡的結果，人
類必須重建平衡，否則更多的災難會出現。[1]

　　關於後疫情政策、經營戰略與公民意識的思考、討論、辯論與調整
將會繼續，並且會持續很長的時間，這是一種「後自由主義」的反思與轉
變。的確，面對施虐全球的新冠病毒疫情，悲情、悲觀、極端的情緒往往
會佔上風，疫情過後，人們會逐步回到正常狀態，更為平衡、理性與睿智
的意識和行動會逐步回歸主流。從以往的歷史經驗看，每次大災難都會給
人類提供教訓，讓人類變得更為理性與智慧，是推動進步，而不是倒退，
新冠肺炎疫情也不例外。

　　值得重視的是，對全球化造成影響的不只是疫情，還有藉助疫情推
波助瀾的政治勢力。特別是美國針對中國進行的近乎全面遏制戰略，封堵
了中國在科技、信息、網絡與美國以及相關國家的正常聯繫與合作，限制
了學習與交流。一則，鑒於美國在這些領域佔據優勢，而且世界多數國家
都離不開美國的技術、信息、網絡；二則，中國作為國際供應鏈的連接中
心與外部有着緊密的聯繫，美國的政治轉變對於全球化的發展產生重要影
響，在一些方面，原來的基於普遍開放原則構建的供應鏈會被中斷。[2]

1　由於出現越來越嚴重的生態環境問題，自 20 世紀中後期人們就開始對傳統工業化的範
　式的問題進行反思，在一系列會議上發表了報告，例如，聯合國召開人類環境會議，環
　境與發展會議，可持續發展世界首腦會議等。這方面的概述參見潘家華《中國的環境治
　理與生態建設》，中國社會科學出版社 2015 年版，第 39—41 頁。

2　特朗普政府不僅越來越加強對中國的各種封堵措施，還施壓和拉攏盟友和相關國家加
　入，通過擴大所謂「實體清單」，擴大封堵範圍，這對基於世界市場的供應鏈產生嚴重
　影響。參見 Peter E.Harrell, "US-China economic relations under the Trump Administration at
　the 2 years mark", in Gilbert Rozman edited, *Joint US-Korean Academic Studies*, KEI, 2019,
　Vol.30, pp.216-217.

不過，也應該看到，就全球化發展而言，新的一波浪潮正在發展，這一波可稱之為網絡全球化，即以信息化、智能化技術的發展為推動力，構建基於全球的空間型網絡——物聯網，將各個經濟社會活動納入到網絡之中，全球供應鏈會從鏈條結構向網絡化結構發展。我們看到，疫情中得到迅速發展的是網絡經濟，網絡教育、網絡會議、網絡售購等，它們成為疫情下開展活動、滿足人們基本生活供需的主要形式，疫情後它們不會消失，會有更大的發展，將成為新經濟的動力源。網絡全球化的突出特徵是全球性的，是大數據、大框架，超國家和地區構建與運營，支撐網絡全球化的貨幣——數字貨幣也已經登場，這不是退全球化，而是全球化的新發展、新轉變。

四 調整中的國際經濟治理

第二次世界大戰以後，國際治理得到快速的發展，涉及國際政治安全、國際經濟等諸多領域。國際治理的目標是通過建立組織，制定規約和開展合作，創建國際社會有序環境，解決單個國家不能解決的問題。國際治理已經成為世界不可或缺的重要機制。儘管國家仍然是治理的基礎，但國際治理在涉及國家利益和人類共同利益上起着越來越重要的作用。

聯合國體系是國際治理的最重要組成部分。聯合國的宗旨是制定國家間關係的基本規則，同時，通過把所有國家都納入到一個國際體系之內，構建基於全球的國際管理機制。聯合國框架下的國際組織是國際治理的基礎組成部分，涉及世界經濟領域的主要是國際貨幣基金組織（IMF）、世界貿易組織（FATT/WTO）、世界銀行、地區性開發銀行等，還有涉及具體領域的國際組織，如聯合國工發組織、聯合國糧農組織、聯合國開發計劃署等，它們各自承擔不同的功能。迄今，世界大多數國家都被納入這些組織框架，其制定的規則成為被廣泛認同的國際規則和行為規範。

國際對話合作機制是國際治理的重要形式。比較重要的是七國集團

（G7），其作為發達國家的對話機制，聚焦於經濟領域。一則，G7 旨在協調發達國家之間的經濟政策，二則，其對於世界經濟的發展具有導向作用。不過，隨着世界經濟結構發生巨大的變化，發達國家經濟在世界經濟中所佔的比重降低，特別是在世界經濟增長的主要拉動力來自發展中國家羣體的情況下，G7 對於世界經濟發展導向的作用減弱。2008 年以後，二十國集團（G20）成立。G20 集合了發達國家和經濟規模較大的發展中國家，成立之初原本是為了應對金融危機的，已經成為共商世界經濟發展大事的協商機制。國際治理無論在治理範圍，還是在治理方式上都在不斷發展，這種大趨勢是與國際政治、國際關係、國際經濟，以及社會生活國際化發展相適應的，沒一個國家是處在獨立的隔離空間。通過不斷發展的國際治理，在一定程度上可以說，世界構建了有治理的國際秩序基礎。[1]

　　不過，第二次世界大戰後建立的這些國際治理組織和機制最初主要是由美國等發達國家引領構建的，因此，他們無論是在組織構成，還是在實施管理中，都居主導地位。隨着發展中國家綜合實力的提升和參與度加深，關於改革國際組織治理結構、更好地反映發展中國家利益與訴求的呼聲很高。迄今，儘管有一些調整，但是還遠不能適應變化的需要。在推動構建第二次世界大戰後國際治理體系中，美國作為實力最強的國家，曾起着出思想、出方案、出人才、出資金的關鍵作用。當然，美國也為此撈到好處，作為霸權國家，其幾乎在所有的國際治理中都打上了美國利益和美國主導的烙印。如今，面對全球化發展、力量格局轉變和美國國內的諸多問題，美國看似不再願意承擔國際治理的義務和責任，美國要麼「退羣」，要麼強推利己的政策。美國的轉變影響極大，不過也應該看到，美國霸權式參與的終結也許是一種必然。國際治理是大趨勢，國際治理體系也要發展，面向未來的調整與變革，也許國際不再需要一個大國來主導

1　全球治理被認為與全球化的發展密切相關，是全球化擴張、全球問題蔓延和全球深入合作的必然結果。參見蔡拓等《全球治理概論》，北京大學出版社 2016 年版，第 1 頁。

議程。根據時代的發展，通過協商對話，達成羣體共識，推動構建一個有效、公正、包容的新體系不僅是需要的，也是可行的。國際治理的調整與變革不是另起樓灶，而是對現行體系的改善。[1]

在世界經濟發展轉型，特別是疫情導致供應鏈斷裂、經濟增長大幅度下降的情況下，世界應該加強國際經濟合作，加強國際經濟治理，以穩定市場秩序，提振經營者和公眾的信心，但是，美國實行的「美國優先」「退羣」、制裁等單邊主義行動，使得國際協調與合作變得非常困難。現在世界迫切需要對所面臨的諸多挑戰進行協商，並達成共識，發揮國際治理的功能，推動世界向和平與發展的方向行進。現在的對話合作平台很多，各國領導人每年有多次聚會，討論關鍵地區和全球的問題。疫情總會過去，世界需要靠開放合作來支持經濟增長，發展還是第一要務，沒發展問題會更多。如果經濟繼續大幅度下滑，貿易大幅度下降，大家都會受損，美國也不能獨善其身。

五　全球化與中國

中國的改革開放為中國參與全球化打開了大門，實現了經濟的快速發展，因此，中國是參與全球化的受益者，自然也就是全球化的積極推動者和維護者。中國參與全球化大體可以分為兩個階段，第一個階段主要是參與，通過參與國際生產分工，利用外資發展出口加工業，實現了經濟的快速發展，成為世界最大的貿易出口國、世界與供應鏈的中心節點。現在中國已經進入第二階段，由引進和出口為主，轉型為引進和走出去並行，出口與進口均衡，未來，中國將進一步成為對外投資和進口最大的國家。而

1　龐中英認為，全球化需要再平衡，但如何調整、改變具有不確定性。參見龐中英《全球化的風幡將如何飄浮？》，載王輝耀、苗綠主編《全球化向何處去》，中國社會科學出版社 2019 年版，第 100 頁。

這種轉型意味着，中國由接受現行治理規則到參與國際治理規則轉變。[1]

但是，中國作為一個發展中國家，顯然無法承擔「當頭」的角色，但無論從本身發展需要，還是從推動世界經濟可持續發展的責任來說，中國都能夠在推動世界市場開放，維護全球化大趨勢方面發揮重要的作用。在保護主義抬頭的情況下，中國應該堅持推動世界市場的開放，自己首先做到不搞貿易保護主義，拒打貿易戰，同時在多邊層面，充分利用國際影響力，促進世界形成積極變革的共識。

對於美國的政治對抗，中國不可能躲避，但中國不應也不會與美國發起全面對抗。一則，走和平發展道路是中國的國策，中國不會走大國爭霸對抗的老路，儘管中國會對美國的政治打壓進行應對，採取必要的措施，但是，中國會以積極的戰略，促進國際環境的改善，凝聚和平發展的共識，推動世界走開放合作的道路，這既符合中國的利益，也符合世界絕大多數國家的利益；二則，有所作為，推動基於開放與合作的國際議程與行動。此前，中國推動了「一帶一路」建設、設立亞洲基礎設施投資銀行，這些本質上是推動新型發展合作，與當地國家一起，通過共同的努力改善綜合的經濟發展環境和條件。作為新型發展合作，「一帶一路」實行共商共建共享的原則，旨在大力推動基礎設施建設，推動產能合作，建設產業園，讓當地產業發展起來。產能合作是一個新事物，不同於發展援助，也不同於市場化的產業轉移，是通過合作的方式建設產業鏈，培育和提升能力，建立產業園區，與當地的發展規劃相對接等。[2]

中國是全球化的受益者，有說法稱中國是全球化最大的受益者，其實也不為過，只要從中國實施改革開放後所取得成績來看，就不難理解。因

1　有學者提出，中國可以基於自身的實踐，提出非西方的全球治理理念，為完善和豐富全球治理理念提供中國的貢獻。參見蔡拓等《全球治理概論》，北京大學出版社 2016 年版，第 424 頁。

2　參見張蘊嶺《「一帶一路」：戰略或倡議》，載薛力主編《「一帶一路」：中外學者的剖析》，中國社會科學出版社 2017 年版，第 23 頁。

此，儘管參與全球化也導致不少問題，比如環境問題、過度依賴外部市場問題、區域發展失衡問題等，但這些問題不能靠逆全球化來解決，需要通過積極的調整與改革解決。

新冠肺炎疫情下，中國採取嚴厲的隔離措施，影響非常嚴重，工廠停工，多數正常的經濟社會活動遭遇斷崖式阻斷。鑒於中國是地區和世界的供應鏈中心，影響立即傳導到外部，使與中國相聯繫的供應鏈中斷。疫情消減後，中國立即開始採取復工復供的措施，盡力把中斷的產業鏈恢復起來。但是，由於疫情在其他地區擴展，各國採取了隔離措施，導致經濟社會活動減速，對外需求聚減，加上交通和其他管制措施，除用於疫情防控的產品外，外部對中國產品訂單大幅度削減，或者甚至中斷，這使得中國復產、復供的努力受阻，也使中國人深切體會到，全球化的反向影響如此嚴重，依靠供應鏈生存的企業如此脆弱。

在疫情嚴重蔓延的情況下，外部世界對中國的責難增多，特別是對中國作為全球供應鏈中心節點的作用嚴重質疑，輿論的導向似乎偏向於對中國的批評。在不少國家，指責中國成為「政治時髦」，把很多自身的問題「甩鍋」給中國。一些政治人物、政治勢力提出了不少極端的口號，不僅把疫情的擴散歸罪於中國，而且把幾乎所有的問題都與中國掛鉤，要求中斷對中國的依賴，要求企業撤離中國，阻止中國向本國投資等。特別是在美國，與中國「脫鉤」似乎成為解決其問題的「鑰匙」。

鑒於外資、外貿、對外投資在中國經濟社會發展中佔據非常重要的地位，對此，我們需要冷靜地進行分析，做出正確判斷。關於撤資，由於中國的經營成本提高，部分外資撤出早在疫情發生之前就有了，而且中國的許多企業也把一些生產轉移出去，這是一種正常的調整。東亞地區作為世界供應鏈中心，區內的供應鏈是一種動態發展結構，不同國家間的發展差別，使得企業可以在區域空間內進行調整。但是，外資不會完全，或者大部分撤出中國，中國作為最大的區域市場，在許多方面是不可替代的。

其實，部分外資撤離與轉移也有助於中國本身進行產業升級，同時也

為中國企業的拓展提供空間提供機會，對於許多中間產品生產，中資企業可以填補外資轉移後的市場空間。另外，隨着中國本身需求市場的擴大，許多以外需為主要依託的生產企業，也可以轉為面向國內市場。當然，也應該看到，基於美國政治打壓所產生的「斷供」「脫鈎」，在技術含量比較高的領域變化會比較明顯，對此，中國需要做好應對。

全球化正在並會繼續發生重要的轉變，對於這種轉變，不只是中國，世界各國都處在變局之中。改革開放後，中國參與全球化是「借船出海」，而在新的全球化發展中，中國自己造了船，在網絡全球化的發展中，中國在不少領域走在前面。應該說，中國比其他大多數國家有更多、更好的發展機會，在許多方面，中國將成為新全球化發展的領航者。

應對疫情嚴重衝擊加快推進高水平開放

遲福林

　　新冠肺炎疫情在全球的大流行，重創全球經濟增長，重創經濟全球化，重創現有的國際經貿格局。面對嚴峻複雜的國際形勢，我國推進以規則為重點的制度型開放，加快建立高水平開放型經濟新體制，是全面深化改革開放的重大選擇，是積極推動經濟全球化的實際行動，是推進國家治理體系和治理能力現代化的重大任務。

一　經濟全球化面臨嚴峻挑戰

　　疫情嚴重影響經濟全球化走勢，並將影響經濟全球化的現有格局。在這樣的背景下，「挑戰性全球化」的特點日益突出，且挑戰前所未有。例如，產業鏈、供應鏈的斷裂導致對經濟全球化的反思；逆全球化的思潮抬頭，經濟全球化面臨着倒退、結構性重組的挑戰。

疫情衝擊下「挑戰性全球化」的特點突出

　　首先，疫情蔓延助推逆全球化思潮，威脅全球自由貿易進程。近年來，貿易保護主義與單邊主義抬頭，並威脅全球自由貿易進程。在疫情蔓延的特定背景下，孤立主義、單邊主義、民族主義和貿易保護主義更為盛行，有可能使經濟全球化進程出現倒退。2020 年 1—4 月，全球新增不利

＊　　作者係中國（海南）改革發展研究院院長、研究員。

於自由貿易的措施 310 項，已超過 2018 年全年數量，達到 2019 年全年的 80% 以上。[1]

其次，疫情蔓延嚴重衝擊全球供應鏈、產業鏈。當前，國際分工已深入到以產品不同價值增值環節為基礎的全球價值鏈分工，全球價值鏈參與度已由 20 世紀 90 年代的 47.6% 提高至 2018 年的 56.5%[2]。疫情蔓延對全球供應鏈、產業鏈產生系統性衝擊，有可能造成全球供應鏈大範圍中斷。一方面，在美國、德國兩大供應鏈中心停擺的情況下，航空航天、光學醫療、信息設備等全球供應鏈上游與高新技術行業受到嚴重衝擊；另一方面，全球疫情有可能持續較長一段時間，疫情影響將逐步擴散至供應鏈中游和下游，並給全球糧食安全等帶來嚴峻挑戰。

最後，疫情蔓延嚴重影響雙邊、區域貿易投資自由化和經濟一體化進程。總的來看，疫情嚴重衝擊經濟全球化，由此使雙邊、多邊的自由貿易安排與區域經濟一體化進程受到嚴重影響。在此背景下，如期完成中歐投資協定談判並啟動中歐自貿區可行性研究、加快中日韓自貿區談判進程、共同推動《區域全面經濟夥伴關係協定》（RCEP）如期簽署生效等，都有可能存在新的變數。

疫情蔓延重創全球經濟增長，並將導致全球經濟陷入衰退

第一，疫情導致 2020 年全球經濟陷入衰退。一方面，疫情重創國際貿易。根據世界貿易組織發佈的《全球貿易數據與展望》報告，預計 2020 年全球商品貿易將下降 13%—32%[3]；另一方面，疫情重創全球投資。根據聯合國貿發會議最新數據，2020—2021 年全球跨國直接投資將大幅下降 30%—40%[4]。貿易與投資下降將直接導致 2020 年全球經濟衰退。

---

1 數據來源：全球貿易預警信息網，www.globaltradealert.org。
2 數據來源：UNCTAD-EoraGVC 數據庫。
3 國際貨幣基金組織：《世界經濟展望報告》，2020 年 4 月。
4 《全球投資趨勢監測報告》，聯合國貿發會議，2020 年 4 月。

　　第二，疫情蔓延增大全球經濟危機的可能性。2008 年金融危機以來，全球大部分國家普遍採取以刺激性的財政政策與量化寬鬆的貨幣政策替代結構性改革，由此使得全球經濟負債率持續上升。根據世界清算銀行數據，2019 年第三季度所有報告國家非金融部門負債率已上升至 221.4%，高於 2008 年金融危機時 36.7 個百分點[1]。從近期的情況看，疫情的全球大流行，使全球資本市場信心受到嚴重衝擊，再加上國際油價暴跌重挫全球股市，短期內世界性的經濟衰退開始成為現實。為有效緩解疫情對本國經濟的衝擊，各國政府和央行紛紛採取更大力度的救助、刺激政策，全球債務風險進一步上升，世界金融脆弱性進一步上升。如果疫情持續較長時間，如果世界主要大國應對措施不力，如果全球性的協調行動遲緩，債務風險就有可能演變成全球性的經濟危機。應當說，這個危險性正在加大。對此，需要客觀判斷並保持高度警惕。

　　第三，疫情後世界經濟低速增長成為一個長期趨勢。一方面，疫情嚴重衝擊部分行業；另一方面，疫情嚴重衝擊重大國際性項目的推進。更重要的是，疫情蔓延導致全球產業鏈、供應鏈回撤，有可能造成全球全要素生產率的長期下降。

疫情蔓延將改變經濟全球化既有格局，並將形成新範式

　　第一，疫情蔓延使大國經貿關係面臨更為複雜的變化。近年來，在世界經濟增長動能不足、經濟實力相對變化等背景下，尤其是美國政府奉行「本國優先」政策的影響下，各國紛紛調整對美政策，美中、美歐、美日、美俄等主要大國關係正在經歷重大調整。疫情蔓延背景下，大國經貿關係將面臨更為複雜的變化。

　　第二，疫情後「零關稅、零壁壘、零補貼」有可能成為美歐日等發達國家經貿規則變革的趨勢。目前美歐日之間已經就零關稅貿易開展談判，

1　數據來源：BIS 數據庫。

歐日之間已經達成共識，美歐、美日零關稅談判正在加快推進。例如，日本與歐盟簽署《經濟夥伴關係協定》（EPA），2019 年 2 月 1 日起開始生效，日本將逐步對從歐盟進口的約 94% 的產品實施零關稅，歐盟將逐步對從日本進口的約 99% 的產品實施零關稅；[1]《全面與進步跨太平洋夥伴關係協定》（CPTPP）等相關成員國也將逐步取消 98% 的農業和工業產品關稅。[2] 在疫情對全球生產網絡產生嚴重衝擊的情況下，歐美等發達國家出於經濟安全角度考慮，很有可能加速這一趨勢，在引領新一輪全球經貿規則、保持自身國際競爭力的同時，將許多發展中國家排除在外。

第三，疫情蔓延將形成全球化新範式。疫情將改變以往基於低成本、零庫存導向的全球產業鏈佈局，而更加重視供應鏈安全與可控。一方面，宏觀政策將會更加強調內向發展和自主發展，關鍵技術與核心環節技術管控力度將會進一步加大；另一方面，全球供應鏈本地化、區域化、分散化的趨勢日益增強。

二 應對疫情對經濟全球化的嚴重衝擊的重要舉措

疫情蔓延使國際經貿關係面臨更為複雜的變化：一是在新冠肺炎疫情影響下，中美經貿關係面臨「二次大考」，有可能出現更為複雜的局面；二是在疫情全球蔓延下中歐經貿關係變數增多、不確定性加大；三是美歐經貿關係也不容樂觀。在這個大背景下，要爭取以務實舉措推動經濟全球化新進程。

實現中日韓經貿合作的新突破

（1）推動形成中日韓製造業分工合作新機制。總的來看，中日韓產業

---

1 《日歐經濟合作協定將從 2 月 1 日起生效》，中國經濟網，2019 年 1 月 3 日。
2 《越南正式實施 CPTPP》，中華人民共和國商務部網站，2019 年 1 月 16 日。

互補性強，製造業產業內的分工協作緊密。在疫情全球大流行給中日韓製造業供應鏈帶來嚴重衝擊的背景下，中日韓應以共同維護製造業供應鏈安全穩定為重點，推動形成三國製造業分工合作新機制。第一，在與抗疫直接相關的醫藥、醫療設備、其他抗疫物資等製造業領域形成分工合作新機制。攜手保障抗疫相關產品和物資的供應，共同維護區域抗疫醫藥醫療產品和其他抗疫物資供應鏈的安全穩定。第二，在汽車製造、電子通信、機械設備、工業機器人等製造業領域形成分工合作新機制。提升三國在這些產業領域的貿易投資自由化和便利化水平，攜手維護中日韓關鍵製造業供應鏈的安全穩定，推動三國製造業向全球價值鏈的上游發展。第三，在跨境電商、線上零售等領域形成分工合作新機制。支持三國企業共同打造製造業跨境網絡銷售平台和跨境網絡服務平台等，加強三國供應和銷售網絡安全監管協調機制建設，促進三國製造業產品在彼此市場的流通和消費。第四，在保障製造業供應鏈暢通的跨境運輸、物流、通關、檢驗檢疫、商務人員與技術人員出入境等領域加強協作。促進標準對接，加強監管協同，以此提高三國製造業貨物進出口和人員流動的便利性。

（2）建立中日韓製造業供應鏈安全穩定三方協調、聯合評估及風險預警等機制。應對疫情的嚴重衝擊，中日韓要以維護區域產業供應鏈安全穩定為重要目標，加強三方產業供應鏈安全信息溝通與協調、聯合評估、風險預警等機制建設。一是建立中日韓製造業供應鏈安全三方信息溝通和協調機制。中日韓政府相關部門或相關行業協會牽頭，建立防範中日韓製造業供應鏈中斷的三方信息溝通與協調機制，促進三國製造業供應鏈上的上下游企業之間、相關企業與政府部門之間的復工復產信息和數據及時分享，建立支持三國企業採取合理防疫措施加快復工復產的協調機制。二是建立中日韓製造業供應鏈安全三方聯合評估機制和風險預警機制。建議中日韓政府相關部門或相關行業協會牽頭，對中日韓製造業供應鏈安全穩定進行定期聯合評估，形成供應鏈安全報告，及時向政府、企業發出供應鏈中斷風險預警，並及時向政府提出防範供應鏈安全危機的建議報告，為政

府出台針對中日韓製造業供應鏈上的中小企業援助決策提供參考。

（3）根據疫情防控進展及時調整三國間人流物流等管控措施，促進製造業供應鏈的暢通運行。中日韓應充分利用三國已經建立起來的公共衛生安全合作機制，在聯合抗疫的前提下，逐步穩妥暢通經貿合作的信息流、物流、人流，推進投資和貿易自由化便利化。第一，建立三國公共衛生、商務、工業管理部門、海關等共同參與的協調機制。確保三國間抗疫醫藥醫療產品和其他抗疫物資的出入暢通。同時，降低甚至取消抗疫醫藥產品、醫療救治設備及相關物資的關稅，放鬆這些產品在三國間流動的邊境措施和邊境內措施。第二，在嚴防疫情反撲的前提下，推進三國疫情防控指南相互銜接。及時取消因抗疫需要採取的臨時性人流物流限制措施。第三，共同維護和促進三國間貨物和服務貿易自由化和便利化。大力發展零接觸式運輸、存儲和物流配送，以此促進三國間製造業供應鏈的暢通運行。

（4）應對經濟全球化新變局，務實推進中日韓自貿區進程，是東亞區域經濟一體化進程的重大戰略選擇。第一，三國要加快在服務貿易及投資、知識產權、可持續發展等領域的談判。同時，攜手推進《區域全面經濟夥伴關係協定》（RCEP）在 2020 年如期簽署。以三邊、多邊自由貿易協定為維護中日韓製造業供應鏈安全暢通提供制度性機制性保障。第二，務實推進中日韓公共衛生、醫療、健康、養老、環保、科技研發等產業合作。大力發展中日韓數字貿易，加快落實「中日韓 +X」早期收穫項目清單，逐一把 2019 年年底第八次中日韓領導人會議發表的《中日韓合作未來十年展望》中的合作事項變為現實。第三，率先形成中日韓「早期收穫」項目清單。在中日韓一攬子、高水平貿易投資協議達成之前，建議把中日韓醫療健康、文化娛樂、數字經濟、金融保險等重點現代服務業領域的自由貿易政策列入海南自貿港的「早期收穫」項目清單，率先在海南取得突破。

（5）以東北區域經濟一體化帶動東北亞經貿合作進程。作為我國向

北開放的最前沿，東北與東北亞地區的經貿聯繫十分密切。東北要利用與東北亞地緣和經貿聯繫更加接近的條件，以東北三省經濟一體化對接東北亞經濟一體化。第一，加快推進東北區域經濟一體化進程。例如，在工業領域，推進東北製造業的跨區域優化重組，形成東北三省的縱向分工，重構以裝備製造業為重點的產業鏈，提升東北製造的核心競爭力；在農業領域，以推動農業跨區域合作拉長東北地區農業產業鏈，推進東北農業與工業、服務業的融合發展。同時，推動形成區域基礎設施一體化新格局。第二，實現東北地區與東北亞供應鏈、產業鏈的對接。要利用東北三省經濟一體化發展的地域優勢和產業條件，加強與東北亞周邊國家的產業鏈、供應鏈的合作，推進東北產業結構轉型升級。第三，採取多種形式推進東北亞區域市場開放進程。本着先易後難、循序漸進的原則，採用包括「早期收穫計劃」、框架協議、多邊投資協定等多種合作形式，共商共建靈活多樣的雙邊、多邊、區域性自貿區。

以中歐一體化大市場為目標形成中歐經貿合作新格局

（1）堅定維護多邊原則是中歐經貿合作的戰略選擇。疫情正在深刻改變中歐經貿合作的內外環境與條件。如果疫情再次引發歐元區債務危機，那麼歐盟一體化將有可能陷入危機；疫情已給中國擴大開放進程帶來嚴峻挑戰，並對中國的經濟轉型與改革進程產生影響。在這個歷史關頭，中歐堅定維護多邊主義原則，合作應對疫情加劇的經濟全球化逆潮，是中歐經貿合作的重大戰略選項。

（2）以一體化大市場為目標是中歐務實的戰略選擇。歐盟總體已經進入後工業化時期，中國正在進入工業化後期，2018 年歐盟人均 GDP 接近中國的 4 倍；歐盟整體服務業比重（78.8%）比中國服務業比重（52.2%）高出許多。中歐經濟結構的互補性遠大於競爭性，中歐間貿易投資需求潛力特別是服務貿易潛力遠未釋放。未來 10—15 年，中國人口城鎮化與產業轉型升級蘊含中歐經貿合作的巨大市場空間。自 2010 年以來中國已經

是歐盟服務出口增速最快的市場，隨着中國服務消費需求的快速釋放，以一體化大市場為目標推進形成中歐經貿合作新格局，將極大釋放中歐貿易投資需求潛力。這既可以刺激歐盟經濟復甦從而為歐盟的穩定發展提供助力，也將釋放中國巨大的消費潛力。

（3）加快由投資協定談判轉向自貿協定談判進程，是中歐深化經貿合作的戰略選項。中歐一體化大市場需求潛力的釋放，取決於雙方接下來自由貿易的制度安排。客觀看中歐貿易投資潛力的釋放越來越受限於雙方缺乏自由貿易的制度安排。立足實現中歐一體化大市場，儘快推動中歐投資協定談判轉向中歐自貿協定談判，對中國、對歐盟是現實的戰略選項。建議中歐努力在 2020 年完成投資協定談判，同時啟動中歐自貿區可行性聯合研究。這將向全球釋放世界兩大主要經濟體推進自由貿易進程的強有力的信號，將為疫情嚴重衝擊的世界經濟注入新的信心和能量。

以 RCEP 為基礎推進亞太經濟一體化進程

（1）推進亞太經濟一體化對經濟全球化具有重大影響。亞太自貿區是全球涵蓋人口最多、發展前景最廣闊的地區之一。亞太自貿區若建成，將成為全球覆蓋面積最廣、納入成員最多、包容性最強、體量最大的區域性多邊自貿區，對維護以世貿組織為核心的多邊貿易體制、促進全球經濟平衡增長、探索形成更加包容普惠的經貿規則都將產生重要影響。例如，如果建成亞太自貿區，2025 年將給亞太經合組織（APEC）成員帶來 2 萬億美元的經濟收益，超過任何一個現有的區域自貿安排。[1]

（2）在 RCEP 基礎上推動建立亞太自貿區進程。由於發達國家與發展中國家開放水平差異較大，亞太自貿區可以考慮建立一個多層次的自貿協定，不同層次對應不同開放標準，使亞太地區經濟發展水平不同的經濟體可以在其中選擇適合自己的層級加入，並明確過渡期，以加快協商進程。

1　談踐：《亞太自貿區：夢想照進現實》，光明網，2016 年 11 月 10 日。

高標準：除深化貨物貿易、服務貿易、投資和知識產權等傳統議題之外，在海關監管與貿易便利化、政府採購、透明度與反腐敗等新興議題方面實現與高水平自貿協定大致相同標準的制度安排。

中標準：進一步深化貨物貿易、服務貿易、知識產權保護等傳統議題，提升貨物貿易中零關稅商品覆蓋率，以區域內規則對接為重點提升服務貿易自由化便利化水平。

低標準：在區域全面經濟夥伴關係協定談判基礎上，實行製造業、服務業及能源、基礎設施、旅遊、環保等項目下的自由貿易政策，在不要求全面降低關稅、全面市場開放基礎上，實現在重點領域自由貿易與投資的實質性破題。

（3）推動 RCEP 與 CPTPP 的對接。亞太經濟一體化處於二者的「雙軌競爭」之下，二者實力規模、成員偏好大體均衡，參與成員、覆蓋範圍相互交錯，存在明顯的競爭和脅迫關係。[1]建議在關稅縮減、服務貿易標準對接、政府採購、電子商務、金融服務、監管適用、爭端解決機制等領域積極借鑒 CPTPP 的部分條款，並力求在 WTO+ 條款與 WTO-X 條款方面實現重要探索。

三　建立高水平開放型經濟新體制

抓住全球經貿格局重構的新機遇，適應對接全球經貿規則重構新趨勢，中國要以制度型開放為重點建設高水平開放型經濟新體制，按照公開市場、公平競爭的原則，推動國有企業改革、知識產權保護、產業政策、政府補貼、環保標準等與世界經貿規則的對接。由此，進一步融入世界經濟並增強話語權。

1　曹廣偉：《亞太經濟一體化視域下 CPTPP 的生成機理及其後續影響》，《商業研究》2018 年第 12 期。

以制度型開放為重點，建設高水平開放型經濟新體制

（1）推動從商品和要素流動型開放向制度型開放轉變，爭取擴大開放的主動權。按照公開市場、公平競爭的原則，推進國有企業改革、知識產權保護、產業政策、政府補貼、環保標準等與世界經貿規則的對接，使市場經濟體系進一步與國際接軌。

（2）應對「三零」國際經貿規則挑戰。當前，全球貨物貿易朝着零關稅規則演進，服務貿易成為全球自由貿易規則重構的重點，數字貿易規則成為全球經貿規則重構的新興領域。為適應這一趨勢，作為新型開放大國，中國應主動把握「三零」等國際經貿規則變化新趨勢，在市場准入、技術標準、競爭中性等方面對標高標準貿易規則，以市場化改革營造公平競爭的營商環境，以增強我國在全球新一輪貿易規則制定中的話語權。

（3）統籌推進制度型開放與深化市場化改革。制度型開放的重要內涵是在學習規則和參與規則制定的過程中，更多用市場化和法治化手段推進開放。「十四五」時期中國統籌並大力推進制度型開放和深化市場化改革，以高水平開放帶動改革全面深化，將為擴大巨大的內需市場提供持續的推動力。

以服務業為重點，擴大市場開放進程

（1）服務業市場對內外資全面開放。一方面，要推動服務業市場向社會資本全面開放。按照「非禁即准」的要求，凡是法律法規未明令禁止進入的服務業領域，全部向社會資本開放，不再對社會資本設置歧視性障礙，大幅減少前置審批和資質認定項目，實施「准入即准營」；另一方面，要加快推進服務業對外開放進程，大幅縮減外資准入負面清單限制性條目。

（2）擴大金融業對內外開放。一方面，通過放開外資金融業市場准入，提升外資金融機構的資產佔比，形成我國金融業市場競爭新格局；另一方面，加快人民幣國際化進程，在跨境貿易中擴大人民幣結算範圍，使

人民幣國際化進程與我國新型開放大國的地位相適應。

（3）以服務業市場開放拉動服務型消費。我國服務型消費升級進程中蘊藏着巨大潛力。從現實情況看，打破服務型消費供給短缺的狀況，重點在於加快服務業市場開放進程，並加快服務業發展的相關政策調整。

（4）提升服務貿易比重。服務貿易成為全球貿易增長的重要引擎。2018 年，中國服務貿易佔貿易總額的比重僅為 14.7%，遠低於 23.1% 的全球平均水平。[1] 中國要以服務業市場全面開放促進服務貿易發展，優化服務貿易結構，在提升服務貿易國際競爭力的同時，使「十四五」服務貿易的比重達到全球平均水平。爭取到 2025 年，服務貿易佔外貿總額比重提高至 20% 以上。

營造法治化、國際化、便利化營商環境

（1）強化競爭政策的基礎性地位。要把「市場高水平開放，政府高效率運轉」作為政府治理變革的重要目標，以落實競爭中性為原則推動政府職責體系的重構。建立並完善以公開、規範為主要標誌的開放型經濟體系，推動與國際基本經貿規則的對接。強化競爭政策的基礎性地位，完善公平競爭制度，加強市場監管機構對公平競爭政策的監管審查。此外，在以數字技術為重點的新科技革命興起的背景下，產業政策和產業補貼的正面效應逐步減小。要全面清理妨礙公平競爭的產業政策，在要素獲取、准入許可、經營運行、政府採購和招投標等方面，對各類所有制企業平等對待。

（2）統籌強化知識產權保護與產權保護。黨的十八屆四中全會通過的《中共中央關於全面推進依法治國若干重大問題的決定》提出，「加強市場法律制度建設，編纂《民法典》」。建立產權平等保護的長效機制，依法保護企業家的財產權和創新收益，儘快出台《民營經濟促進法》；出台《知

1　遲福林：《以高水平開放推動形成改革發展新佈局》，《經濟日報》2019 年 10 月 31 日。

識產權法》，實現知識產權保護與國際對接。

（3）大幅降低制度性交易成本。加大減稅降費力度，一是由政府出資組建民營經濟、中小企業疫情紓困基金，對具有發展前景、符合產業轉型方向的企業進行專項援助。二是進一步降低以企業所得稅為重點的直接稅稅率。同時，進一步下調或取消廣義稅負中的各種費用、土地出讓金和社保費用，切實減輕企業稅費負擔。三是加快推進由間接稅為主向直接稅為主轉變，改革以企業稅、流轉稅、增值稅為主的稅制。再如，全面實施企業自主登記與簡易註銷制度，取消企業一般投資項目備案制等。

（4）建設高效率政府。把「市場高水平開放，政府高效率運轉」作為政府治理變革的重要目標。例如，全面推廣浙江「最多跑一次」的經驗，着力推進「一窗辦、一網辦、簡化辦、馬上辦」改革，拓展告知承諾制適用範圍，大幅提升政府辦事效率。

以制度型開放倒逼改革全面深化

改革是「化危為機」的關鍵。當前，高水平開放型經濟新體制依賴高標準市場經濟，制度型開放對建設高質量市場經濟發展具有重大影響。由此，形成開放與改革相互促進的新格局。

（1）推進以土地為重點的要素市場化改革。例如，要加快推進土地要素市場化改革。打破城鄉土地雙軌制與城市一級土地市場政府壟斷，建立兩種所有制土地「同地同價同權利」的制度，形成公開、公正、公平的統一交易平台和交易規則。在 2020 年實現城鄉統一建設用地市場的同時，進一步賦予農民宅基地使用、出租、轉讓、處置、抵押、收益等在內的完整的用益物權，探索農村宅基地直接入市，進一步擴大農民土地財產權。要基本完成利率市場化改革。加快推進市場利率與基準利率的「兩軌並一軌」，儘快實現銀行體系與實體信用環節的貸款利率由市場決定。同時，疏通貨幣市場和債券市場利率向信貸市場傳導的渠道，通過加強公開市場操作打造利率走廊。

（2）加快推進城鄉一體化進程。一是疫情的衝擊下，我國推進城鄉一體化的需求明顯加大。由於疫情的全球大流行，各國大量削減進口商品，我國務工農民主要從事的以外貿為主的勞動密集型產業受到嚴重衝擊。由此，我國農民工及農民的整體收入受到嚴重影響。二是從我國現實情況看，城市羣、都市圈發展和城鄉一體化等是支撐我國經濟增長的重要因素，也是疫情衝擊下穩定增長的重大舉措。特別是城市羣的發展，對於釋放消費潛力具有重要作用。三是城市羣的發展有利於為服務業發展提供重要空間。推動城市羣發展，將為促進居民消費結構升級和服務業發展提供重要推動力。為此要儘快以城市羣為主體，推進居住證取代城鄉二元戶籍制度進程和省際間居住證制度的相互銜接，以充分釋放城鄉一體化的巨大潛能。

（3）更大力度支持民營經濟和中小企業發展。擴大內需的重要前提是保就業。民營經濟與中小企業貢獻了 80% 以上的就業崗位。應對疫情衝擊緩解就業壓力，主要矛盾在穩定發展民營經濟、中小企業。近期各級政府出台了減稅降費、貼息貸款等舉措，但考慮到疫情短期很難結束，這些政策還不夠，還需要相關制度安排。為此，要以公開市場、公平競爭為導向營造民營企業更好的發展環境。保障民營企業依法平等使用資源要素、公開公平公正參與競爭是改善民營企業發展環境的基本要求和重大任務，在當前經濟下行壓力加大背景下更具有現實性、迫切性。此外，為防止民營經濟、中小企業大面積倒閉，仍需採取更大力度的政策支持民營經濟、中小企業。要把幫助民營經濟、中小微企業解困擺在更加突出的位置，形成黨政幹部聯繫企業制度，實行上門服務。考慮到疫情的不可抗拒因素，允許企業根據實際情況，按照最低工資標準或最低生活保障標準發放薪酬，與員工共渡難關。另外，由政府財政出資組建民營經濟、中小企業疫情紓困基金，對具有發展前景、符合產業轉型方向的企業進行專項援助。

（4）以混合所有制為重點全面推進國企改革。第一，要儘快從「管企業」走向「管資本」，形成以「管資本」為主的國有資本管理格局。一是

明確國有資產監管機構的職能主要是優化國有資本佈局和實現國有資本保
值增值；二是加快建立「管資本」主體的權責清單，儘快形成全國統一的
國有資本投資、運營公司權責清單；三是進一步理順財政部、國資委、國
有資本投資及運營公司之間的關係。第二，以發展混合所有制為重點鼓勵
社會資本參與。率先在能源、運輸、民航、電信等一般競爭性領域，支持
鼓勵社會資本控股，注重發揮民營企業家作用，實現國有資本保值增值。
同時，同步推進公司治理結構、內部運行機制等配套改革，進一步增強社
會資本信心。第三，加快推進國有資本的戰略性調整。儘快形成「關係國
家安全和國民經濟命脈的重要行業和關鍵領域」的目錄與標準，加快形成
與之配套的投資清單。新增國有資本投資重點向教育、醫療、養老、環保
等民生領域和基礎設施領域傾斜，一般不再以獨資的方式進入完全競爭領
域和市場競爭較充分的領域；加快推進國有資本劃撥社保進程，為進一步
降低企業繳納稅費比重拓寬空間。

全球供應鏈的疫情衝擊與中國應對

黃羣慧

在當今全球價值鏈分工的國際生產格局下，全球供應鏈分佈是由效率邏輯主導的，具有高效率的基本特徵。在這種邏輯主導下的全球供應鏈佈局中，中國製造業供應鏈佔據重要的地位。但是隨着新冠肺炎疫情在全球持續蔓延，疫情對全球供應鏈的衝擊表現為大面積交付延遲和訂單萎縮，全球供應鏈中斷風險不斷加大，疫情短期衝擊下產業安全邏輯暫時替代效率邏輯成為主導力量。疫情衝擊、中美貿易摩擦、新工業革命等多重因素疊加下，越來越多歐美企業試圖通過「多元化供應」和「本地化生產」來改變對中國供應鏈的依賴，而中國產業發展又亟須實現轉型升級和價值鏈攀升，中國供應鏈在全球化中的地位面臨多重挑戰。提高我國供應鏈的安全性和競爭力，加快針對性的戰略調整和政策部署，不僅是應對疫情的需要，也是我國順應「百年未有之大變局」的戰略要求。

一　當今世界供應鏈分佈是效率邏輯主導的全球化結果

當今世界的供應鏈和產業鏈是在全球價值鏈分工主導下形成的，是在現代運輸技術和信息技術支撐下資本全球化的產物。從經濟學上看，經濟全球化是資本全球逐利的結果，由於現代運輸技術使運輸成本大幅度降低，信息技術發展又極大地降低了知識傳播和交流的成本，企業就可以低

＊　　作者係中國社會科學院經濟研究所所長、研究員。

成本把自己的每個具體的價值創造活動通過全球的資源配置來實現，於是
形成了跨越國家的全球價值鏈分工。經濟合作與發展組織（OECD）的研
究數據表明，2005 年的國際海運費用和乘客國際空運費用只相當於 1930
年的 20% 和 10% 左右，而國際電話費用只相當於 1930 年的 1% 左右。

　　具體而言，發達國家跨國公司需要對自己價值鏈上的業務功能進行深
入分析，判斷每項功能在什麼地方實現、如何實現（外包還是自己生產）
才能最大化企業價值，從而以最有效率的方式在全球內配置自己的資源來
實現這些業務功能，這就形成了全球價值鏈分工。在這種分工下，在全球
實現企業價值的物流供應和交易的企業之間分別形成了全球供應鏈和產業
鏈。因此，當前全球價值鏈分工以及由此形成的供應鏈和產業鏈佈局是經
過這種長期市場競爭決定的、一種高效的生產方式。雖然由於發達國家跨
國公司主導這種全球分工，發達國家一般處於價值鏈的中高端，而後發國
家一般處於價值鏈的中低端，但所有參與這種全球價值鏈分工的國家和企
業都得到了利益、實現了共贏，前者獲得利潤和增長，後者獲得就業和發
展，因此各方都積極接受這種全球價值鏈分工。這也是為什麼基於全球價
值鏈分工的經濟全球化（全球化 3.0）勢不可當的重要原因。

　　當然，在市場競爭中，供應鏈、產業鏈和價值鏈會由於技術進步而
逐步發生良性的變革，例如依靠技術創新，後發國家企業逐步沿着價值鏈
由低端向高端攀升，但這種變革從全球經濟增長角度看，一定是基於技術
創新基礎的，一定是經濟效率逐步提升的，否則不可能實現。但是，當國
家政府以國家安全等各種理由，通過加徵關稅、直接限制企業跨國經營行
為、以國內法律干涉國際生產活動的時候，必然會提高企業交易成本，企
業的價值鏈不得不被重新設計，必然會迫使企業打破現有的全球供應鏈和
產業鏈佈局，進而擾亂全球經濟秩序，破壞市場競爭體系，扭曲全球資源
配置，最終導致給全球經濟效率造成很大損失。實際上，第二次世界大
戰結束以來形成的全球價值鏈分工以及以世界貿易組織、國際貨幣基金組
織、世界銀行等為代表的全球經濟治理架構對全世界都有益處，屬於全球

公共產品。在全球價值鏈分工的經濟全球化的今天，打亂全球供應鏈和產業鏈佈局則會損害全球經濟的效率。

二 疫情衝擊引發全球供應鏈中斷的風險不斷加大

本次疫情已經在全球大流行，世界衛生組織（WHO）已經將其定性為「全球流行病（pandemic）」。在全球化的今天，雖然各國採取社會隔離等防控措施會因疫情流行時間不同而存在時間差，但其措施大同小異，都會因降低社會交往而形成供給衝擊。在全球價值鏈分工的今天，全球流行的疫情會很快對全球產業鏈和供應鏈產生破壞，從而形成全球性的供給衝擊。

現在應擔心的是全球產業鏈、供應鏈的中斷會不會進而引發逆全球化高潮。[1] 根據疫情擴散以及各國應對疫情政策的變化，從產業鏈和供應鏈角度看，疫情形成的供給衝擊大致會經歷三個階段。第一波是中國國內疫情暴發後中國經濟受到巨大供給衝擊，國內產業鏈和供應鏈按下暫停鍵，不僅國內的供應鏈體系出現放緩甚至阻斷，並且很快對全球供應網絡形成衝擊，出現大量延遲交付和訂單萎縮。根據全球最大的商業協作平台 Tradeshift 交易量支付數據的分析，剔除一般 1 月到 2 月春節前後的影響，截取 2 月 16 日開始的一週數據，可以看出中國的總體貿易活動下降了 56%，中國企業之間的訂單下降了 60%，而中國企業與國際公司之間的交易數量下降了 50%。[2] 總體上看，該階段疫情對全球供應鏈的影響表現為中國國內供應鏈的阻斷以及中國對全球供應鏈的單向影響，這種單向的負面影響主要體現為延遲交付和訂單萎縮。第二波是隨着疫情蔓延，海外一些國家供應鏈梗阻與需求回落反過來進一步形成的對我國經濟的供給衝

1 　何帆等：《新冠疫情四重衝擊，全球化要倒退？》，《財經》2020 年 3 月 18 日。

2 　劉裘蒂：《疫情衝擊性的全球供應鏈重組》，《中國新聞週刊》2020 年 3 月 16 日。

擊。進入 2020 年 3 月後，先是日本、韓國，進而是意大利、德國、法國和歐洲地區、北美地區都面臨巨大的疫情考驗和挑戰。3 月中旬，已經有多家汽車公司紛紛關閉了在歐洲、北美的生產廠商。雖然中國復工開工率不斷提升，但供應鏈並未全面恢復，此時外部疫情開始嚴重影響中國供應鏈，中國供應衝擊與其他國家供給衝擊開始產生交互性的負面影響。第三波是全球供應鏈產業鏈出現全局性的中斷而形成對全球經濟的供給衝擊。

從全球製造網絡看，世界製造業可以分為三大網絡，以美國、加拿大和墨西哥為核心的北美自由貿易區，以德國、法國、荷蘭、意大利為核心的歐盟區，以及以中國、日本和韓國為核心的東亞地區。進入 3 月中旬以後，全球三大製造網絡都受到巨大衝擊，在全球價值鏈分工下供給和需求互相疊加衝擊，疫情對全球供應鏈影響的性質和方向正發生根本性的變化，不僅會導致更加嚴重的貨物交付遲滯和訂單萎縮，還會使得全球供應鏈將出現大範圍中斷，從而形成全球性供給衝擊。

三 疫情衝擊下中國供應鏈安全與全球地位受到極大挑戰

全球三大製造網絡中亞洲製造業產出佔到全球的 50% 以上，2019 年亞洲製造業增加值超過了 7 萬億美元，其中中國在亞洲佔比接近 60%。一個基本的事實是，雖然美國主導着全球創新體系，但全球製造體系的中心卻在中國——中國工業增加值佔全球工業增加值比重近 1/4，中國在全球中間品市場的份額高達 1/3，中國是 120 多個國家的最大貿易夥伴，以及大約 65 個國家的第一大進口來源國。因此，中國在全球製造業供應鏈中具有十分重要的地位。而疫情對中國製造業的衝擊，會對全球供應鏈鏈條產生巨大的影響。

三大製造網絡受到衝擊後，從積極應對疫情衝擊角度，各國都會從供應鏈安全角度進行供應鏈的調整。從安全視角調整供應鏈強調整個供應鏈的安全可控，這必然會加劇去全球化的趨勢。由於近些年貿易保護主義和

新一輪科技和產業革命的影響，全球供應鏈已經呈現出本地化、區域化、分散化的趨勢，而疫情對全球生產網絡的巨大衝擊，會加重這種趨勢，全球供應鏈佈局會面臨巨大調整可能，中國在全球供應鏈的安全與全球地位受到極大挑戰。

雖然疫情並未改變各國的成本結構和技術能力，中國自身的要素成本和中美貿易摩擦走向仍然是影響我國供應鏈分工地位的最主要因素。但疫情的負面影響不僅是由於全球供應鏈中斷風險不斷加大而威脅我國供應鏈安全，還在於疫情大大強化了歐美企業家、研究者和政策制定者對調整目前所謂的「以中國為中心的全球供應鏈體系」的主張和決心，因而會在「供應鏈關係」層面對我國供應鏈的優勢地位產生更深層次的影響，而這也正是未來我國戰略調整和政策部署最需要關注的問題點。由於中國企業在亞洲、歐洲和北美三大生產體系的廣泛、深度參與，各國製造體系的安全性，甚至公共衛生安全（如製藥和防護用品）都高度依靠中國供應鏈。總體上看，目前美歐等國對改變「以中國為中心的全球供應鏈體系」的主張主要表現在兩個方面：一是通過增加中國大陸以外採購來源地或者通過多國投資，來提高其供應鏈的多元性和柔性；二是通過加強本地和周邊國家的生產，提高本地供應的響應能力。因此，可以說，疫情擴散強化了各國調整當前「以中國為中心的全球供應鏈體系」的預期和緊迫感，「催化」了全球供應鏈體系的分散化和本地化。

四 化危為機，進一步提升我國供應鏈安全性和全球地位

中國正在努力提高自己產業鏈現代化水平，促進價值鏈向高端攀升。疫情對全球供應鏈的巨大衝擊，這既是挑戰，也是中國促進產業鏈水平現代化、價值鏈高端化的巨大機遇。面對疫情全球蔓延，現在看中國應該是最先控制疫情的國家，可以獲得經濟康復的先機，而在疫情第一階段大家非常擔心的中國產業鏈大規模外遷的壓力應該有所減小，至少是現在無暇

顧及。只要中國有效防止全球疫情對中國的影響，中國將迎來供應鏈修復和調整的戰略機會窗口。一方面，全面加快有序復工復產，儘快修復供應鏈，另一方面，圍繞製造業高質量發展，提高我國產業鏈現代化水平和價值鏈向高端攀升，在全球供應鏈中佔據更有利的競爭地位。也許我國會重塑「非典」之後供應鏈在全球地位不降反升的奇跡。

第一，基於疫情對產業鏈的影響程度和產業自身特性，對我國供應鏈進行分類管理，有針對性地迅速恢復供應鏈和推進供應鏈全球戰略調整。

對於化工這類典型流程式生產的產業，其上游煉化環節總體受疫情影響小，春節期間連續生產，只是負荷有變化。但該環節屬於重資本行業，發展慣性大，產業鏈有着較強的黏性，供應鏈更加緊密，一旦被打散，市場恢復比較困難，所以一定要確保企業不會出現重大資金風險。現在由於石油價格大幅降低，這對於上游煉化行業來說已經出現了重大機遇。該行業的下游精細化工，以中小企業為主，多採取訂單制，因全球疫情影響而產生的防疫化學用品需求或有增長，應該抓住這一難得的市場機會。但對於一些橡膠塑料等處於產業鏈中游的化工原料，我國對日、韓、美、意、德依賴程度較高，隨着疫情發展會影響我國產業鏈條。應注意的是，由於精細化工終端產品的專用性過強，疫情影響會使得需求波動大，為規避因此造成的產業鏈震盪，可適當提高中間體化工產品的比重，同時要推進供應鏈的多元化全球佈局，以靈活應對精細化工終端產品訂單變動造成的風險。總體而言，疫情給大化工行業提供的機會大於衝擊，關鍵是要及時全面復產，抓住機會促進化工行業高質量發展。

對汽車、電子、機械、家電、服裝等離散型製造的產業，現在看來疫情影響比較大。在第一階段，從湖北和武漢的產業集中度看，汽車、新一代電子信息技術以及生物醫藥會受到較大影響。以汽車為例，湖北汽車行業的供應鏈影響會最為突出，湖北是中國四大汽車生產基地之一，也是零部件企業匯聚之地，規模以上車企 1482 家，2018 年整車產量 220 萬輛，佔全國 9%，湖北汽車零部件生產已經佔全國比重的 13%。第一階段的中

國疫情衝擊已經對全球汽車供應鏈產生巨大影響，2 月 10 日，韓國五大整車企業全部因中方提供的零部件耗盡而暫停其境外生產；2 月 14 日日產汽車公司在日本九州工廠的 2 條生產線全部停產。隨着疫情發展到三大生產網絡，到了第二階段，歐美已經有多家企業宣佈停產。隨着疫情在海外發酵，其必將對我國汽車和汽車零部件進口形成衝擊，傳導作用將致使全球汽車供應鏈受到難於估量的影響，也將走向第三個階段，使全球供應鏈中斷。總體而言，在第一階段，我國產業的供應鏈對全球供應鏈影響比較大的行業包括紡織服裝、家具以及電子、機械和設備等領域。

從疫情輸入對我國供應鏈影響角度分析，第一階段作為供給方，由於國外需求減少，上述行業還會受到影響，服裝、半導體與集成電路、光學與精密儀器、化學品、空調、玩具、家電都會受到影響。作為需求方，機電、化工、光學儀器、運輸設備和橡膠塑料等方面對日、韓、美、意、德等國的依賴度較高，較易受到疫情升級的衝擊。尤其是光學影像、醫療器械、車輛及零部件、集成電路與半導體等產品，自疫情國進口的高附加值零件、設備面臨中斷風險，會受到較大衝擊，但這也是我國替代創新、自我升級的機會。另外，當前資源品進口受疫情衝擊小，價格下行使國內進口鏈的下游行業成本下行（礦石、能源）。

第二，作為產業基礎再造工程的一項重大任務，緊急整合政府、研究機構、企業和行業協會等資源，在採取綜合救助措施的同時，進一步加速建立分重點行業、重點地區供應鏈安全評估與風險預警制度。

在分類指導、分區施策方針指導下，除對疫情嚴重地區繼續全力抓好疫情防控外，其他地區也應分區分級實施差異化防控策略，力爭有序組織企業及早復工復產，這是統籌好疫情防控和經濟發展的關鍵。從中央到地方，已經紛紛制定出台了一系列措施幫助企業復工復產，扶持企業渡過難關。一方面，要從全局性、系統性的角度來協同強化落地各地政府對製造業企業的稅費減免、利息減免、貸款展期、企業經營成本補貼、物流暢通、通關便利等各類政策措施，另一方面要抓住關鍵環節、關鍵企業、關

鍵問題服務企業，保證整個供應鏈的正常運轉。這具體包括幫助企業協調解決招工、原輔材料和產品發貨運輸、供應鏈對接等相關困難和問題，推動上下游產業鏈協同復工，加強區域間產業協同協作機制，保障物流暢通效率。對於中小企業要加大扶持力度，尤其注重保護關鍵產業鏈中掌握核心技術「小巨人」企業的穩定運營。首先在衛生防疫方面，要加大對中小企業進行公益支持力度，提高其衛生防疫能力，在保證其安全性前提上，允許及早復工復產；其次要鼓勵這些行業和企業進行商業模式創新，儘可能創新拓展其在線化、個性化服務模式；最後要充分發揮公共平台和大型平台企業對中小企業的服務支持作用，降低中小企業經營成本、提高其經營便利。

臨時救助企業、儘快修復供應鏈的綜合措施必要且急迫，但還必須從長遠考慮建立供應鏈安全評估和風險預警制度，這可以歸為中央在 2019 年提出的產業基礎再造工程的一部分。通過供應鏈評估和風險預警，科學評估疫情對供應鏈衝擊的溢出效應和傳導效應，分析評估供應鏈整體和關鍵環節對於疫情的抗衝擊能力，使得應對疫情衝擊有科學的基礎。一方面，要根據產業特性分類建立相應的供應鏈安全評估和風險預警制度，包括區分流程式製造和離散型製造，在離散型製造業中，當前對重點產業如機械、電子、汽車和家電等產業鏈較長、對出口影響比較大的行業，迅速建立供應鏈安全評估機制；另一方面，針對重點的產業集聚區域，建立相應的區域供應鏈安全評估和風險預警制度，例如長三角、珠三角等很多產業集聚的地區需要重點關注。通過該項制度，可以將監測的數據和信息及時反饋給供應鏈參與者，以及其他利益相關方，便於各參與方及時採取相應的措施，抵禦可能的風險，從而幫助產業避免因為供應鏈中斷而導致的風險。

第三，通過完善供應鏈金融，提高供應鏈核心企業以及供應鏈平台的數字化水平，增加我國產業供應鏈彈性，促進供應鏈快速恢復和調整。

供應鏈彈性主要體現在供應鏈的兩個方面，一是抵禦中斷能力，在發生重大災害的巨大衝擊時能夠保證供應鏈不中斷、以最小的損失平穩渡過的能力；二是中斷恢復能力，當供應鏈發生中斷時能夠快速反應並找到有

效恢復路徑回到穩定狀態的能力。政府推動供應鏈彈性應該關注供應鏈金融的支撐以及核心企業數字化水平。

資金問題一直是我國中小企業的關鍵制約，遇到重大災難，資金問題更為關鍵。政府應該從供應鏈金融的視角幫助企業恢復供應鏈運營，這是政府在推動產業供應鏈彈性建設的重要一環。對涉及批發零售、住宿餐飲、物流運輸、文化旅遊、汽車製造、電子信息、紡織服裝等受疫情影響較大的行業建立重點監測機制，對有發展前景但暫時受困的企業和項目，不盲目抽貸、斷貸、壓貸，延長貸款期限和減費降息。允許受災債務人的舊貸款通過庭外和解的方式予以豁免，擔保人的代償義務得到豁免，避免相關違約對其徵信資質的損害。政府出面協調核心企業、供應鏈企業及金融企業的關係，推進核心企業進行交易確權，降低金融機構的成本，同時調低對中小企業借貸的利率。

通過各種方式推進產業供應鏈產業平台，協同上下游夥伴企業，聚集各類生產要素，促進資源高效配置和供需精準匹配，推進供應鏈全流程數字化、網絡化、智能化，更好地服務供應鏈網絡中的企業，同時也是政府提高供應鏈彈性建設的抓手。供應鏈中的核心企業往往可以起到供應鏈平台作用，能夠協調供應鏈中的企業關係，政府要重視培育產業鏈中核心企業，一方面通過提高這些核心企業的創新能力，打造更強創新力、更高附加值的產業鏈，另一方面可以提高核心企業的數字化能力，帶動整個供應鏈管理信息化、現代化、系統化水平提高。政府要以數字化建設為目標，推動新一輪基礎設施建設，支持企業加強供應鏈流程數字化管理能力建設，利用數字化技術抵消供應鏈的不確定性，推動供應鏈管理的效率變革。

第四，加強聯合抗疫，積極參與全球價值鏈國際合作與治理，支持我國企業加快走出步伐，保障全球供應鏈節點安全，推進「數字絲綢之路」建設。

一是通過巨大的中國製造產能恢復，加大在防疫物資的全球供應保障，支持世界防疫。二是推動供應鏈安全領域國際合作，與主要貿易夥伴

形成供應鏈安全聯合聲明，建立多渠道、多層次供應鏈安全體系，探索「供應鏈反恐夥伴計劃」「供應鏈自然災害應對計劃」等合作形式，協作處理潛在供應鏈中斷風險。三是與國際海關組織、國際海事組織、萬國郵政聯盟等國際組織合作，在海事、航運、郵政等領域形成長效合作機制，共建跨區域甚至全球性的富有彈性的供應鏈。四是鼓勵我國企業加快「走出去」步伐，提高我國企業進入海外市場和供應鏈的能力，減少與其他國家和地區企業的「零和博弈」、惡性競爭，形成高度協同、友好合作的供應鏈戰略夥伴關係。五是支持我國企業加強對核心技術、重要原材料、關鍵節點資源的掌控，在全球消費市場加快構建營銷網絡，提升參與和構築全球供應鏈的主動權。六是將全球供應鏈合作與「一帶一路」建設有機結合，推進「一帶一路」沿線國家加強數字供應鏈體系建設，構建「數字絲綢之路」，促進沿線國家核心生產要素、區域優勢資源、產業鏈上下游環節的有效合作。

五　從長期看效率導向的經濟全球化仍是不可逆轉的

綜上所述，從現在疫情的演進情況看，全球大流行的疫情會對全球經濟政治秩序發生長期重大影響，在很大程度上疫情可能會加快「百年未有之大變局」的演變。實際上在疫情之前，經濟全球化已經出現了一些重大的變革趨勢，一方面新工業革命弱化了以勞動力成本為核心的傳統比較優勢對全球化的推動作用，全球化的演進方向和動力機制正在發生深刻變化。另一方面，全球價值鏈出現了重大結構性調整趨勢，中國製造業價值鏈崛起，同時全球價值鏈擴張態勢正在逐步停滯，基於合作、互惠、協商的多邊主義全球治理規則正在受到侵害，多邊主義貿易體系正在受到嚴重挑戰，WTO 的效率和權威性受到極大影響。[1] 但是，無論是新工業革命趨

1　黃羣慧：《百年目標視域下的新中國工業化進程》，《經濟研究》2019 年第 10 期。

勢，還是美國發動對中國的貿易戰，以及新冠肺炎疫情的衝擊，從長期看難以逆轉經濟全球化的趨勢，而打壓中國在全球供應鏈的地位和壓抑中國在經濟全球化中的發展，也是難以實現的。

首先，從工業革命看。當前人類社會迎來以數字化、智能化和網絡化為核心特徵的新一輪工業革命，促進新技術、新模式、新業態和新產業蓬勃發展，構成了未來全球經濟增長的主要引擎。但是，新工業革命也會給人類社會帶來一系列挑戰。例如人工智能帶來的職業轉換與失業衝擊、社會倫理道德挑戰等。這種背景下更要求全球各國深化合作、擴大開放、共同創新，共同迎接新工業革命給人類帶來的機遇與挑戰。面對新工業革命，開放合作的創新生態無疑具有重要意義。而改革開放以來，中國通過「技術換市場」等方式，已經取得了巨大的進步。與以前歷次工業革命發生時中國積貧積弱不同，這次中國已經具備了與世界一道共同迎接新工業革命到來的基礎。尤其是在高鐵、5G、人工智能、移動支付、核電站等領域，中國佔有巨大的市場規模和強大的應用場景，與發達國家技術創新有很好的合作空間。對於中國和美國而言，在航天、氣候、醫療、能源、人工智能等領域未來技術合作空間更是巨大。尤其是人工智能創造的新世界已經不遠，環境越來越複雜、變化越來越快，人工智能和它所伴隨着的系統性變化，將比以往任何時候更加強調合作參與。因此，在新工業革命背景下，更應該加強合作，才有利於人類社會共同迎接新工業革命的到來，有利於世界經濟增長新動能的培育。

其次，從美國對中國貿易戰看。既然現有的全球價值分工是在發達國家跨國公司主導下逐步形成的、是發達國家跨國資本全球化的產物，這種分工格局當然是發達國家及其跨國資本獲利最大。美國對中國發起的貿易戰在對中國企業和經濟產生不良影響的同時，也必然會給美國公司利益造成巨大損失。對於美國公司而言，企業被迫調整供應鏈全球佈局，其成本就會更加突出，需要考慮物流成本、基礎設施、商業合作夥伴選擇、配套產業的完善度和成熟度，等等。綜合考慮這些因素，在華跨國公司的生產

投資，短期內大規模撤出並不現實。同時，中國是唯一能夠生產聯合國工業目錄大類所有產品的國家，已具備完整的現代工業體系，這使得中國具有完備的產業配套體系和與全球價值鏈深度融合的地位，短期內難以被其他國家替代。對於美國企業而言，擺脫對中國供應鏈的依賴，成本很高，會導致巨大的利益損失。高盛最近的一份報告指出，如將在中國的 iPhone 生產與組裝全部移到美國，iPhone 的生產成本將提高 37%。如果美國通過工序和產品調整以適應生產自動化，提高生產率，5 年後才有望消化部分新增成本，在蘋果公司利潤不變的情況下，iPhone 售價將上漲 15%。

最後，從新冠肺炎疫情看。這次疫情的蔓延和全球供應鏈短期中斷，可能會使得各國從長遠思考如何才能在自力更生的安全導向與全球分工的效率導向之間尋找經濟發展平衡。無論是認為疫情將成為壓倒經濟全球化的最後一根稻草或是釘死經濟全球化棺材的又一顆釘子，還是認為以美國為中心的經濟全球化將轉向以中國為中心的經濟全球化，現在都還不能給出肯定的答案。但是可以肯定的是，疫情衝擊是一個短期衝擊，經濟活動的效率原則是長期主導原則，逆全球化的安全導向原則也許會一段時間干擾效率導向原則，經濟全球化的秩序作為一種制度供給，可能面臨着巨大的創新機遇，全球治理規則可以發生一些變化，但從長期看，很難改變的是效率原則主導的基本地位。[1]

1　黃羣慧：《新冠肺炎疫情對供給側的影響與應對：短期與長期視角》，《經濟縱橫》2020年第 5 期。

關於當前世界經濟與全球化的幾點看法

劉元春

這場百年未遇的世界疫情以其高傳染性和致命性，在現代交往體系中給世界經濟和全球化帶來了劇烈影響。

一是全球經濟同步深度下滑，特別是在疫情衝擊下，出現了與傳統經濟危機內生性崩塌不一樣的經濟社會停擺。全球主要經濟體在疫情蔓延中出現了先後的停擺，使世界經濟下滑的幅度已經大大超過 2008、2009 年金融危機所帶來的衝擊。很多團隊和專家的預測表明，如果這次疫情持續蔓延或出現二次暴發，世界經濟下滑的幅度和持續的時間將超過 1929—1933 年大危機。

二是世界金融和大宗商品價格出現前所未有的超級波動。具體體現在幾個方面：一是 2020 年 3 月中旬，美國股市在不到兩個星期出現 4 次熔斷；二是各國國債收益率大幅度下滑，甚至個別國家的國債出現負收益；三是全球流動性急劇收縮，導致美元指數突破 103；四是石油價格出現崩塌式下滑，5 月 WTI 石油期貨出現 −34 美元／桶。這些參數的變化在歷史上從沒有出現過，表明疫情帶來的恐慌和金融的脆弱性已經突破歷史，因此對於未來經濟變化的認識需要突破傳統的認知框架。

三是為應對疫情的經濟衝擊，各國同步採取了超級寬鬆政策。從目前來看，100 多個國家採取了十分寬鬆的貨幣政策和財政政策，其中全球財政刺激方案已經超過 7 萬億美元，貨幣資金注入超過 20 萬億美元，特別

---

*　作者係中國人民大學副校長、教授。

是歐美日等發達國家採取了「0 利率」＋「無限制 QE」＋「超級財政刺激」＋「直接信貸注入」的超級政策組合。這些政策的力度不僅僅超過羅斯福新政的力度，同時比 2008、2009 年金融危機的力度還要大，開創了一個新的政策歷史。

這三大變化將帶來世界經濟秩序的深度調整。一是全球化可能會加速逆轉；二是中美之間的大國博弈將激化上升到新的高度，甚至會發生一些質變；三是世界經濟將在疫後迎來超級大停滯，從而導致世界經濟秩序進一步發生重構。

但第一個值得注意的是，雖然疫情帶來了一系列前所未有的新變化，但是這些新變化對於世界經濟秩序的衝擊並不是革命性的拐點變化，疫情只是一個加速器，它使世界經濟秩序的裂縫大大加劇了，它壓縮了世界經濟秩序斷裂帶的進程。逆全球化、民粹主義、國家主義、民族主義、保護主義以及地緣經濟與政治衝突等世界秩序的變化並不是因為疫情才發生的，但卻因為疫情而加劇。

從逆全球化來看，全球貿易與全球 GDP 的比值是在 2008 年達到 26.5% 的歷史高點。2008 年美國金融危機之後該參數持續下滑，到 2019 年全球貿易佔 GDP 的比值下滑了 5.5 個百分點，只有 21%。也就是說，逆全球化的拐點在 2008 年，標誌性事件是美國次貸危機的爆發。

從全球收入分配兩極分化來看，全球收入前 1% 的人羣佔總收入的比值在 1980 年是 16.3%，到 2008 年達到 22% 的歷史高點，從那以後就持續回落，到 2019 年下降到 20.4%。所以很多時候我們認為 2008、2009 年是拐點性的變化，開啟了一個新的歷史局面的重要時段。

從民粹主義來看，發達國家的民粹主義指數在 20 世紀 80、90 年代都是非常低的，2007 年也比較低，只有 7%，但是這個參數在 2013、2014 年開始上升，到 2018 年達到了 34% 的高點。與 1931、1932 年的水平差不多，1933 年的民粹主義指數為 40%。因此我們可以看到各國民粹主義的形成也是在 2008 年之後的這樣一個時段裏。

還有孤立主義，美國「退羣」是 2017 年就開始的，2017—2019 年，局部統計美國「退羣」的國際組織數量達到 13 個，現在還有人講，下一步可能是區域主義取代全球化。但區域主義興起是什麼時候開始的？我們從區域貿易協定簽訂的個數來看，2019 年簽訂的區域貿易協定是 498 個，比 2005 年翻了一倍。區域貿易協定簽訂最多的時候是 2018、2019 年。

逆全球化、民粹主義、民族主義、區域化以及大國之間的衝突等趨勢性的變化在 2008 年出現了歷史性的拐點。疫情本身在本質上是一個加速器，而不是一個革命性的作用力，因為世界經濟的分工格局、世界經濟的利益格局，以及它所決定的制度體系、規則體系和組織體系，並不是一朝一夕就出現了強勁的斷裂層。

第二個值得注意的是，疫情雖然是個加速器，但這個加速器卻會帶來很多值得我們關注的超級問題。

世界經濟在 2008 年開啟了長期停滯，在疫情衝擊下這種長期停滯的狀態不僅會延續，還會進一步惡化。世界經濟的增長速度、各個國家的增長速度可能會進一步下滑。目前大家都在討論世界經濟到底是 V 形反轉、W 形調整還是 L 形調整。主流共識是，簡單的 V 形反彈難度很大，因為世界經濟所面臨的各種傳統結構性問題和趨勢性問題並沒有解決，而疫情不僅惡化了這些舊傷，同時還增添了大量新的傷害。

全球經濟在 2008 年之後出現長期停滯的狀態根源於以下幾個原因：第一個是人口老齡化；第二個是技術進步對經濟推動的作用下降；第三個是全球收入兩極分化，導致全球需求下滑；第四個是各個國家為了救助危機所帶來的高債務問題；第五個是在各國收入分配兩極分化的作用下，各個國家的民粹主義開始氾濫，保護主義開始崛起；第六個是在保護主義和孤立主義的作用下地緣政治衝突加劇；第七個是在全球化收益下滑和全球化成本持續上揚的雙重作用下逆全球化全面抬頭，一些產業鏈和價值鏈開始受到衝擊。

這些問題在近幾年得到了有效解決嗎？答案是，不僅沒有解決，反而更加惡化！

一是人口老齡化在未來兩年將持續加速。1990 年全球 65 歲以上的人口只有 6%，2017 年達到 8%，2025 年會達到 10%，2032 年會達到 12%，也就是說 2020—2025 年世界人口老齡化將出現加速，特別是像中國、美國還有歐洲一些國家的參數將上揚得更嚴重。

二是疫情衝擊下各國債務率將加速上揚。2019 年全球債務率 320%，為了救助本次疫情，目前全球各個政府在進行大幅度的舉債，估計美國 2020 年的財政赤字可能會超過 10%，全球財政赤字率可能也會上揚 6—7 個點，再加上我們企業的債務、居民的債務，2020 年全球的債務率可能會超過 330%。

三是全球化指數將加速萎縮。2020 年全球 GDP 增速預計下滑 3%，而貿易增速在常態預測中將下滑 12%，我們的全球貿易與 GDP 的比值 2020 年會加速下滑 7—8 個百分點。也就是說逆全球化必將是加速的，民粹主義和保護主義必將由於疫情和全球化指數加速萎縮而進一步上揚，各種衝突將全面加劇。

因此，疫情之後全球經濟必定會出現一個較長時間的低迷期，而且低迷的程度比上一輪還要嚴重。

這個問題馬上就會引發出第二個問題。在全球經濟運行中，當收益下滑、利益分配空間越來越小的時候，由分配所帶來的衝突必然會進一步加劇。從基本邏輯就會看到，增長的下降，實際上就預示着來自國際分工的全球化紅利是大幅度縮減的，但與此同時全球分工協調的成本是持續上揚的，因此我們所看到的分工體系會在利益空間壓縮下出現一些大幅度的變化，這種變化就是我們大家所討論的「脫鈎」，去全球化、「去中國化」，這些問題就會開始出現。

當然在這裏面我們所看到的景象可能是比較複雜的，而不能用一種單一的趨勢來進行表達。

（1）全球價值鏈、產業鏈出現一些重構。重構的第一個表現就是價值鏈的長度會縮短，特別是各個國家因為經濟安全要重新定位它的經濟收益和全球佈局，從而使它的價值鏈和產業鏈進行回收，所以產業鏈要進行重構。第二個重構表現為很多國家啟動了「中國＋」的戰略模式和產業鏈的戰略，並不是簡單地「去中國化」，而是要建立相應的備胎，使全球垂直單一的價值鏈變成多元的、具有彈性的價值鏈。比如說日本要在中國進行佈局，同時會在南亞進行佈局，也會在拉美和非洲進行佈局，使它的供應鏈多元化。第三個很重要的就是在這種硬脫鈎的情況下，建立相應的平行體系，當然這裏面我們會看到很多人很悲觀，但是我們認為目前來講其具有強烈的不確定性，這種不確定性來源於什麼？來源於市場的力量、資本的力量與政治的力量、國家的力量之間的權衡，這種權衡很多人認為資本的力量會佔上風，當然我們認為從歷史的角度來看並不一定，很多時候可能一些政治的力量會在偶然因素觸發下佔領上風，因為未來這種高度不確定性的情況是非常多的。

（2）大國之間的經濟對比將出現一個加速調整。在總量變化的作用下，各個板塊、區域、價格之間關係也會發生進一步的變化。我們會看到亞洲板塊將在未來幾年裏快速崛起，2005 年亞洲板塊佔世界經濟比重 25.9%，2018 年達到 36.4% 的高點，同期歐洲從 33.9% 下降到 25.2%，下降了 8.7 個百分點，北美從 29.9% 下降到 26.7%，下降了 3.2 個百分點，這個下降的部分都被亞洲所吸取。整個疫情期間，東亞治理模式佔據了全面的優勢，整個東亞率先擺脫疫情帶來的停擺效應。2020 年發達經濟體的增長速度預計 −6.1%，新興經濟體速度 1.0%，中國和印度的增長速度分別是 1.2% 和 1.9%，而美國和歐元區增長速度是 −5.9% 和 −7.5%。這意味着什麼？一是亞洲板塊經濟增長速度佔世界經濟的份額，在未來兩年提升的速度將進一步加強，可能會從當前的 36% 提升到未來兩年的 40%。二是中國與美國 GDP 的比值會快速突破 70%。2016 年中國 GDP 佔美國的 60%，我們突破這 10 個百分點只用了 4 年時間，

而過去基本上要用 10 多年，疫情加速了中美差距的縮小。美國目前預測 GDP 增速是 -5.9%，中國 GDP 增速正常會到 3%—4%，增速相差 8 個百分點左右。如果未來這種格局持續的話，中美之間的博弈可能在 3—5 年發生質變。因此疫情後的後續變化十分關鍵，如何快速走出疫情，如何在未來幾年窗口期使經濟重返快速增長軌跡，就變得異常重要。未來 3 年實際上是中美大國經濟博弈的一個關鍵期，中國經濟如果沒有一個持續的回升，持續超越美國的話，即使我們在一些軟實力、巧實力、銳實力上面用工很多用力很猛，也還是難以對沖這種硬實力的變化。按照我們團隊的預測，美國持續在「2」時代，中國持續在「6」時代，到 2025 年中國將在中美博弈之中迎來一個突破瓶頸的新時期。因此疫情對兩個國家的經濟運行模式、對兩個國家的經濟運行效率到底會有什麼樣的影響？可能是我們思考的兩個重點，也是我們在外交上要回歸的一個重點。

（3）意識形態的鬥爭將步入一個高漲的時期。未來世界是奉行自由主義還是國家主義，泛泛地爭論意義並不是很大，不能用國家主義和威權主義來描述中國的政治經濟體系，當然用簡單的自由主義來描述美國目前的政治形態和未來的經濟管控模式也不太準確。傳統分化的兩類模式很可能在疫情衝擊下向中間模式靠攏，例如在重構 WTO 過程中，到底是以更加自由、更加開放為基調，還是用干預主義、集體主義為一種基調進行構建，可能還存在着一定的變數。

（4）在收益空間急劇回縮、分工體系做出調整的過程裏，大國博弈的模式會發生一些關鍵的變化，我們認為今後幾年實際上是大國博弈在經濟層面最為關鍵的窗口期，所以中國必須在這個窗口期上對相關的一些趨勢、相關的一些格局和一些規則性的調整把握透，唯有如此我們才可能把我們內部的戰略佈局做好。

疫情改變中國與世界

姚　洋

　　新冠肺炎疫情在全球範圍內多點擴散，正在深刻改變着國際經濟金融形勢。可以說，國際金融市場的恐慌情緒和下跌速度超過了 2008 年「次貸危機」。但疫情不會也不應扭轉全球化趨勢，未來全球產業鏈的調整不會導致「脫鈎」或「去中國化」後果，中國在全球產業鏈中的位置反而有可能進一步加強。由於受到疫情衝擊，美國經濟已陷入衰退，這輪衰退的持續時間雖然可能比不上 20 世紀 30 年代的大蕭條，但衰退的深度已遠超大蕭條。並且，美國出台的種種救市措施，雖能在短期內起到提振經濟的效果，但長期看只會加大發生新的、更大的金融危機的概率，我們必須有所準備。

　　疫情之下，中國面臨的最大挑戰是西方將對中國的制度和價值發起根本性的攻擊，一場意識形態的「新型冷戰」很可能到來。為應對這一重大挑戰，中國必須結合時代、接續傳統，加快重建自己的話語體系，對中國體制的優勢、不足和運轉邏輯，做出充分且有效的解釋。

一　疫情全球擴散，多數國家陷入「兩難」

　　2020 年 3 月以來疫情在全球擴散，達到了全球流行級別。一些國家借鑒中國經驗，採取「封城」的措施，其中做得最徹底的是意大利。還有

* 　作者係北京大學國家發展研究院院長，北京大學博雅特聘教授，2015 年度長江學者。本文部分內容刊於《財經》2020 年 3 月 30 日，《文化縱橫》2020 年 4 月 24 日，收入本書時有所修改。

一些國家停止大型活動，比如美國標誌性的 NBA、橄欖球等賽事停擺，迪士尼、拉斯維加斯賭場停業，電影院等娛樂場所關閉。受到疫情擴散的影響，美國股市在 3 月中旬的 8 個交易內接連發生 4 次熔斷，主要股票指數自 2020 年年初以來跌幅達到約 30％。與此同時，歐洲股市下跌了約 35％，日、韓股市下跌約 25％，印度、越南、巴西等新興市場國家股市下跌幅度也在 30％左右；以石油為代表的大宗商品價格也出現了大幅下跌；全球 3 月採購經理指數（PMI）等指數紛紛創紀錄新低，國際時局變得複雜而脆弱。

在過去的兩個月裏，多數國家處於「兩難」境地：如果置疫情於不顧，股市和經濟會一直處於震盪不安的狀態；如果採取行動，則經濟要停擺。之所以股市連續熔斷、油價閃崩，其實都是因為疫情情況不明朗，有很多不確定性。美國總統特朗普一開始想採取冷處理，告訴大家沒有疫情，只不過是一場流感而已，現在看來是遮掩失敗了。而像意大利採取「封國」「封城」措施，這樣又導致經濟停頓下來。不管採用哪種措施，全球經濟恐怕都有陷入衰退的可能性。為什麼股市連續熔斷最終有可能會引發危機？因為美國的股市和經濟實體聯繫緊密，直接和間接渠道都會傳導到實體經濟。與此同時，股市下跌，影響市場對未來的預期，大家的投資意願下降，消費也會下降。這種「多米諾骨牌效應」導致金融部門可能產生連鎖反應，爆發類似 2008 的國際金融危機。美聯儲的無限量 QE（量化寬鬆，Quantitative Easing）暫時穩住了美國股市，但這種做法不可持續，因為它雖然在短期內穩住了股市，但在長期卻增加了美國金融體系的風險。

目前，疫情平穩一些之後，美國總統特朗普便急着要復工，其他一些國家也在跟進，但防疫專家卻持謹慎意見，這都是上述兩難選擇的表現。

二　中國產業鏈是否會因全球疫情受到二次衝擊？

中國在疫情初期，製造企業停產，造成產業鏈斷供和內部斷鏈。後來

國外疫情持續惡化，全球消費下降，連帶着中國的進出口下降。美國、韓國和歐洲等國家是中國重要的中間產品進口地，這些國家的疫情惡化可能會對中國產業鏈造成再次的衝擊。針對以上問題，一方面我們要加快推進國內產業鏈整體復工復產，另一方面需要加強對國外疫情對中國產業鏈衝擊的評估，進一步強化產業鏈整體復工的思路，發掘產業鏈配套完善的優勢，加大對重點產業環節復工復產的支持力度。

中國國內經濟在 2 月、3 月受到重創。受新冠肺炎疫情疊加減稅降費翹尾、經濟下行壓力等因素影響，2020 年 1—2 月纍計，全國一般公共預算收入及其中的稅收收入均為負增長。2 月製造業 PMI 只有 35.7%。這是筆者研究經濟學以來看到的最低數據，哪怕只是和 1 月相比，也減少 14.3 個百分點，下降非常嚴重。一般來說，這一指數超過 50%，說明經濟是景氣的，反之不景氣。由於疫情的人際傳播，服務業受損更大，2 月服務業的商務活動指數只有 30%，較 1 月回落 23%，比製造業更差。

一系列經濟活動大幅減少，也導致物價、製造業價格等指數下降。2 月的製造業價格指數比 1 月下降 7.5%，降幅非常大；服務業價格指數下降更是高達 15%。這兩項數據均表明，國內經濟在 2 月受到重創。3 月的數據情況也不太好。這些都說明國內經濟形勢不容樂觀。或許是因為現在的互聯網傳播力強大，老百姓對疫情的重視程度遠超當年的非典（SARS）。記得當年 SARS 的時候，北大停課了，但是我們照常上班，現在大家都不上班，待在家裏，人心惶惶。這對中國的供需影響是「雙殺」。中國經濟原本便有所減速，疫情後經濟減速更為嚴重。

當然，我們也應該看到，此次疫情催化了一批促進未來經濟增長的新興產業。比如加快了遠程教育、遠程診斷、在線辦公等新型終端應用的發展；雖然疫情導致員工不能復工，但卻激發了企業實現自動化、智能化轉型的內在動機；新型基礎設施建設受到重視；現在網絡會議、網絡直播使用者越來越多。筆者最近參加幾個網絡會議，組織方不用出會費，大家不用出去跑，減少交通污染，會開了，討論也蠻熱烈。網絡直播行業肯定要大發展。

　　在我國的進出口方面，2020 年前兩個月的進出口數據雙雙下降。其中，按人民幣計價的出口下降 15％，按美元計價的出口下降 17％，進口下降 11％。3 月略有回升，但第一季度出口以人民幣計價仍然下降 11％。在全球疫情恢復前，海外需求受到影響，勢必導致中國出口萎縮。今年的出口肯定不好，這是沒有辦法的。今年我估計出口負增長是大概率事件。近期國內紡織企業出口訂單已經明顯下滑，甚至部分訂單被取消或延期交貨。同時，出口企業還得面對人民幣升值的問題，主要是因為中國的經常項目沒有惡化，以後可能還要改善，因為出口下降，進口的價值也在下降。特別油價下降之後，進口的價值下降會更多。1、2 月進口的下降比出口下降要少一些，但是估計今後幾個月，進口的下降會上升。

　　另外，如果中國的股市不出現大問題的話，那外資會流入中國。中美利差也有所擴大，增加了人民幣資產在全球的配置價值和吸引力。在這種情況下，人民幣可能要升值，所以外貿企業要面臨升值的壓力。

三　後疫情時代，中國經濟和世界經濟的走向

　　中國國內方面，形勢有點出乎意料。隨着國內新冠肺炎疫情已經得到了控制，城市基本上全放開了，按理說老百姓的生活應該回歸正常，但是老百姓還是不願意出去消費。行為一旦改變之後，想恢復到以前的狀態，還需要很長的時間。2020 年第一季度我們的社會商品零售總額下降了 19％，是各項指標裏下降最多的，這使得中國經濟沒有出現 V 形反轉。可能最好的結果是 U 形反轉；最可怕的是出現 L 形的走勢，希望不要出現這種情況。

　　現在看來短期內完全消滅疫情是不可能的，在這種情況下，筆者認為政府要做出一個判斷：接下來疫情防控要進入一個常規化管理的階段。筆者建議現在可以把疫情管理劃歸給衛生防疫部門，其他部門應該回歸正軌，而不是依然像前一段時間那樣的戰爭狀態，政府各個部門都在防疫。

　　至於國外會不會也像中國這樣，疫情結束之後，老百姓不願意去消費，這很難說；有可能他們的老百姓比中國老百姓更加願意冒險一些，一旦疫情解除，大家歡天喜地又恢復正常，這種可能性也是存在的。

　　但是應當特別注意的是美國經濟。其實在疫情暴發之前，美國經濟已經有了金融危機的跡象。近年來美國已經走入了一條靠印鈔維持經濟增長的死胡同里頭，其中最關鍵的是技術進步速度已經放慢，但是美國又想要更快的增長速度，怎麼辦？只好發貨幣，發那麼多貨幣，又沒有通貨膨脹，錢到哪去了呢？全到金融部門去了，所以金融部門累積了很多的風險。有些人經常將中國的 M2 和美國的 M2 相比，這種比較是錯誤的。我們應該拿全口徑的貨幣（比如說 M3、M4）來比，美國的 M3、M4 比中國大多了，美國整個金融資產加起來是超過 5 百萬億美元，它的 GDP才 20 萬億美元，所以美國經濟的風險也比中國大多了。這次疫情一來，美聯儲就開始執行無限制的量化寬鬆，雖然救了股市，但是對經濟毫無作用，只會繼續加大美國金融危機的概率。

　　所以筆者認為在疫情結束之後，美國經濟有可能短期內能恢復過來，但是長期而言，它發生金融危機的概率反倒是上升了，而不是下降。當然什麼時候累積到要爆發的程度，這是未知的。之後美國可能會形成這樣一種惡性循壞：只要股市跌到一定程度（比如 2 萬點），美聯儲就會干預，把它托住，這樣也能延續一段時間；但從長期來說，這顯然是飲鴆止渴，是以犧牲未來的代價照顧眼前的利益。所以談到中國和美國之間長期的經濟競爭，筆者對中國經濟非常有信心，因為我們已經積攢了能量，而且中國政府又積極地強調創新、強調製造業，因此我們不會發生困擾其他國家的產業空心化問題，這是中國的競爭優勢之所在。

　　世界由於疫情而陷入經濟大蕭條不太可能。如果我們按照 1929 年的大蕭條來看，它持續的時間非常長，即便按照短的算，也延續了 4 年，但實際上它的延續時間遠遠長於 4 年。如果沒有第二次世界大戰，當時資本主義世界是無法走出大蕭條的。這次美國的經濟衰退雖然不會延續那麼長

時間，但以單月數據來看，衰退的深度已經超過了大蕭條。而且，如前文所述，筆者認為美國不斷的救市措施，會引發比 2008 年金融危機更大的一次崩盤。

此前國際貨幣基金組織（IMF）曾預測 2020 年世界經濟增速會下降 3.0%，筆者認為 IMF 的預測過於樂觀了，中國經濟第一季度下降了6.8%，第二季度恐怕還是負增長，第三、四季度能不能轉正，要看我們的消費能不能上去，還有我們的新基建能不能見效，這樣算下來，中國經濟在全年來說能夠正增長也很不容易了。歐美國家今年經濟負增長可能會在 -5% 以上；其他國家本來佔比就很小，而且極有可能也是負增長。所以全球算下來，恐怕今年世界經濟增速會下降 5% 左右。

四 經濟民族主義對中國極其不利

受疫情影響，中國的產業供應鏈短期內肯定是斷裂的；但是長期而言，影響不會很大。這是因為全球已經形成了產業分工，要想改變這種分工，成本是非常大的；而且這次疫情危機是全球性的，把產業放到任何一個國家其實都不保險。所以筆者認為不會有大的變化，但是不能說沒有小的變化和調整。在這個調整過程中，中國未必會受損，因為中國是第一個走出疫情的國家，中國的製造業是最早恢復的，我們製造業復工率幾乎100% 了。而這時候很多國家還沒有復工，全球供應鏈仍處於斷裂狀態，因此這種情況會倒逼中國去補足以往的產業短板。有些人說產業鏈要大規模轉移了，要「去中國化」了，這種說法是沒有根據的。筆者反倒認為經歷了這一次疫情，中國在世界產業鏈上的位置反而會加強。

當前國內關於危機應對有兩種觀點。一種觀點認為這次疫情提醒我們，中國應該打造閉合的、內部循環的產業鏈，以後走一條以自己為主、自力更生的道路。這種思路某種程度上就是所謂的「經濟民族主義」。另一種觀點則認為全球化不可逆，不可能「去中國化」、逆全球化，所以應

該繼續推進全球化。第一種思路首先我們做不到,其次也沒有必要。在中低端領域,我們已經形成閉環,在中國想生產什麼都能生產。但在高端領域,我們又做不到這一點。比如芯片,在芯片設計方面,中國的寒武紀、華為的芯片設計是世界一流的,但是製造我們不行。在芯片製造方面中國面臨着兩個問題:一是我們沒有光刻機;二是我們要想達到發達國家的成品率,也是非常難的,需要一個長期積累的過程。而且除了辦不到,也沒必要。儘管美國對我們有一些供應限制,但是也沒有完全限制住,哪怕是對芯片的限制,到今天還是一直在延期。這說明美國要下決心斷供中國也是很難的,因為中國是一個巨大的芯片市場,放棄中國市場美國自己也受損。所以從必要性的角度來說也成問題。

此外,如果我們走經濟民族主義這條路,剛好就給別的國家一個口實,只會刺激別的國家也實行經濟民族主義。西方對中國的技術領先優勢越來越擔憂,除美國之外,歐洲一些國家也在採取行動,限制中國獲取技術,但它們之間還沒有協調起來。如果我國大張旗鼓地搞閉環,自力更生,這些國家會產生懼怕心理,反倒可能聯合起來。所以,長遠來看,我們自己搞經濟民族主義是極其不利的。

五 提振消費,恢復中國經濟

目前學界對於如何恢復中國經濟,在整體思路上是比較一致的,就是要出台更積極的財政政策和貨幣政策,刺激經濟增長,在這點上大家都沒有分歧。但是具體思路還是有一些不同看法。當前,主流的態度是,仍然堅持以供給側結構性改革為主導,兼顧需求;與此同時要重點推動產業結構升級,包括新基建,都是關於新興技術、新興產業的基礎設施。

第一種思路解決的是長期的問題,但現在最重要的是想辦法迅速走出眼前的困境,因為整個經濟衰退得如此嚴重。凱恩斯早就告訴我們了,長期來看我們都死掉了。救急才是最重要的,那麼多老百姓失業,那麼多中

小企業倒閉，這才是最大的問題。現在要做的是把經濟先救起來，再談其他問題。

而救急的辦法，無外乎三個。第一，增發貨幣刺激需求。但是現在發貨幣只是發給企業，然而需求下降得非常厲害，很多企業根本沒有訂單，也就沒有動力去銀行貸款。現在貨幣政策只能穩住我們的信心，特別是穩住股市的信心，它的作用實際上是有限的。

第二個思路就是基建，這是我們慣用的方法。基建可以提高需求。但是這一次又有特殊性，因為在這次疫情危機中受損最嚴重的是中小企業和普通老百姓，新基建救不了他們——新基建吸納就業的能力是很低的。要想靠新基建挽救中小企業和老百姓的經濟狀況，只能靠所謂的涓滴效應，也就是等從事基建的大企業都喝飽了之後，慢慢涓滴到中小企業，但這總需要一兩年的時間。總之，新基建對於提振經濟有一定作用，但是不能直接落到那些需要救助的人和企業手上。

所以筆者現在極力主張第三種辦法，也就是要以提振消費為主。要直接提振消費，是靠直接發現金還是發消費券呢？兩個都要做。對那些失業的低收入階層就應該直接發錢，這是救助性的；但同時也可以向中產階級發消費券，鼓勵大家上街去消費。大家去消費了，中小企業的經濟狀況也會改善，於是就會產生乘數效應，發一塊錢的消費券，說不定最後花出去五塊錢，這樣就可以快速地把消費帶動起來。

另外在產業結構的調整和升級方面，這一輪疫情已經幫助我們實現了這種調整，那些低效率的企業都死掉了。過去一到經濟下行，都說要調整結構，其實照筆者看，你不去調，經濟也會自動調。在經濟下行的時候，物價都在往下走，那些低效的企業都支持不住了，就得關門。經濟運行有自己的規律，它就像人發燒感冒，會把整個人都換一遍，按中醫的說法，把精氣換一遍。經濟下行也是一樣的，會使整個經濟重新換一遍血，該淘汰的淘汰。這次疫情也會起到類似的效果，那些低效的企業會遭到淘汰，留下來的都是比較高效的企業。

六　疫情後的「新型冷戰」

從某種程度上來說，現在其實已經形成了「新型冷戰」的局面。之所以會形成這種局面，筆者認為有兩個原因。

其一是西方政客「甩鍋」的需要。這次疫情確實先在武漢暴發，一開始我們的應對有一些耽誤，但是現在回過頭來看，初期的應對遲緩幾乎是所有國家都經歷了的。至少在 2020 年 1 月 23 日之後，西方國家是知道這個病毒能夠人傳人的，但是有大概一個半月的時間，他們都沒有採取任何措施，甚至當意大利疫情已經十分嚴重的時候，其他國家還是不採取措施，直到 3 月中旬疫情大暴發。而我們國家一旦採取行動之後，就迅速控制了疫情，然後第一個走出了疫情。在西方社會，有理性的人都同意中國對疫情的控制是非常得力的。但是現在西方的一些政客看到自己國家的疫情這麼嚴重，就開始譴責中國，說中國沒有事先告訴他們。這麼說是很不合理的。1 月 23 日之後，西方國家都應在國內採取措施。美國既然已停飛中國，那為什麼在其國內不採取任何的防範措施呢？

其實西方一些國家政府官員，從他們自身的角度來考慮肯定是希望採用一些不那麼極端的方式控制住疫情。封城的代價和社會影響太大了，很難去下這樣的一個決心。

其二，進一步看，現在西方想將疫情中的問題變成一個制度問題。他們說，中國前期的行動緩慢是為了掩蓋疫情，這是中國的制度決定的，而中期中國能做到這麼嚴厲的防控措施，也是因為中國是一個「非民主」的社會，所以有這樣的權力和能力去做這件事情。疫情過後，西方對中國的政治體制恐怕會有一個重新的定位，西方世界很可能會聯合起來對中國的制度發起一個根本性的挑戰。對中國來說這是最大的挑戰。他們不會去討論中國在抗疫方面發揮了多少作用，為國外提供了多少援助，只會抓住體制問題，然後聯合起來，以此作為攻擊中國和向中國追責的抓手。西方幾個大國的政客都提到了這一點，這大概是之後我們需要去應對的一個重大挑戰。

這種時候，筆者認為中國的學者——特別是一些中堅學者——應該挺身而出，在理論上說明中國政治體制的哲學基礎和優勢。我們應該積極地說明中國體制的運轉邏輯，突破威權政府 VS. 民主政府的對立二分法，從政府能力層面就事論事地分析中國的政治體制。

中美在意識形態、地緣政治和科技三方面已形成競爭，因此說「新型冷戰」已經形成並不為過。但中美間的「新型冷戰」不同於美蘇冷戰，兩國在經貿、國際秩序、反恐和發展援助等方面仍有廣闊合作空間，這是兩者有所區別的關鍵之處。

中美關係已經是一種競爭關係，我們的態度應該是在競爭的過程中求合作。美國已經把中國定位為一個競爭對手。中國過去不太承認我們兩個國家是競爭對手，但筆者認為，中國現在是可以承認中美已經處於一個競爭的態勢，中美之間在意識形態、地緣政治和科技這三個方面的競爭已經形成了，我們必須面對這一事實。

但是，我們也應當告訴美國人，中美之間雖然在這些方面有競爭，但是兩國仍有合作的空間，比如在經貿領域和國際秩序領域。筆者一直認為第二輪中美貿易談判是一個絕佳的機會。世界貿易組織（WTO）機制停擺後，美國卻願意與中國談判，而兩國談判出來的規則，事實上會成為 WTO 下一步改革的模板，這樣中國其實是參與了國際規則的制定。所以，筆者認為我們不應該把中美「貿易戰」僅僅看作是美國在打壓我們，而是應該採取更加主動的態度，與美國開展談判和合作，這樣中國就慢慢進入了一個規則制定的領域。

七　回歸傳統，建構中國話語體系並走向世界

雖然筆者認為有很大的可能性會形成意識形態的「新型冷戰」，但是到今天為止，仍然有挽回的餘地。我們可以採取短期和長期兩種策略。

在短期，我們應該對武漢疫情做一個全面的報告，說清楚疫情暴發之

初，我們做了什麼，為什麼最初會有所耽誤。我們應該說清楚，那段時間我們確實有猶豫，但是中國從未刻意隱瞞疫情，在 2020 年 1 月 3 日就向世界主要國家通告了疫情信息，並且也採取了一些措施，但是最後我們不得不封城，並且下這個決心很不容易。首先要先將這個過程說清楚，然後承認早期的延誤，這相當於撤掉了西方的「梯子」，如果西方再不接受，就說不過去了。

接下來我們需要說明在武漢抗疫過程中，中國做出了哪些成績。比如，一個很大的成績就是將近 4 萬的援鄂醫護人員，沒有一個人感染，這是個奇跡；中國在防疫過程中展現出了超強的協調能力和動員能力；以及最近我們也在修正統計數據，因為在疫情初期比較混亂，統計上難免有誤差。總之中國應儘快發表一份報告或白皮書，對於可能會借這次疫情形成的「新型冷戰」，主動爭取挽回的餘地。前一段時間一些自媒體上非常激烈的民族主義情緒表達，是要不得的。這是短期的應對措施。

長期的應對措施就是要建構中國自己的話語體系。要想重新建立一個話語體系，就要對過去的話語體系有所揚棄。但理論要轉型是非常困難的，所以要我們要先將理論理順，這是最根本性的問題。

筆者主張從中國優秀傳統文化中，特別是從儒家文化中汲取建構話語體系的智慧。不同國家、民族的思想文化本無高低優劣之分，中國的儒家思想和西方的自由主義相較，也是如此。中國現在的體制無疑有着深厚的歷史和文化淵源。我想，從傳統文化特別是儒家文化的角度對其進行溯源，是符合歷史發展的邏輯的。

透視疫情下的全球金融動盪：
原因、特徵、影響與對策

張　明

新冠肺炎疫情下全球金融動盪的主要表現是以股票與原油為代表的風險資產價格大跌，以美國國債、黃金、美元指數為代表的避險資產價格在波動中上行。全球金融動盪的觸發因素是肺炎疫情全球擴展與原油價格大幅下跌，深層次原因則包括美國企業大規模舉債回購股票、機構投資者加槓桿投資於被動投資型產品、對沖基金的交易策略放大了金融市場脆弱性等。本輪全球金融動盪可能尚未結束，美國股市下跌難言見底，美國企業債市場、南歐主權債市場、部分新興市場國家均為潛在的風險點。本次全球金融動盪與 2008 年次貸危機既有相似之處，也有不同之處。本次全球金融動盪在治理難度與對全球經濟的衝擊方面，要比 2008 年國際金融危機更嚴重。全球金融動盪將會導致中國經濟面臨短期資本外流加劇、出口行業外需萎縮、國際環境更加複雜等衝擊，但也會增強中國經濟的全球影響與人民幣資產的吸引力。中國政府應審慎應對金融動盪可能造成的短期衝擊、保持中國經濟平穩增長、加快國內結構性改革。

一　全球金融動盪的表現

從 2020 年 2 月下旬起至今，全球金融市場出現了新一輪動盪。這

---

*　作者係中國社會科學院世界經濟與政治研究所國際投資研究室主任、研究員。

輪金融動盪的突出表現，是以股票與原油為代表的風險資產價格大幅下跌，而以發達國家國債、黃金、美元指數為代表的避險資產價格在波動中上漲。

截至 2020 年 4 月底，與 2019 年年底相比，美國道瓊斯工業平均指數、日本日經 225 指數、德國 DAX 指數、英國富時 100 指數與法國 CAC40 指數分別下跌了 14.7%、14.6%、18.0%、21.8%和 23.5%。尤其值得一提的是，美國股市在 2020 年 3 月 9 日、3 月 12 日、3 月 16 日與 3 月 18 日均發生了熔斷。美股在連續八個交易日內四次熔斷，這是有史以來從未發生過的現象。截至 2020 年 4 月底，與 2019 年年底相比，布倫特（Brent）原油期貨價格與 WTI 原油期貨價格分別下跌了 59.9%與 69.1%。

2019 年年底至 2020 年 4 月底，美國 10 年期國債收益率由 1.92%下降至 0.64%，下降了 128 個基點；英國 LBMA 黃金價格由每盎司 1515 美元上升至 1703 美元，上漲了 12.4%；美元指數由 96.4 上升至 99.0，上漲了 2.7%。

值得注意的是，在 2020 年 3 月 9 日至 18 日期間，全球金融市場出現了非常罕見的風險資產（股票與原油）與避險資產（美國國債與黃金）價格同時顯著下跌的局面。這意味着市場上出現了流動性危機。為了換回流動性，投資者不惜代價拋售各種資產。隨着美聯儲在 3 月中旬採取一連串創新型流動性供給政策，流動性危機最終緩和，避險資產價格重新開始上升，而風險資產價格也由單邊快速下跌轉為雙向盤整態勢。

二 全球金融動盪的觸發因素與深層次原因

筆者認為，本輪全球金融動盪之所以爆發，從觸發因素來看，是新冠肺炎疫情的全球擴散以及全球原油價格的暴跌。然而美國股市之所以下跌如此劇烈，更深層次的原因，則是在美國股市長期繁榮時期逐漸積累的系

統性風險。

2019 年年底至 2020 年 4 月底，布倫特原油期貨價格與 WTI 原油期貨價格分別下跌了 59.9% 與 69.1%。僅在 3 月 9 日當天，布倫特原油與 WTI 原油期貨價格的跌幅就高達 24.1% 與 24.6%。導致全球原油價格下跌的直接原因，是以沙特阿拉伯為代表的歐佩克（OPEC）國家與俄羅斯在新一輪原油減產協議方面未能達成一致，進而沙特阿拉伯搶先開足馬力增產所致。油價大幅下跌雖然有助於石油進口國降低成本，但是卻會對全球金融市場產生如下三種負面衝擊：第一，全球能源板塊的股票價格應聲下跌；第二，美國葉巖油氣生產企業發行的高收益債券（即垃圾債券）的息差顯著上升、市場價格大幅下跌，從而導致投資者開始拋售此類高收益債券，進而引發美國信用債市場動盪；第三，中東地區的投資者可能因為油價大跌而不得不從全球市場撤回石油美元資金，這會引發全球金融市場的新一輪拋售壓力。換言之，2020 年 3 月初以來的全球原油價格暴跌，是全球金融市場動盪的觸發因素之二。

自 2009—2019 年，美國股市連續上漲了 11 年，其間僅在 2018 年經歷過一次顯著調整，但調整後依然不斷創出新高。美國股市持續上漲的背後，受到一系列結構性因素的支撐，而這些結構性因素，恰恰構成了當前美股價格暴跌的深層次原因。

美股暴跌的深層次原因之一，是美國上市公司普遍通過發債方式進行大規模股票回購。在過去 10 年內，很多美國上市公司都在持續回購股票。回購股票的目的，是通過降低市場上流通的股票數量來人為提高股票的每股收益率，這將會提高股票對投資者的吸引力、進一步推動股價上升，股價上升又會提升上市公司自持股票的市場價值、進一步提高每股收益率。美國公司既通過自有資金（稅後利潤）來回購股票，也會通過發行公司債來回購股票。根據彭博（Bloomberg）的數據，僅在 2018、2019 兩年，美國標普 500 上市公司的股票回購金額就分別達到 8067 億美元與 6065 億美元。大規模股票回購將會引發兩個問題：第一，這會虛增上市公

司每股盈利。例如，根據中泰證券的估算，過去 15 年美國上市公司每股盈利年複合增速達到 11%，而企業複合利潤增速僅為 8%，兩者之間 3% 的差距就是回購行為人為推高的增長，這意味着美國上市公司盈利大約有 27% 左右是由回購行為虛增的；[1] 第二，上市公司普遍通過發行大規模公司債為回購股票融資，這會導致企業負債率持續上升。例如，截至 2019 年年底，美國非金融企業佔 GDP 比重達到 75%，已經超過了 2008 年次貸危機爆發前的 72%。[2]

美股暴跌的深層次原因之二，是大量原本風險偏好較低的長期機構投資者顯著上調了權益資產佔比，並大量投資於以交易型開放指數基金（Exchange Traded Funds，ETF）為代表的被動投資產品。在長期低利率環境下，以養老基金、保險公司為代表的原本風險偏好較低的長期機構投資者面臨資產端傳統投資（以固定收益類產品為主）收益率下滑、負債端未來固定支出的現值上升等壓力，從而顯著增加了對權益資產的投資。這些投資又大量投資於以 ETF 為代表的被動投資產品。截至 2019 年年底，美國被動投資基金資產規模達到 4.3 萬億美元，佔到美國股票基金資產管理規模的 51%，也即已經超過了主動管理型基金的規模。儘管 ETF 目前佔到股市市值的比重約為 10%，但由於 ETF 交易更加頻繁，高峰時期 ETF 的交易量能夠達到市場交易量一半的水平。[3] 被動投資急劇發展的背後也埋下了風險隱患：大量 ETF 的持倉結構與交易策略非常類似。例如，很多 ETF 在資產組合上重倉蘋果、微軟、谷歌、亞馬遜、臉書等藍籌科技股。又如，很多 ETF 管理人使用了具有「追漲殺跌」特徵的動量交易策略驅動的量化交易系統。這就意味着，一旦在特定衝擊下美國股市跌破

1　徐馳、張文宇：《美國資產負債表的「三重坍塌」如何演繹——本輪危機與 1929 年大蕭條比較》，《中泰證券研究報告》2020 年 3 月 19 日。

2　同上。

3　王涵：《本輪美國金融危機的起因、現狀與展望》，《興業證券研究報告》2020 年 3 月 20 日。

技術上的關鍵點位，就很容易引發量化交易系統的自動平倉與踩踏，造成市場進一步下跌。[1]由於投資者在同一時間內大量賣出相似的藍籌股，這就會加劇股市指數的下跌。

美股暴跌的深層次原因之三，是大量對沖基金實施的新型交易策略加劇了股市的脆弱性。美國股市上的被動投資集中於ETF，而主動投資集中於對沖基金。以橋水公司為代表的美國知名對沖基金近年來實施的一系列新型交易策略，容易在市場動盪時期放大市場波動。例如，風險平價交易策略（Risk Parity）的核心是增持波動率下降的資產、減持波動率上升的資產，通過大類資產價格走勢的負相關性來獲取收益。由於過去多年來美國股市與企業債市場均處於牛市，實施這類策略的基金一方面大規模持有股票，另一方面通過加槓桿的方式大量購買企業債以維持股票與債券的風險敞口相當。而一旦爆發大規模負面衝擊（例如當前的疫情疊加油價下跌），由於股市與債市的波動性都在加大，實施風險平價交易策略的基金不得不同時大規模拋售股票與企業債，這自然會進一步加劇股票與企業債的價格下跌，從而引發基金的新一輪拋售。[2]

將上述觸發因素與深層次原因結合在一起，我們就能對本輪金融動盪有個系統清晰的理解：首先，疫情擴散導致投資者避險情緒上升，引發投資者第一輪拋售風險資產的行為；其次，全球原油價格下降導致美國高收益債券違約率上升與市場價值下跌；再次，股票與債券價格同時下跌引發實施風險平價交易策略的對沖基金同時拋售股票與債券，這會進一步加劇股票與債券的價格下跌；復次，股票價格一旦跌破特定點位，將會導致ETF基金大規模的自動平倉與踩踏，進而使得平倉行為與股價下跌形成自我強化的惡性循環；最後，債券市場風險溢價上升，使得美國上市公司通過發債進行股票回購的行為難以為繼。與此同時，由於市場股票價格顯著

1　徐馳、張文宇：《美國資產負債表的「三重坍塌」如何演繹——本輪危機與1929年大蕭條比較》，《中泰證券研究報告》2020年3月19日。

2　張明：《美國股市下跌為何如此猛烈》，《財經》2020年3月13日。

下跌（甚至低於上市公司的持倉成本），上市公司進行股票回購的動力也不復存在。而一旦股票回購停止，上市公司的每股盈利就會顯著下滑，這會進一步惡化美國股市的基本面，並帶來新的下跌。

三　全球金融動盪可能尚未結束

　　隨着以美聯儲為代表的發達國家央行在 2020 年 3 月採取了極其擴張的貨幣政策進行救市，全球金融市場動盪在 2020 年 4 月明顯緩和。例如，在 2020 年 4 月，美國道瓊斯工業平均指數、日本日經 225 指數、德國 DAX 指數、英國富時 100 指數與法國 CAC40 指數分別上漲了 11.1%、6.7%、9.3%、4.0% 與 4.0%。那麼，由肺炎疫情引發的全球金融動盪是否已經結束了呢？投資者是否可以開始安枕無憂，甚至重新增持風險資產了呢？筆者認為，形勢還沒有那麼樂觀。

　　從引發金融動盪的肺炎疫情來看，目前疫情僅在中國、日本、韓國、新加坡等國家得到了較好的控制。而在美國、意大利、西班牙、德國、法國、俄羅斯等國家，疫情仍在快速擴散，目前還未到達疫情峰值。更令人擔憂的是，疫情可能進一步擴散到印度以及非洲國家等公共衛生條件較差的新興市場與發展中國家。

　　從肺炎疫情對經濟增長的衝擊來看，2020 年全球經濟負增長已成定局。根據國際貨幣基金組織（IMF）2020 年 4 月世界經濟展望的最新預測，全球經濟增速將由 2019 年的 2.9% 下跌至 2020 年的 -3.0%。2020 年美國、歐元區、日本、德國、法國、英國的經濟增速將分別下跌至 -5.9%、-7.5%、-5.2%、-7.0%、-7.2% 和 -6.5%。中國和印度的經濟增速也將分別下跌至 1.2% 與 1.9%。本次新冠肺炎疫情不但將會加劇全球經濟的長期性停滯格局，甚至有導致部分經濟體經濟持續衰退的風險。此外，本次疫情也對全球貿易、直接投資與全球價值鏈造成了嚴重負面影響。

　　經過大幅下跌之後，目前以美國為代表的發達國家股票市場的估值水平較下跌之前已經顯著改善，泡沫化程度明顯降低，再考慮到發達國家央行實施的極其寬鬆的貨幣政策，股市進一步大幅下跌的概率似乎並不高。不過，在 2000 年美國互聯網泡沫破滅之後，美國股市的熊市持續了兩年半時間。在 2008 年美國次貸危機爆發之後，美國股市的熊市持續了一年半時間。而目前本輪美股下跌持續時間還不到三個月。以史為鑒，再考慮到美國國內肺炎疫情仍在蔓延、美國經濟在 2020 年第二季度將會遭遇深幅衰退等因素，筆者認為，本輪美股動盪尚未結束，股市的熊市可能才剛剛開始。

　　除此之外，從全球範圍來看，目前似乎還存在如下三條風險的斷層線（Faulty Lines），未來可能成為全球金融動盪的下一站。

　　潛在風險之一，是美國的企業債市場存在泡沫。從美國的四部門槓桿率來看，從 2008 年次貸危機爆發至今，家庭部門與金融機構部門槓桿率顯著下降，而政府部門與企業部門槓桿率顯著上升。美國企業部門債務在 2019 年年底超過 10 萬億美元，佔 GDP 比重達到了 75％的峰值。近年來美國垃圾債券市場發展迅猛，規模約為兩萬億美元，其中能源類企業發行的債券規模約為 15％。而在美國可投資級別企業債中，BBB 級債券的規模由 2008 年的 15％左右上升至 2019 年的 55％左右，這意味着可投資級別企業債的平均質量在過去 10 年間顯著下降。而一旦 BBB 級企業債的信用等級被調降一級（也即降為垃圾級），債券收益率將會上升大約 3 個百分點，這意味着 BBB 級債券未來的違約風險很大。最近一段時間以來，原油價格暴跌以及疫情衝擊已經導致美國垃圾債券與 BBB 級債券的收益率顯著上升，未來是否會引爆債券違約浪潮還是未知數。需要指出的是，股票價格大跌的負面影響要顯著低於大規模債券違約，因為投資者能夠較好地接受股票投資的損失，而信用違約可能會蔓延、傳染與升級。

　　潛在風險之二，是南歐國家主權債的風險被顯著低估。眾所周知，意大利與西班牙是本次新冠肺炎疫情的重災區。意大利與西班牙的經濟增長

本就疲弱，新冠肺炎疫情造成的衝擊可謂雪上加霜。截至 2018 年年底，意大利、西班牙與希臘主權債務佔本國名義 GDP 比重分別為 135%、98% 與 181%。截至 2020 年 4 月底，西班牙 10 年期國債收益率還不到 1%，意大利 10 年期國債收益率還不到 2%，希臘 10 年期國債收益率還不到 2.5%。而在 2012 年歐債危機期間，希臘 10 年期國債收益率最高接近 35%，意大利與西班牙 10 年期國債收益率也均達到過 7%—8%。換言之，投資者目前可能低估了南歐國家主權債的風險。在上一次歐債危機爆發後，南歐國家是靠核心國家（德國與法國）的幫助最終渡過了危機。而這一次，德國與法國等核心國家同樣遭受了疫情的嚴重衝擊。因此南歐國家一旦爆發主權債危機，來自核心國家的救援可能更加難以指望。

　　潛在風險之三，是部分經濟基本面本就脆弱的新興市場國家在大規模短期資本外流衝擊下可能爆發危機。數據顯示，當前新興市場國家遭遇的短期資本外流規模已經超過了 2008 年次貸危機爆發時期與 2013 年美聯儲宣佈退出量寬時期。持續大幅的短期資本外流，將會導致新興市場國家面臨本幣匯率貶值、資產價格下跌、債務違約率上升等風險，而部分經濟基本面較為脆弱的國家則可能爆發金融危機。目前綜合來看，阿根廷、土耳其、馬來西亞、南非、俄羅斯、巴西等新興市場國家爆發金融危機的風險較高。2020 年 4 月 17 日，阿根廷政府針對 662 億美元的債務提出重組方案，這意味着阿根廷即將爆發有史以來第 9 次主權債違約。

四　本次全球金融動盪與 2008 年國際金融危機的異同

　　本次全球金融動盪的劇烈程度，與 2008 年國際金融危機比較相似。筆者認為，本次金融動盪與 2008 年國際金融危機相比，既有相同之處，也有迥異之處。[1]

1　張明：《當前全球金融動盪對中國影響幾何》，《人民論壇》2020 年第 10 期。

　　相同之處之一在於，兩次危機爆發的原因，都與長期資產價格泡沫之下，機構投資者通過加槓桿大量投資於風險資產的行為有關。2008 年美國次貸危機爆發的原因，是在美國房地產市場長期繁榮的背景下，大量機構投資者通過加槓桿投資於以美國次級住房抵押貸款為基礎資產的房地產金融產品，例如住房抵押貸款支持證券（MBS）、擔保債務權證（CDO）等。而隨着美聯儲加息導致購房者還本付息壓力上升，美國次級住房抵押貸款違約率加劇，從而引爆了次貸危機。本次全球金融動盪的原因，是在美國股市長期繁榮的背景下，大量機構投資者通過加槓桿投資於美國股市。新冠肺炎疫情的暴發與全球原油價格的下跌導致投資者集體拋售股票，從而導致股市多次熔斷。

　　相同之處之二在於，在危機爆發後，市場上都出現了機構投資者拋售風險資產而引發的流動性短缺，進而迫使中央銀行通過創新方式向市場提供流動性。在 2008 年美國次貸危機爆發後，投資者集體拋售風險資產的行為導致了流動性短缺與信貸緊縮，尤其是美國的短期批發融資市場基本上停擺。為了避免金融危機的升級以及向實體經濟傳導，美聯儲被迫採取了降息、多輪量化寬鬆，以及多種向金融機構提供流動性的創新機制。在本次全球金融動盪爆發後，流動性短缺再度出現。美聯儲在很短時間內兩次纍計降息 150 個基點、重啟 7000 億美元量化寬鬆政策、推出了商業票據融資機制等新型流動性提供模式。

　　不同之處之一在於，2008 年美國次貸危機的中樞機構是貝爾斯登、雷曼兄弟這樣的賣方機構，而本次全球金融動盪的中樞機構則是橋水之類的買方機構。在 2008 年次貸危機中，貝爾斯登與雷曼兄弟的倒閉成為標誌性事件。它們均為華爾街頂級投資銀行，由於加槓桿投資於有毒資產而遭遇巨大虧損。由於它們都是美國短期批發融資市場與衍生品市場的重要做市商，因此它們的倒閉使得美國短期批發融資市場與衍生品市場基本上停擺，導致危機迅速放大。而在本次全球金融動盪中，目前處於風口浪尖

的是橋水這樣的對沖基金。這些對沖基金因為大量押注於美國股市與企業債市場而虧損慘重。不過，買方機構的角色較為單純，在金融市場上扮演的樞紐性角色要遠弱於投行等賣方機構。這就意味着，即使未來諸如橋水之類的對沖基金倒閉，其對整個金融市場的傳染性要顯著低於2018年雷曼兄弟倒閉所造成的衝擊。

不同之處之二在於，2008年美國次貸危機起源於金融市場內部調整，而本輪全球金融動盪起源於新冠肺炎疫情造成的實體經濟衝擊。2008年美國次貸危機的爆發，由美聯儲加息造成購房者違約率上升，進而導致房地產金融產品違約所致。因此，該次危機的起源在於房地產市場。而本次全球金融市場動盪的直接觸發因素是新冠病毒肺炎疫情的全球擴散與全球原油價格暴跌，也即源自實體經濟的衝擊。這也意味着「解鈴還須繫鈴人」，在新冠肺炎疫情的全球擴散得到抑制之前，僅靠發達國家央行的寬鬆貨幣政策，很難讓金融市場真正穩定下來。換言之，本次全球金融動盪的治理難度，要高於2008年美國次貸危機。

不同之處之三在於，2008年美國次貸危機爆發之前全球經濟處於高增長狀態，而本次全球金融動盪爆發之前全球經濟增長已經較為低迷。在2003—2007年這五年，全球經濟平均增速高達5.1%，且2005—2007年全球經濟增速處於不斷上升態勢中。而在2015—2019年這五年，全球經濟平均增速僅為3.4%，且2017—2019年全球經濟增速處於不斷下降態勢中。在2008年美國次貸危機爆發前，經濟全球化正在高歌猛進。而在本輪全球金融動盪爆發前，全球範圍內民粹主義、保守主義、單邊主義正在上行，全球經貿摩擦顯著升級。可以說，當前的國際形勢，與1929—1933年大蕭條爆發前期非常相似。這也意味着，本輪全球金融動盪對全球經濟的負面影響可能更大。全球經濟在2020年陷入衰退的可能性很高，而衰退究竟會持續多久，目前還面臨較大的不確定性。

五　全球金融動盪對中國的潛在影響

本輪全球金融動盪對中國的潛在負面影響之一，是短期資本外流加劇，進而導致國內資產價格下行、人民幣匯率面臨短期貶值壓力。一旦外國機構投資者在美國股市遭遇顯著虧損，他們就會從新興市場國家撤回資金，調回至本國以滿足流動性需求。這就意味着，短期內，包括中國在內的新興市場國家將會遭遇較大規模的短期資本外流。

事實上，自 2020 年 2 月底以來，中國就出現了北上資金的持續大規模撤回。雖然北上資金在中國股市的總體市值佔比有限，但由於北上資金集中投資於中國茅台、中國平安、格力電器等藍籌股，因此其持續外撤導致這些藍籌股股價顯著下跌，進而導致 A 股指數明顯下挫。此外，短期資本外流加劇也會帶來人民幣貶值壓力。近期，隨着美元指數一度攀升至 103 左右，人民幣兌美元匯率也跌破了 7.1，達到 2008 年以來人民幣兌美元匯率新低。

本輪全球金融動盪對中國的潛在負面影響之二，是全球經濟增速下降將會導致中國出口行業面臨外需快速萎縮，從而給中國出口行業造成顯著不利衝擊。

在 2019 年，受中美經貿摩擦加劇影響，中國出口表現本就不太好，出口月度同比增速均值由 2018 年的 11.2％下降至 2019 年的 0.4％。在 2020 年第一季度，受新冠肺炎疫情衝擊，中國出口行業已經面臨開工嚴重不足的衝擊。從 2020 年第二季度起，隨着新冠肺炎疫情全球擴散衝擊全球經濟，中國出口行業很可能將會面臨訂單增速顯著下降的衝擊，且這一衝擊可能持續較長時間。2020 年淨出口對中國經濟增長的貢獻很可能為負。如果出口行業受到嚴重不利衝擊，這除了會影響經濟增長外，也會影響出口行業的就業，加大中國政府維持就業市場穩定的難度。

本輪全球金融動盪對中國的潛在負面影響之三，是未來中國面臨的國

際經貿摩擦與地緣政治衝突恐將上升。隨着新冠肺炎疫情在全球範圍內加速擴散，國際社會上已經出現一股妖魔化中國的浪潮，特朗普更是把新冠肺炎命名為「中國病毒」。這反映了部分國家政府通過將中國妖魔化來緩解本國民眾對本國政府應對肺炎疫情不力的憤怒情緒的策略。在肺炎疫情這一全球共同威脅面前，主要大國本來應該攜起手來，聯合應對疫情及其造成的不利影響。然而在民粹主義、孤立主義、單邊主義抬頭的今天，我們也要為可能加劇的國際經貿摩擦與地緣政治衝突做好準備。肺炎疫情短期內將會如何影響中美經貿摩擦，目前還存在不確定性。但是這不會改變中美經貿摩擦的「持久戰」本質。

「禍兮福所倚」。本次新冠肺炎疫情對中國經濟的潛在影響也並非全為負面。

首先，在未來一段時間內，中國經濟佔全球經濟的相對比重，以及中國經濟增長對全球經濟增長的貢獻，很可能會顯著上升。

以史為鑒，正是在 2008 年國際金融危機爆發之後，中國經濟總量超過日本，成為全球第二大經濟體。由於中國政府應對本次疫情的措施強力得當，中國國內疫情已經得到初步控制。因此，從 2020 年第二季度起，中國經濟將會觸底反彈。而相比之下，由於國際疫情尚未得到控制，從 2020 年第二季度起，全球經濟增速將會加速下行。一上一下，將會導致中國經濟的國際地位繼續上升。

其次，等到全球金融市場基本平息之後，人民幣資產的吸引力將會突顯，中國可能出現較大規模的短期資本流入，並推動人民幣匯率升值。當前中國 10 年期國債收益率約為 2.6%—2.7%，而美、英 10 年期國債收益率僅為 0.6%—0.7% 上下，歐元區、日本 10 年期國債收益率更是處於零利率邊緣。在正常情況下，如此之大的利差將會吸引大量投資基金流入中國。這就意味着，隨着全球金融市場的恐慌情緒逐漸消退，人民幣資產對外國投資者的吸引力將會重新上升。北上資金將會再度持續流入，而人民幣兌美元匯率有望重新升值。

六　政策建議

政策建議之一，是中國政府應該審慎防範全球金融市場動盪加劇對中國金融市場造成的短期衝擊。一旦全球金融動盪加劇導致中國出現國內資本與外國資本的同時大規模流出，中國政府應該適度收緊對短期資本外流的管理，避免資本大量外流加劇國內資產價格下跌與人民幣匯率貶值。對人民幣兌美元匯率在市場供求作用下的適度貶值，中國政府不必進行干預。但如果全球金融動盪加劇導致人民幣匯率短期內出現大幅超調，中國政府應該入市穩定匯率。

政策建議之二，是中國政府應該通過逆週期宏觀經濟政策來維持中國經濟平穩增長，既要避免經濟增速過快下行，也要避免再次出現「大水漫灌」現象。中國經濟在 2020 年第一季度的同比增速為 −6.8%，2020 年全年的中國經濟增速可能達到 2%—3%，顯著低於 2019 年的 6.1%。

一方面，我們要看到在疫情的負面衝擊下，中國經濟增速向下調整具有必然性與合理性；另一方面，我們也要注意防範經濟增速大幅下行可能造成的就業壓力與系統性金融風險。這就意味着，中國政府應該實施寬鬆的財政政策與貨幣政策來穩定經濟增速。但與此同時，我們也要注意避免宏觀政策「大水漫灌」在中長期內對經濟增長效率與金融風險造成的負面影響。把握好宏觀政策寬鬆的「度」至關重要。2020 年 4 月 17 日召開的中央政治局會議首次提出「六保」，即保居民就業、保基本民生、保市場主體、保糧食能源安全、保產業鏈供應鏈穩定、保基層運轉。「六保」取代「六穩」成為 2020 年中國政府的政策焦點，突顯了中國政府在特殊環境下的底線思維[1]。這同時也意味着宏觀政策「大水漫灌」的概率進一步下降了。

政策建議之三，是中國政府應該加快結構性改革來提高經濟增長效率

1　所謂「六穩」，是指穩就業、穩金融、穩外貿、穩外資、穩投資、穩預期。

以及投資者長期信心。自 2007—2019 年，中國經濟增速已經由 14.2% 下降至 6.1%。導致經濟增速趨勢性下降的原因，既有人口老齡化等結構性因素，也有經濟增長效率下降等因素。因此，中國政府應該通過加快結構性改革來提高經濟增長效率、增強國內外投資者的信心。這些結構性改革包括但不限於：加快以混合所有制改革為代表的國有企業改革、加快土地流轉改革、加快教育醫療養老等服務業部門對國內民間資本的開放、加快更具包容性的城市化、加快新一輪區域經濟一體化建設等。2020 年 4 月 9 日，中共中央、國務院出台了《關於構建更加完善的要素市場化配置體制機制的意見》，提出要推動土地、勞動力、資本、科技、數據等要素的市場化定價、配置與交易。這意味着在未來一段時間內，要素價格市場化與要素自由流動有望成為下一輪中國經濟結構性改革的重要抓手。

新冠肺炎疫情與百年變局

袁　鵬

一　疫情堪比世界大戰，既有國際秩序難以為繼

過去數百年，國際秩序之變往往由一場大戰催生，如歐洲三十年戰爭後的威斯特伐利亞體系，第一次世界大戰後的凡爾賽—華盛頓體系，第二次世界大戰後的雅爾塔體系。當前國際秩序的基本輪廓即主要奠基於第二次世界大戰之後。但歷經 70 餘年，從 1991 年冷戰結束，再經 2001 年「9·11 事件」、2008 年國際金融危機、2016 年特朗普勝選等多輪衝擊，既有秩序已風雨飄搖，雖然四梁八柱尚在，但聯合國作用有限，世界貿易組織（WTO）功能漸失，國際貨幣基金組織（IMF）和世界銀行資金捉襟見肘，世界衛生組織（WHO）權威性不足，全球軍控體系接近崩潰，國際準則屢被踐踏，美國領導能力和意願同步下降，大國合作動力機制紊亂，國際秩序已處坍塌邊緣。

新冠肺炎疫情突發和氾濫，致全球哀鴻一片，鎖國閉關、經濟停擺、股市跌宕、油價慘跌、交流中斷、惡言相向、謠言滿天，其衝擊力和影響力不啻一場世界大戰，既有國際秩序再遭重擊。舊秩序難以為繼，新秩序尚未搭建，這正是世界百年未有之大變局的本質特徵，也是當前國際局勢雲詭波譎的根源所在。

---

*　作者係中國現代國際關係研究院院長、研究員。

　　本文刊於《現代國際關係》2020 年第 5 期。

　　疫情下及疫情後的世界很像第一次世界大戰之後的世界。其時，大英帝國已力不從心，「日不落」已日薄西山，但實力和影響力尚存，不甘放棄領導地位；後興大國美國實現初步崛起，羽翼漸豐、雄心壯志，但軍力和國際影響力不足，難以取代英國；歐洲忙於戰後重建，日俄乘亂謀勢，中國內憂外患，亞非拉等邊緣力量無所適從，國際局勢撲朔迷離，大國力量分化重組。十餘年後，世界陷入「大蕭條」，進而滑向第二次世界大戰。

　　如今，特朗普治下的美國在疫情期間不僅未擔起應有的世界領導責任，反而自私自保，又因政策失誤，成為全球疫情重災區，近兩百萬人感染，十餘萬人死亡，其慘像超過「9‧11事件」，死亡人數超過越南戰爭、伊拉克戰爭、阿富汗戰爭之和，軟硬實力同時受挫，國際影響力大幅下滑。2020年大選將是特朗普「美國優先」與拜登「美國重新領導」兩條路線、兩種理念之爭，但即使拜登獲勝，因內部政治掣肘和外部環境變異，美國想「重新領導」世界也難。但美國如第一次世界大戰後的英國，仍有足夠力量阻止別國取而代之，其對華政策將會更加敏感、強硬、蠻橫，遏制打壓會變本加厲。中美戰略博弈將更加激烈。

　　經此一疫，既有「一超多強」格局也將生變。美國仍是「一超」，但難「獨霸」；中國加速崛起，但面臨趕超瓶頸；歐洲整體實力下滑，未來方向具有不確定性；俄羅斯乘亂謀勢，地位有所提升；印度短板、弊端暴露，崛起勢頭受挫；日本奧運延後，有苦難言。疫後各國將忙於收拾殘局、重定規劃，既期待國際合作，又躑躅猶豫，觀望等待，心態複雜。美國「單極時代」終結，中國尚無力同美國並稱「兩極」，多極化亦變換軌跡更加曲折。中美俄在國際政治中的影響力更加明顯，三邊互動對重塑未來秩序至關重要。歐、日、印的戰略自主一面有所加強。

　　亞非拉等新興力量羣體性崛起勢頭受阻。中東疫情恐情油情疊加，前景更加暗淡，可能陷入「黑暗時代」；拉美既未把握百年變局加速改革發展，也未抓住時間窗口有效應對疫情危機，政治、經濟、社會均呈現亂

象，從 20 世紀末的「中等收入陷阱」滑向「發展方向迷思」；非洲長期依
賴全球貿易和投資，加之公共衛生條件最差，一旦疫情出現暴發式增長，
可能陷入人道主義災難。印度、巴西在美中俄歐間周旋，騎牆姿態明顯。
中國同發展中國家關係整體面臨新考驗。

二　世界經濟全面衰退，離大蕭條只一步之遙

　　經濟基礎決定上層建築，經濟安全是國家安全和國際安全的基礎。
冷戰後，得益於全球化、信息化帶來的互聯互通和總體和平穩定的國際環
境，世界經濟曾經一派繁榮，中國也因之實現崛起。但 2008 年國際金融
危機暴露出美歐經濟的深層問題，揭示出全球化發展的不平衡性。美國擺
脫危機的藥方不是刮骨療傷式結構改革，而是飲鴆止渴、轉嫁矛盾，使
「痼疾」未除，新病再發。奧巴馬、特朗普等非傳統政治人物粉墨登場，
正是美國經濟與政治關係錯位引發社會極化的結果。歐洲債務危機未果，
又遭遇烏克蘭危機、難民危機、英國「脫歐」危機，禍不單行，經濟形勢
始終沒見起色。

　　為「讓美國再次偉大」，特朗普拋棄多邊主義、國際主義、自由貿
易，藉助民粹主義，大行單邊主義、保護主義，挑起中美貿易戰，致全球
化逆轉，自由貿易遇阻。美國經濟、股市靠霸凌和強權逆勢上揚，但根基
不牢，難以持久。世界經濟則陷入整體性低迷，歐洲經濟低位徘徊，俄羅
斯經濟不見起色，連一度被普遍看好的印度經濟也驟然減速失速，中國經
濟開始進入「新常態」。

　　疫情突發使世界經濟雪上加霜。「世界工廠」中國，最具經濟活力的
東亞，全球金融、科技、航空、娛樂中心美歐，均遭重創，亞非拉各大板
塊莫不傷筋動骨。世界主要經濟體 GDP 10%—30%不等的衰退，20%左
右的失業率，均是數十年未見之慘像。世界經濟衰退遠超 2008 年金融危
機，已是國際共識，下一步會否跌入 1929—1933 年式「大蕭條」，則見

仁見智。更可能的情況是介於二者之間，糟於 2008 年，好過 1929 年。1929—1933 年「大蕭條」持續時間長，最終甚至引發第二次世界大戰，經濟體系陷入癱瘓或半癱瘓。目前看，本輪危機導致上述狹義上的「大蕭條」還不至於。但以常規的標準衡量（經濟衰退兩年以上、實際 GDP 負增長超過 10%），陷入一般意義的經濟蕭條則非常可能。這大體取決於兩大因素：一是疫情發展。目前看，疫苗研製還無定數，投入市場至少還需 1—2 年，期間疫情還可能在印度、中東、拉美、非洲次第暴發，中美歐日都存在二次暴發風險，全球供應鏈、產業鏈、需求鏈重新整合遙遙無期。疫情不除，經濟無望。二是國際合作。如果像 2008 年金融危機後 G20 峰會適時啟動，並催生廣泛深度的國際合作，則世界經濟短期恢復並非天方夜譚，畢竟美國金融體系依然堅固，中國經濟韌性異常強大，世界主要經濟體的基本面總體無大礙。但遺憾的是，疫情期間大國合作為競爭對抗所取代，促進經濟發展最寶貴的信心大受衝擊。如果疫後各國仍自行其是，尤其是美國依然大打貿易戰，甚至強制性要求諸如呼吸機等產業回流，形成「現地生產、本地消費」新模式，或無限度對華索賠追責濫訴從而引發國際政治新混亂，則全球貿易將繼續下降，對外投資繼續萎縮，世界經濟的明天只會更糟。如是，大蕭條難以避免，只是表現形式、災難程度和持續長度有所不同而已。

全球化時代，一榮俱榮，一損俱損，各國都在一條船上。唯有祈願對方好，才能自己好；只有同舟共濟，才能共克時堅。G20 視頻峰會是主要經濟體嘗試合作的開端，未來還需要持續的努力。

三 大國關係繼續分化重組，
中美關係的對抗性與牽引力更加突顯

沒有永恆的朋友，只有永恆的利益。大國關係分化重組是國際政治永恆的主題。本輪分化重組以中美關係為牽引，帶動中美俄歐印日各大力量

戰略互動，其結果將深刻影響未來國際格局演變。

疫情之前，中美關係已然生變，美國對華接觸讓位遏制打壓，兩國戰略競爭蓋過戰略合作，經貿摩擦、地緣博弈、涉台港疆藏鬥爭、意識形態對立成為常態，「新冷戰」之聲不絕於耳，「脫鈎」之勢加速演進。新冠肺炎疫情本應成為中美關係的緩衝器、減壓閥或黏合劑，但陰差陽錯，反倒成為加劇中美博弈的變壓器、加速器或催化劑。其中有雙方疫情不同步等偶然原因，但核心因素還是美國對華戰略近年來發生根本性轉變，即美國已經十分明確地將中國定位為主要戰略對手，並動用「全政府」力量和手段對華遏制。除此之外，美國國內政治因素也推波助瀾，為確保贏得連任，特朗普政府急於對華「甩鍋」，轉嫁矛盾，極端勢力迫不及待上下其手，抹黑打壓中國。衝刺大選的民主黨拜登陣營也被迫加入對華示強的競賽表演。可以預見，疫情、選情疊加下的中美關係可能會進一步惡化。美國反華強硬派所期待看到的中美敵對狀態正步步變成現實。

但中美對抗不會演變成冷戰式的兩極對立或陣營對壘。一則因為中美利益交融格局深厚，彼此都無法承受長期對立的代價；二則因為美國同盟體系和西方世界已今非昔比，歐美對華政策不盡同步，西方裂痕因疫情繼續擴大，中歐關係處於歷史最好時期；三則因為中俄關係總體堅固，美拉俄打中的願望難以成真；四則因為日、印總體上仍希望左右逢源，兩頭得利。從這個意義上講，中美不會走向「新冷戰」，也成為不了「兩極」。更可能的前景是，美國加緊構築排華的「小圈子」，在金融、經貿、科技、產業鏈、國際組織等領域「退舊羣」「建新羣」，將中國事實上阻隔排除在外；中國則把「一帶一路」和周邊命運共同體做深做細做實，另闢蹊徑，絕處逢生。由此世界可能形成分別以美中為核心的兩個經濟圈。其與冷戰時期兩大陣營、「兩極對立」最根本的區別是，中美無法做到完全「脫鈎」，競爭中有合作；他國無法完全依賴一方，合縱中需連橫。

在此情形下，中美競爭博弈格局進一步固化，不會因為美國大選結果而有根本改變。美歐日在聯合制華方面有共同利益，但中歐日在挖掘關係潛力方面有巨大動力；美俄走近有策略需求，但中俄合作有戰略驅動；美歐同盟關係基本格局一時難改，但彼此隔閡裂痕會進一步拉大；中日關係逐步緩解，中印關係穩中有憂。美國自毀形象，世界不指望其繼續領導；中國大而未強，一時無法也無意替代美國；俄、歐、印等力量都不具備引領全球事務的能力或意願。國際格局在未來三五年內將呈現「無極」「戰國」「過渡」亂象，大國合作難度明顯加大，中小國家被迫抱團取暖，在各自區域自謀出路的趨勢可能有所加強。

總體看，中國在運籌大國關係方面處於相對有利位置，這既是近年來持續不斷推動中國特色大國外交的努力使然，也是作為戰疫「大後方」為全球不斷提供公共產品的責任擔當贏來的地位。但有利位置不等於戰略優勢，疫情的演變、戰略或策略的運籌、對外交往方式的運用、各國國內政治的變化等，都存變數。一旦美歐疫情發展超出其心理承受極限，已然醞釀、炮製中的對華問責、索賠、施壓聲浪勢必更加高漲，一批長期反華仇共人士必乘勢而上，借疫情大做文章。中國本已木秀於林，此次又率先走出疫情最艱難的時刻，被圍攻追繳的風險不能小覷。這是中國與世界關係數十年未見的新態勢。

四　全球地緣戰略格局進一步變化，亞太地區的中心地位更加明確

自現代國際體系建立和全球化鋪展以來，全球地緣戰略中心在歐亞大陸、大西洋、太平洋地帶輪轉。第二次世界大戰結束以致冷戰終結後一個時期，大西洋地區佔據中心位置，美歐攜經濟、軍事、政治優勢，高呼「歷史終結」，大舉「北約東擴」，呼風喚雨，主導國際秩序。

但自 21 世紀始，尤其是伊拉克戰爭之後，美歐關係日顯疏離，「大西

洋越變越寬」，中國崛起則拉開了世界權勢東移的序幕。由此帶動東北亞復興、東南亞振興、印度崛起，亞太成為世界經濟最活躍的地區。而朝鮮半島、東海、南海、台海地區安全形勢起伏不定，則使亞太同時成為全球潛在軍事衝突的高危區。從奧巴馬的亞太「再平衡」到特朗普的「印太戰略」，戰略重心東移成為美國兩黨的共識和基本國策。受此驅動，俄羅斯「南下」，印度「東傾」，澳大利亞「北上」，日本「西進」，連歐洲也遠道而來，寬闊的太平洋不僅驟然變得擁擠，而且從此更不太平，亞太地區的地緣政治和地緣經濟分量遠非其他地區可比。

新冠肺炎疫情首先大規模在中國和東亞暴發，使亞太地區再度成為全球焦點。而中日韓率先控制疫情，中國、韓國等國防疫卓有成效，樹起全球標杆，則凸現出東亞文化、價值觀、集體主義精神、社會治理模式的獨特性和比較優勢，使亞太之崛起超越一般的經濟意義而具有亞洲文明復興的色彩。在這一背景下，中日韓東亞合作的動力再度趨強，「10+3」機制重被激活，亞太地區的綜合性、複合型優勢更加突顯。

反觀其他區域板塊，莫不黯然失色。曾經自詡進入「後現代」的歐洲，近年來連番遭遇債務危機、難民危機、烏克蘭危機、英國「脫歐」危機衝擊，此次又在疫情危機中暴露短板缺陷，「西方的缺失」成為歷史之問。中東板塊因美國撤軍留下的戰略真空以及俄歐控局有心無力，導致域內各大力量按捺不住，蠢蠢欲動，伊朗、沙特阿拉伯、以色列、土耳其都有大國雄心同時又都難脫穎而出。而國際油價低迷、慘跌甚至一度驚現「負油價現象」，則使中東地區加速進入「黑暗時代」。遠離全球地緣中心的拉美和非洲板塊，疫情之後綜合影響力也一時難以提升。

可以預見，疫後的經濟復甦將更加依賴亞太地區的經濟狀況及供應鏈、產業鏈，國際安全也會因美國「印太戰略」的具體實施而進一步聚焦到這個區域，南海、台海局勢的暴風驟雨已顯徵兆。在中美博弈加劇的背景下，如何更好地經營亞太也即中國的周邊，如何將「一帶一路」首先在亞太地區走深走實，如何應對潛在軍事安全衝突的風險，均是中國對外戰

略在疫後必須面臨的戰略性課題。

五　全球化遭遇逆流漩渦，全球治理面臨空前危機

　　從分散走向整體，既是近現代世界歷史發展的一般規律，也是經濟發展、科技進步的必然結果。地理大發現拉開了從區域化到全球化的序幕，工業革命和科技革命則加速了全球化的進程，資產階級革命以資本和市場的力量摧枯拉朽、打破國界，使全球連成利益攸關的經濟體，社會主義革命則號召「全世界無產者聯合起來」，使思想的力量無遠弗屆。冷戰結束後，信息化時代的來臨則真正使全球互聯互通，人員大流動，經貿大聯通，「地球村」概念應運而生。概而言之，全球化的趨勢如涓涓細流匯成滾滾洪流，已然洶湧澎湃，是不以人的意志為轉移的客觀存在，任何力量都難以阻擋，也阻擋不了。

　　但隨着全球化的縱深發展，一系列新問題、新矛盾、新挑戰相伴而生，也是不爭的事實，這是全球化的另一方面。如，全球化大潮究竟流向何方，終點何在？各國是只追求全球化的進程還是要關心結果？全球經濟一體是否意味着政治也要殊途同歸（如福山所謂「歷史的終結」）？隨着西方自由主義制度和資本主義體制的痼疾暴露，以及中國特色社會主義制度同時呈現出的效率、活力和生命力，自由市場經濟不必然走向西式自由民主，越來越成為西方有識之士的時代之惑，這就意味着經濟全球化同西方戰略界所期盼的政治全球化不會同步。另外，經濟全球化的推進如果不同一國國內政策相協調，必然導致國內發展不平衡和全球發展不平衡，這種不平衡如不加以重視或者沒有結構性改革去修補，對內會導致社會矛盾加劇，對外則助推保護主義、民粹主義、孤立主義、冒險主義。「特朗普現象」的出現，正是美國過去近 20 年未能展開因應全球化和多極化的國家戰略轉型的結果。而特朗普執政後所採取的措施，不是順應全球化的方向進行內外戰略調整，而是以逆全球化的思維做反全球化的動作，諸如貿

易保護主義、「中美脫鉤論」「產業回流論」，等等。其結果，不僅未能根本改變美國國內深層結構性問題，反而導致新的國際緊張。

從全球層面看，經濟、信息、資源的全球化發展理應同步催生相應的全球治理，但事實上全球治理總是雷聲大雨點小，資金、人力、機制遠不敷所需，經濟基礎與上層建築明顯不相稱甚至脫節。在應對金融或經濟危機時，國際貨幣基金組織、世界銀行作用有限，各國央行成為主導性力量或先遣部隊，其結果，各國以爭相採取金融刺激或減稅等財政措施發揮作用，無異揚湯止沸、飲鴆止渴，終會釀成惡果。

新冠肺炎疫情突發和氾濫成災，好比病毒這個「無形的敵人」在以特別的方式警醒世人，本應倒逼各國重新思考和理順全球化的內在邏輯和發展方向，重新認識全球治理的極端重要性，但迄今為止的結果卻差強人意甚至正好相反。以美國為首的一些國家政要，不是積極推進「全球化 2.0」和加強全球治理能力建設，而是怪罪全球化走得太遠太深；不是以疫情的全球氾濫為鏡鑒進而強化領導責任加大全球治理，反而將其視作是全球化之錯進而加速反全球化的政策推進；不是尋求大國合作或國際合作解決醫用物資短缺等問題，而是狹隘地認定相關產業「在地化」「區域化」才是正途，大力推動產業回流；不是痛定思痛加強國際組織的能力，反而落井下石從世界衛生組織撤資，詆毀世界貿易組織的功效和貢獻，令全球治理陷入空前困境。

目前，對全球化的前景做斷言式判斷還為時過早。畢竟，歷經數百年的全球化是歷史大勢，順之者昌，逆之者亡，各國有識之士對此心有感感，少數政客們的逆勢而動好比蚍蜉撼樹；各國面對疫後世界的反思還沒有深刻展開，所謂「脫鉤」「回流」最終知易行難，將遭到歷史的懲罰。在大災大難過後對全球化和全球治理進行大盤點、大反思、大檢討，從而做好準備再出發，才是人間正道。中國倡導人類命運共同體、推進共建「一帶一路」、堅持自由貿易和多邊主義，是尊重歷史、順應時代的正確選擇，應該堅定不移、持之以恆。對於全球治理這個曾經西方心儀而目前

或棄之不顧或有心無力的命題，中國則可以「舊瓶裝新酒」的形式從理論和實踐兩個層面加以充實完善，以此提升國際話語權和影響力。

六 制度、模式、科技之爭越來越成為 國際政治較量的核心

冷戰結束後國際政治一個最突出的變化，是中國的崛起及崛起背後所體現的中國特色社會主義制度的日益成熟和自信；相應的，是西方的式微及資本主義制度的弊端叢生及其主導的自由主義國際制度的破損。冷戰時期美蘇之間的意識形態和兩種制度之爭嬗變為當前中美發展道路和發展模式的較量。美國對華戰略的根本性轉變，不止為因應中美權力變化，更意在遏制中國發展模式對西式自由民主的巨大衝擊。蓬佩奧、納瓦羅、班農、金里奇等美國反華人士念茲在茲、耿耿於懷的，也正是所謂中國制度對美國制度的深刻「挑戰」。美國發起的對華貿易戰一開始即劍指「中國製造 2025」、國企補貼、結構改革等，顯然也是醉翁之意不在貿易本身，而在體制或政治。中美第一階段貿易協議的簽署原本應該成為兩國暫時「休戰」、理性看待各自國情政體的戰略緩衝或時間窗口，不料新冠肺炎疫情瞬間打亂這一節奏。

面對疫情，中國集中領導、統一指揮、協調行動、央地一體、相互幫扶、公共醫療、社區管理、以人為本，迅速控制住疫情，率先復工復產，展現出獨特的制度優勢，同美歐暴露出的黨派對立、自由泛化、政治極化等制度短板形成鮮明對比。西方不願承認制度衰敗或政策失誤，必然加大對中國污名抹黑以掩飾自身不足，比如指責中國「隱瞞疫情」，借抗疫外交「實現地緣戰略野心」，宣揚「意識形態勝利」，等等，正如有西方媒體所言，新冠肺炎疫情正演變為「中國模式與西方模式之間的一場戰略較量」。如是，則是國際政治的大不幸。事實上，各種制度各有優劣，中國既堅決反對將西方制度強加於己，也不會盲目推銷自身制度模式，追求的

是「桃李不言，下自成蹊」，主張各國文明互鑒，世界豐富多彩。

疫情再次顯示科技的力量。中國之所以較快穩定局勢，控制局面，得益於近年來相關科技創新和發展，包括大數據、健康碼、快遞、疫情查詢系統、追蹤數據鏈、電子支付系統、網格化管理等，這些相對西方有比較優勢，勢必刺激西方加大調整。但受制於民意和選舉政治，以及所謂自由、人權的絕對化，其調整將相當困難。反過來，正如已然全面展開的那樣，美國會一面加速科技脫鈎以阻止中國科技發展，一面加大對中國所謂「科技倫理」「數字監控」等方面的指責。高新科技的爭奪和競爭恰如冷戰時期的軍備競賽，成為未來一個時期國際政治的中心議題。

七　中國與世界關係再出發的思考

改革開放 40 餘年甚至新中國成立 70 多年乃至鴉片戰爭以來 160 年，擺在中國人面前一個恆久的話題，就是如何處理同世界的關係。百餘年來，中國既被欺凌遭受屈辱，又奮起抗爭贏得尊重，中外關係的個中滋味，唯有中國人自己才能體會。改革開放的 40 餘年，也恰是中國與世界關係重塑的 40 餘年，其主題是中國「融入世界」，中國崛起實際上是在「同經濟全球化相聯繫而不是相脫離的進程中，獨立自主地建設有中國特色的社會主義」。

隨着中國持續超高速的崛起，以及由此帶來的經濟繁榮、政治自信和戰略主動，中國與世界的關係正發生日新月異的巨變。簡言之，世界已不是原來的世界，正經歷「百年未有之大變局」；中國也不是過去的中國，正處於從「大國」向「強國」的轉進；中國與世界的關係已然彼此交融，深刻聯動，從過去中國單向的「融入」，變成現在雙向的塑造，中國不僅是融入世界，還要「創造性介入」和「建設性引領」，還要接納和擁抱世界反向對中國的融合。黨的十八大以來，中國以合作共贏為思想基礎，以和平發展為戰略選擇，以「一帶一路」為主要抓手，以構建新型國際關係

為階段性目標，以推動建設人類命運共同體為終極追求，五位一體，環環相扣，形成一整套既有歷史繼承性又有時代創新性的國際戰略新框架，中國與世界的關係進入新的歷史階段。

然而就在中國加大對世界的參與、引領同時，美國則選擇「戰略收縮」「美國優先」，中美兩國同世界關係的逆向發展態勢，頗具歷史諷刺意味。其結果，美國不是從歷史的進步視角看待中國與世界關係的變局，而是以戰略警惕的心態揣度中國的意圖，進而採取高壓的動作進行封堵遏制。班農等人甚至將「一帶一路」臆想為中國在糅合西方三大地緣戰略理論，實現全球「地緣戰略野心」。無獨有偶，新冠肺炎疫情發生以來，中國對世界投桃報李式的援助，也被污稱為借疫情「實現地緣戰略目的」。中國與世界關係由此被賦予新的時代內涵，需要一次再出發。

新冠肺炎疫情沒有改變世界處於百年未有之大變局的總體態勢，只是讓大變局來得更快更猛；沒有改變中國與世界關係的基本面貌，只是將其攪動得更複雜更多面；也沒有改變中國仍處於並將長期處於戰略機遇期的基本判斷——畢竟，中國率先走出疫情最艱難時刻，並且開始有計劃復工復產；以「兩會」的召開為標誌，中國既定的戰略布署仍在有序推進——但是，中國把握機遇的難度會變得更大，而風險挑戰也會明顯增多。關鍵在於，在各國深陷疫災，全球共同抗疫的特殊時期，中國在力所能及為世界提供公共產品承擔負責任大國的擔當同時，能不能把自己的事情做好，這既是中國與世界關係再出發的前提，也是中國走向中華民族偉大復興的根本。

再出發要行穩致遠，首先必須回望來路，從而堅定不移地推進新時代的改革開放，對此只能勇往直前不可半途而廢。其次必須整理心情，輕裝上陣。在「第一個一百年」奮鬥目標即將收官之際，應該稍事休整和停頓，總結經驗，汲取教訓，找尋規律，從而為接續衝刺「第二個一百年」創造條件；再次必須解放思想，實事求是，對網絡新媒體時代社會思潮左右衝撞的亂象及時梳理、整頓、引領，沒有思想上的統一認識，「第二個

一百年」再出發必然異常艱難。最後必須擺正發展與安全的關係。此次新冠肺炎疫情暴露出的生物安全問題，以及在總體國家安全觀之下列舉的種種國家安全問題，表明發展需要以安全為保障，否則對外有可能面臨半渡而擊的風險，對內則可能是經濟發展的成就一夜歸零。發展固然是硬道理，但改革開放 40 年後的發展則需要加一個前綴，「安全的發展」才是真正的硬道理。

避免中美關係的「自由落體運動」

鄭永年

新冠病毒疫情不僅對人類的生命構成了巨大的威脅,更毒害着世界上最重要的雙邊關係,即中美關係。實際上,中美關係並非一對簡單的雙邊關係,而是當今世界秩序兩根最重要的支柱。不過,在世界最需要這兩個大國合作,為世界提供領導角色,共同對付新冠肺炎疫情的時候,人們不僅沒有看到兩國間的合作,更是膽戰心驚地目睹着兩國衝突螺旋式上升。

儘管中國國家主席習近平和美國總統特朗普就新冠肺炎疫情的應對和合作,進行了友好的電話交談,特朗普也答應會親自監督落實兩國元首所達成的共識,但現實地說,人們曾經所見的中美關係,也已經一去不復返。

《紐約客》雜誌前駐華記者歐逸文(Evan Osnos)於 2020 年 1 月 6 日發文,引述一名白宮高級官員稱,美中關係正處於「自由落體」狀態。但是今天的中美關係,何止是自由落體所能形容。這個落體不僅沒有任何阻礙力,反而得到了巨大推力,以最快的速度掉向這些年來中美都不想看到的「修昔底德陷阱」。

儘管新冠病毒具有強大的傳染力,但如果抗疫舉措得當,病毒還是可控的。但如果中美衝突失控下去,不僅冷戰頻頻升級,也有可能發生戰爭,沒有人可以預測這會給兩國、給全世界帶來怎樣的災難。更令人悲觀

1　作者係新加坡國立大學東亞研究所教授。
　　本文根據作者原發表於《聯合早報》2020 年 4 月 7 日和 5 月 19 日的文章整理修改而成。

的是，雖然今天人們對新冠病毒越來越恐懼，但似乎也樂意看着中美關係的急速惡化，好像與己無關；另一些人甚至有意無意地推動着這一進程。

美蘇冷戰期間，儘管中美兩國可以互相進行核威懾，但兩國之間在公共衛生領域還是進行了有效的合作，共同推廣天花疫苗接種，最終為人類消滅了天花這種烈性傳染病。今天的中美關係又是如何呢？

今天人們所見到的是，幾乎是政治已經完全取代了政策。儘管兩國都有內部政治，兩國的關係都必然受內部政治的影響，但如果沒有有效的政策來化解政治所造成的問題，兩國政治就會走向最壞的形式，即戰爭。誠如奧地利軍事家克勞塞維茨所言，戰爭是政治的另一種表現形式。

中美關係自建交以來並不是一帆風順的，也遇過很大的困難甚至危機，包括 1989 年政治風波之後美國領導西方對中國的制裁、1996 年的台海危機、1999 年貝爾格萊德中國大使館轟炸事件、2001 年的南海撞機事件等。

不過，以往兩國領導層對中美關係都有一個大局觀念，即在最低程度上維持工作關係，在此基礎上尋找合作。有了這個大局觀，儘管也不時有政治出現，但總會有化解政治所造成的危機的政策。兩國更在 2008 年國際金融危機和 2014 年埃博拉病毒疫情等問題上，達成了重大的合作。

今天，這個大局已經不再存在。特朗普總統在沒有任何科學調查結果之前，就一口咬定新冠病毒來自武漢病毒研究所，並稱病毒為「中國人的病毒」。美國國務院高官也一直稱「武漢病毒」。美國政治人物和政府官員的推責行為，導致美國「以牙還牙」，中國則被稱之為「戰狼式外交」。這種互動方式使得兩國關係更為緊張。

一 當外交官都變成了政治人物

政治替代了政策之後，衝突必然替代外交。今天美國除了少數幾個比較理性的外交官，還做着應當做的外交之外，其他幾乎所有的外交官都變

成了政治人物，並且所有的外交都成為了政治。沒有人在做任何政策，外交政策早已成為過往。

不僅在外交領域，整個社會都是如此。就美國而言，如美國前駐華大使鮑卡斯所說：「所有人都知道正在上演的一切是錯的，但沒有人站出來對此說些什麼……現在在美國，如果誰想說一些關於中國的理性言論，他（她）就會感到恐懼，會害怕自己馬上會被『拉出去砍頭』。」

特朗普可說是當代西方民粹型政治人物崛起的最重要的典型。這些年來，美國反華的政治力量一直處於被動員狀態，也已經充分動員起來了。這次他們利用新冠病毒的機會集聚在一起，終於把中國而非新冠病毒塑造成了美國的敵人。

美國當然也不缺乏比較理性的政治人物，例如民主黨總統候選人拜登，但是在民粹主義崛起的大政治環境下，拜登也只能向硬的方向發展，而非向緩解方向發展。實際上，在中國問題上，特朗普和拜登所進行的只是誰比誰更狠的競爭。

在整個疫情過程中，中國領導人從來沒有就他國的抗疫指手畫腳，而是努力和他國高層保持（至少是）電話溝通。不過，人們也看到，中國也有部分官僚和社會大眾在宣泄情緒，沒有得到有效約束。

人們也目睹着中美高舉民族主義大旗的新一代外交官員的崛起對中美雙邊關係所產生的影響。美國的外交官幫着總統推卸責任給中國，製造着各種推責理論，例如「病毒中國起源論」「中國責任論」和「中國賠償論」等。儘管科學界仍然在努力尋找病毒的根源，但被視為白宮內的「中國通」、副國家安全顧問博明（Matthew Pottinger，又譯為馬修‧波廷格）認為，病毒很可能源自武漢病毒研究所。博明被視為美國中青代對華政策制定者的代表。很顯然，這一代外交家已經和基辛格博士之後的幾代外交家大不相同，他們經常不能把自己的個人情緒和國家利益所需要的理性區分開來。博明很顯然把他過去在中國當記者時不愉快的經歷，發泄在中美關係上。

中美雙方的強硬態度不僅局限於外交領域,而是分佈於更廣泛的領域。美國因為言論自由,對華強硬派的態度一直是公開存在的,但中國現在也有了強硬態度的傾向。中美全面經濟對話中方率頭人劉鶴副總理,5月8日應約與美貿易代表萊特希澤、財政部長姆欽通電話,就雙方落實貿易協議對話。但《環球時報》英文版(5月11日)報道稱,中方有可能廢止第一階段中美貿易協議。儘管中國外交部發言人馬上確認中國會執行這一協議,但這一消息仿佛震撼彈,不僅再次引爆中美激烈角力,而且導致外界開始看淡協議前景。美方強烈反彈。特朗普則表示,對重啟談判「毫無興趣」,又表示「一丁點興趣也沒有。讓我們看看他們是否會遵守自己簽訂的協議」。特朗普也稱,中國想要重新談判,以達成一個對他們更有利的協議。

這一趨勢也表現在《環球時報》總編胡錫進有關中國應當擴核的言論上。儘管這一言論並不代表官方立場,但也引出了美國乃至世界對中國核政策的關切。

兩邊的強硬派都宣稱是在追求各自的國家利益。儘管從表面上看,兩邊強硬派的目標背道而馳,但實際上雙方都在互相強化,互相幫助和支援,促成中美走向公開的衝突。如果中美衝突是他們的既定目標,那麼也罷;但如果這不是他們的既定目標,他們的言行就是和自己的既定目標剛好相反。

更為嚴峻的是,雙方的政治已經擁有了極其深厚的社會基礎,美國出現越來越高漲的民族主義情緒。美國民調機構 YouGov5 月 13 日發佈的一項民意調查發現,超過 2/3 的受訪美國人(69%)認為,中國政府應對病毒的傳播負「一部分」或「很大責任」。這份民調對 1382 名美國成年人進行了調查,發現約一半(51%)受訪者認為,中國政府應對受疫情影響的國家賠償,有 71% 的人認為,中國應該因疫情大流行而受到「懲罰」。

具體來說,有 25% 的人希望禁止中國官員入境美國,32% 的人認為美國應該拒絕為中國所持有的美國國債支付利息,33% 的人希望對中國商

品徵收額外關稅，41%的人則支持國際制裁。這個民調和皮尤（Pew）最近的民調具有一致性；皮尤民調也顯示，2/3 的美國人對中國持負面的認知態度。

二　為何中美關係一去不復返？

那麼，中美關係為什麼會變成這樣？因為無論是圍繞着貿易還是新冠肺炎疫情，兩國間日益惡化的政治氣氛，已經使得本來可以發生的合作可能性驟降。

新冠肺炎疫情暴發以來，中美兩國一直在兩個領域進行着越來越激烈的較量，一是病毒的冠名，二是媒體戰。

首先是病毒冠名之爭。早期人們對新病毒沒有統一的名稱，但在世界衛生組織（WHO）有了統一的名稱之後，各國理應使用 WHO 的標準叫法，美國的政治人物卻沒有這樣做。2020 年 3 月 16 日，中共中央政治局委員楊潔篪在和美國國務卿蓬佩奧的通話中，指責「美國一些政客不斷詆毀中國和中方防控努力，對中國進行污名化」。

楊潔篪說：「疫情發生以來，中方始終本着公開、透明、負責任的態度，及時向世界衛生組織以及包括美國在內的世界各國通報情況、分享信息，開展國際合作，並向一些國家提供力所能及的捐助和支持。」蓬佩奧在電話中表示，對北京官方「把冠狀病毒責任推到美國身上」感到不滿。他強調，「現在不是散佈假信息和怪謠言的時候」，並表示所有國家應該團結起來面對共同威脅。

在美國的一些人包括政治人物毫無道理地把新冠病毒「種族主義化」之後，中美兩國就展開了病毒的冠名權之爭。蓬佩奧一直把病毒稱為「武漢病毒」，儘管中國的抗議聲不斷。特朗普在關於新冠病毒的全國電視講話中，扭扭捏捏地稱病毒為開始於中國的「外國病毒」；但就在楊潔篪和蓬佩奧通話當晚，特朗普在其推特上直呼病毒為「中國病毒」。

　　美國政客的種族主義很快激起了中國社會的憤怒，無論是紙媒還是網絡空間，都充滿了聲討文字。特朗普對此似乎很有準備，接下來，他在各個場合直呼「中國病毒」。特朗普的行為更激起了中國的憤怒，外交系統官員連續反應。就這樣，衝突就螺旋式地往上升。直到中國國家主席習近平和美國總統特朗普通電話之後，有關病毒冠名權的言論戰才有所緩和。

　　另一戰場是媒體。《華爾街日報》發表具有種族主義色彩的污衊中國人的文章，導致中國驅逐該報在華的三名記者。美國跟進限制中國五家媒體在美國的記者數量，並且要把這些中國媒體登記為外國政府代理人。中國自然進行反制，做出驅逐美國幾家主要媒體在華記者，同時限制為美國媒體工作的中方人員的決定。美國也照本宣科地作同樣的反應。衝突的升級也是螺旋式的。

　　不過，無論是病毒的冠名權還是媒體戰，這些可能僅僅是中美間衝突的表像。實際上，雙方都以為自己知道這些衝突背後，對方所具有的真實議程。在美國看來，中國是想利用這次機會在全球範圍內取代美國，從而稱霸全球。在中國看來，美國這樣做是為了遏制和圍堵中國的崛起。很顯然，雙方的這種擔憂並不新鮮，至少從 20 世紀 90 年代就開始了，只不過是借新冠肺炎疫情的機會再次表露出來，並且得到了升級。

　　一些評論員說美國把病毒「種族主義化」，是為了推卸政府抗疫不力的責任。儘管病毒在武漢暴發，但早期美國政府將其視為普通的流感，沒有加以重視，延誤了時機。正如特朗普所言，美國是世界上最發達、最大的經濟體，也有發達的公共衛生體系，對病毒並不擔心，更無須恐懼。

　　儘管如此，美國並沒有有效阻擋住病毒的快速擴散。這對美國政治人物的信心是一個沉重的打擊。不難理解，沒有自信心的人更會找機會把錯誤推給別人，國家也是如此。實際上，直到今天，美國的很多政客都還在熱衷於推卸責任，沒有把心思和精力放在抗疫上。

　　不過，把病毒種族主義化在美國政界並沒有共識。美國國會民主黨人普遍批評特朗普和行政當局對於美國新冠肺炎疫情的應對。民主黨聯邦眾

議員麥戈文（Jim McGovern）表示，他擔心共和黨人在對中國採取調查的做法將引起種族歧視，甚至種族仇恨。馬薩諸塞州參議員沃倫（Elizabeth Warren）也公開叫板特朗普。很多民主黨人也認為，行政當局這樣做是為了推卸責任。

這裏值得注意的是，問題並不是推卸責任那麼簡單。新冠病毒考驗着美國的內政外交，很多方面促成了美國對中國真實而深刻的憂慮，這種真實性和深刻性，是正常時期所不能感受到的。

首先是美國擔憂對中國經濟高度依賴。誰都知道中美兩國經濟的相互依賴性，但誰都沒有對這種高度依賴的後果有過如此深切的感受。正如美國國會眾議院外交事務委員會共和黨議員麥考爾（Michael McCaul）所說：「我確實認為我們要審視我們的供應鏈，我們 80% 的醫療物資供應來自中國。如果我們在這樣的危機時刻還必須依賴中國，當他們威脅我們，說要把我們置身於新冠病毒的地獄，拒絕提供醫療物資給我們，美國就必須重新審視，思考我們能否在美國製造這些產品。」

的確，自 20 世紀 80 年代始的全球化，使美國資本主義高度異化，政府完全失去了經濟主權。在新自由主義旗幟下，美國資本主義為了逐利，把大部分經濟活動遷往海外，包括和人民生命切切相關的醫療物資。當特朗普大談美國擁有世界上最強大的經濟、最好的醫療衛生體制的時候，老百姓需要的只是簡單的口罩、洗手液、防護服、呼吸機等；而正是這些能夠給人民帶來安全的物資，美國已經不再生產或者產能不足了。

這個現實無論是美國的精英還是民眾都是難以接受的。正是因為這個現實，今天的美國出現了「去全球化」就是「去中國化」的論調。但很顯然，這並非是因為中國，而是因為資本主導的全球化，使得經濟利益完全同社會的需要脫離開來。經濟本來是社會的一部分，但經濟脫離社會時，危機便是必然的。

其次是美國憂慮中國體制。中美之爭說到底就是體制之爭。中國的「舉國體制」在抗疫過程中所體現出來的有效性，更加強化了美國精英對

中國體制的擔憂。就美國體制而言，如美國政治學者福山所說，美國這次
抗疫不力並非美國體制之故，美國總統要負更大的責任。如果說美國精英
對美國體制沒有有效的反思，對中國體制的恐懼感則是顯然的。

　　不難發現，在今天美國的內政外交話語中，無論在國會議員還是在國
務院官員當中，「中國」的概念越來越少見，大有被「中共」的概念所取
代的趨勢。強調「中共」而非「中國」，這一變化的背後是美國精英對中
國體制的深刻恐懼。

　　共和黨聯邦參議員霍利（Josh Hawley）和同黨籍的聯邦眾議員斯坦
弗尼克（Elise Stefanik）在參眾兩院分別提出議案，呼籲對在新冠肺炎疫
情暴發初期「中共」隱瞞疫情擴散的情況啟動國際調查，同時要求中國對
受影響的世界各國做出賠償。

　　同時，還有一組跨黨派聯邦眾議員提出另一項議案，把新冠病毒在全
球流行歸因於中國，並呼籲中國公開承認新冠病毒起源於中國。如果意識
到美國精英對中國體制的恐懼，類似的舉動就不難理解，而且這種舉動今
後也會越來越甚。

　　最後是美國憂慮被中國取代。疫情在美國快速擴散，美國自顧不暇。
新冠肺炎疫情把特朗普的「美國中心論」推向一個極端，顯示出美國的自
私性，單邊主義盛行。美國不僅單邊對中國斷航，也對歐洲盟友斷航。新
冠肺炎疫情幾乎斷了美國世界領導力之臂。相反，中國在本土疫情得到控
制之後，開始展現其疫情外交，不僅對發展中國家，而且對美國的歐洲盟
友，甚至對美國提供援助。更使美國擔憂的是，這些國家為了應對危機而
紛紛投向中國的「懷抱」，無條件地接受中國的援助。

　　這種情形是美國所不能接受的，美國擔心新冠肺炎疫情會深刻地弱化
甚至消除美國地緣政治的影響力，而使中國得到一個史無前例的機會來主
導世界地緣政治。還應當指出的是，儘管歐洲國家需要中國的援助，但各
國對中國援助所能產生的地緣政治影響，也保持高度的警惕。

　　在中美兩國關係上，更加糟糕也更加重要的是，今天衝突雙方越來

越具有深厚的社會基礎，尤其是美國內部日益萌生的民族主義情緒。來自美國的各種民調顯示，美國人對中國的好感度已經到了中美建交以來的最低點。中國儘管沒有類似的民調，但從數以億計的網民高漲的不滿情緒來看，中國民眾對美國的好感度也急轉直下。

三 希望在中國這一邊

無可否認，新冠肺炎疫情已經促成中美摩擦的升級。現在越來越多人開始擔心，隨着疫情在美國的繼續擴散、美國政治人物把責任推給中國，反華浪潮在美國的快速崛起，加之被疫情惡化的經濟危機、社會恐懼和美國內部治理危機，中美之間的衝突是否會轉化成為熱戰？人們只能眼睜睜地看着中美關係陷入「修昔底德陷阱」了嗎？

現實地說，如果要阻止中美關係繼續惡化，美國方面已經沒有希望。民族主義和民粹主義的政治大環境，加上選舉政治，在短期內沒有任何條件，促成美國政治人物回歸理性。

希望在中國這一邊。儘管社會和中下層官僚機構中間民族主義情緒有所顯現，但中國畢竟存在着一個強有力的、對時局保持清醒頭腦的領導集團。在遏制戰爭和維持世界和平方面，中國已經不缺能力，所缺失的是信心。

儘管美國是挑釁方，但中國仍然必須像從前那樣，避免官員出現過分情緒化的言論，使外交保持理性、自信。中國也應當相信世界存在着維持和平的力量。如果中國自己的方法得當，美蘇冷戰期間曾經見過的「西方」便不可能再現。也就是說，今天世界上不存在一個團結聯合的「西方」。

美國希望通過「五眼聯盟」（即美國、英國、加拿大、澳大利亞和新西蘭）的情報機構，製造「病毒中國起源論」，但一些成員國的情報機構已經表示不認同。在伊拉克問題上，美國的盟友相信了美國，鑄成大錯。中國不是伊拉克，這些國家沒有任何理由要堅定地站在美國一邊。

　　歐洲也已經不是冷戰期間的歐洲了。儘管在新冠肺炎疫情問題上，歐洲也有國家批評中國的一些做法，但這並不意味着歐洲和美國站在一起。相反，和美國不同，歐洲有其獨立於美國的利益考量，歐洲各國都想和中國確立至少是一種可管理的關係，而不想和中國對立。

　　實際上，美國和其盟友的關係可以說是處於歷史的最低點。這次新冠肺炎疫情危機，沒有一個美國的盟友公開要求美國的幫助和支援，這是美國崛起 100 年以來首次出現的情況。美國在其盟友中的領導能力，已經急速衰落。

　　即使在所謂的「病毒國際調查」問題上，中國有理由可以不接受像澳大利亞那樣持有「有罪推定」態度的國家，但中國並不是沒有可以依靠的力量。各國的科學家共同體是中國可以依靠的力量。迄今沒有一個國家的科學家共同體認定病毒就是起源於中國，更沒有科學家認為病毒是人為製造出來的。

　　從病毒一開始出現，中國的科學家就一直和各國科學家一起關注和研究病毒的起源和擴散。中國更可以在世界衞生組織的構架下，邀請美國和中國雙方都認可的「第三方」來加入調查。中國需要的是一個科學的結論，而不是一個政治化的結論。

　　對中國來說，繼續崛起的道路並不平坦。儘管中美關係惡化，但並不是說中美就注定要以衝突解決兩者之間的問題。如果中國有足夠的信心、智慧和理性，避免中美兩國間的直接衝突，那麼最終達至中美重歸合作也是有可能的。在今天這樣艱難的局勢下，即使對一個偉大的政治家來說，這也是一個很難的選擇問題。

疫情後的歐洲與中歐關係面臨的問題

周　弘

　　COVID-19 是一場百年不遇的人類災難，也是人類社會的一場大危機。這場疫情暴發突然，而且終結無時。疫情對全球的經濟、社會和政治的打擊既取決於疫情延續時間的長短，也取決於疫情防控的力度和方式。歷史證明，危機帶來的「併發症」可以導致人類社會倒退，也可能成為人類社會進步的「催化劑」。中國和歐盟先後經歷了這場疫病的考驗，並正在與疫情進行各種形式的鬥爭，這場考驗和這些經歷會給歐盟和中國帶來哪些積極和消極的變化呢？

一　疫情對歐洲的影響，特別是對歐洲整體走向的影響

對經濟的影響

　　疫情的持續發展給很多歐洲國家的公共衛生系統造成了巨大的壓力。這種壓力自然要影響到經濟的正常運行。在歐盟經濟因疫情而停擺的短短數週內，各成員國的經濟活動下降超過了 1/3，歐盟艱難維持了數年的經濟復甦勢頭戛然而止，並不可避免地轉向衰退。為了應對這種局面，歐洲各國根據疫情的發展變化，隨時評估經濟的走向，討論歐洲經濟「V」形，或「U」形，或「L」形的可能。為了避免經濟「L」形的發展趨勢，

＊　　作者係中國社會科學院學部委員，中國社會科學院國際研究學部主任、研究員。

及時控制住疫情的蔓延成為政策首選，因此多數歐盟國家都採取了強力的干預措施，干預力度之大，為第二次世界大戰結束以來所罕見。

從疫情的嚴重程度及疫情治理來看，歐盟區再次出現了北強南弱的現象，與歐債危機時期暴露出來的問題有相似之處。在大陸歐洲，重災國多是南歐國家。德國雖然確診人數眾多，但致死率並不高。由於德國的衞生系統堅固如磐，所以德國有能力接收來自意大利和法國的重症患者，而這樣做絲毫沒有衝擊德國的醫療體系，就像一位德國教授所說，「這對於我們的體制來說，就相當於在滾燙的石頭上掉了幾滴水珠。」[1]

疫情下德國體制的穩定，對整個歐洲來說是個利好。前些時候，德國五家權威經濟研究所 4 月 8 日預計，德國經濟 2020 年雖然要降低 4.2%，但 2021 年就可以反彈到 5.8%，[2] 說明疫情對德國經濟的衝擊是短期的。歐盟委員會 5 月預測，歐盟整體今年將進入歷史性衰退，預計經濟將萎縮 7.5%，意大利、西班牙、法國等國經濟受到疫情的影響更大。不過，歐盟委員會同時認為，2021 年歐盟經濟將整體出現反彈，雖然反彈的幅度尚未確定。

由於實行社交管控和停工停產，疫情給很多歐盟國家帶來了產業鏈斷裂的風險，對旅遊業、服務業、小企業等的打擊尤為嚴重。為了保證疫情後企業不至於破產，各個國家都不惜代價地動用財政補貼工具，使企業能夠在疫情平穩後迅速恢復生產。由於歐盟國家密切跟蹤疫情對經濟發展的影響，並採取了一系列挽救和刺激經濟的政策，歐盟的經濟衰退和恢復都處於可控狀態。

對社會的影響

歐洲並沒有因為疫情而出現大規模的社會恐慌，民眾的反應開始是

1　來源於 Beate Kohler 教授 4 月 3 日來信。
2　https://finance.sina.com.cn/roll/2020-04-30/doc-iircuyvi0603113.shtml.

大意，後來趨於鎮定。有些民眾開始不適應嚴格的社會隔離措施，但
在政府的強力社會管制和疫情知識普及下，絕大多數民眾配合了政府的
政策。

疫情對於歐洲社會的負面打擊主要體現在就業方面，「併發症」也主
要體現在企業停工停產、僱員面臨失業、小業主失去收入以及服務業受
到致命衝擊等方面。在發達的工業社會，失業對於個人和家庭是致命的風
險，有可能帶來社會體系的崩潰。不同於美國，具有福利國家傳統的歐洲
各國在疫情治理中都為了讓企業和個人渡過難關而採取了強力的財政補貼
措施，歐洲社會雖然在疫情前已經出現兩極分化，但是在疫情衝擊下社會
並沒有進一步分裂，這與國家的補貼和干預政策有關。有的國家補貼業
主，有的補貼個人，特別是窮人。這些做法，歐洲福利國家在應對過往的
危機時也使用過，例如在歐債危機時期德國就實行過半工資制。這次應對
疫情德國也是有條不紊，基本上做到了財政有工具、企業不破產、工人有
飯吃、醫院不擠兌、復產有組織。舉例來說，德國採取疫情治理步驟是系
列性的。

（1）保障對醫療物資和後備人員的調動；

（2）在公共溝通領域裏推行數據使用的標準化和干預措施的標準化；

（3）保證財政資源和金融市場流動性的充足；

（4）在資金準備方面為企業提供信貸、擔保、減稅及補償；

（5）推行企業員工的靈活工作時間；

（6）通過直接津貼穩定勞動者的收入；

（7）安排在家教育、移動辦公等方式，有效地利用隔離時間創造價值；

（8）甚至在必要的時候實行臨時性國有化措施以確保供應鏈暢通等。

上述這些政策措施都有利於降低疫情對社會的衝擊。

對政府和政黨的影響

突發的疫情考驗了各國政府和執政黨的治理能力以及政府與民眾的關

係。因為疫情百年不遇，因此在初期階段，各國政府缺乏經驗和準備，都不同程度地暴露出制度缺陷、利益分歧和治理短板。但突如其來的災難通常又是凝聚民心、改善治理的機遇。歐盟各國政府對疫情最初的回應各有不同，但最終都根據疫情發展的規律，做到了與民眾之間的有效溝通。有些國家的民眾開始不適應「失去自由」的措施，但後來在生命和自由之間還是選擇了支持政府的嚴厲管控措施。意大利 70％－80％的民眾同意政府「封城」「封國」政策，西班牙民眾也最大程度地採取了臨時封閉措施。歐盟各主要國家採取階梯式的「社會隔離」（social distancing）政策，根據疫情的發展動向不斷地調整隔離期限，這些措施受到多數民眾的理解和接受。歐洲國家各主流政黨因為疫情呈現出「戰時場景」，民眾支持率均大幅上升。4 月 2 日的民調顯示：孔特支持率 71％，默克爾支持率 79％（比 3 月初上升了 11 個百分點），馬克龍的支持率也達到了數月以來的最高值 52％。而極端民粹主義政黨的支持率都下降了。民族主權國家作為歐洲的根本制度因為抗擊疫情得到加強，不少民粹黨的支持率反而下降。主流執政黨將民粹的「國家化」訴求變為強有力的實際行動，民粹的陣地反而喪失。

從歐盟層面看

疫情初期階段，歐盟的作用受到了廣泛的質疑。為此，馮德萊恩在電視上公開代表歐盟向全體人民致歉，以表示歐盟的存在。事實上，外界對於歐盟評價的偏頗多來自用主權國家的標準來衡量歐盟，而歐盟並非主權國家。歐盟在公共衞生領域沒有超國家的權能，無權集中並統一調配各國的資源來集中進行歐盟整體的疫情管理。歐盟在疫情初期還曾經強調過「歐洲團結」，沒有關閉通往意大利的邊界，隨着疫情的發展，封鎖邊界、進行各成員國的屬地管理就成為唯一現實主義的選擇。

歐盟雖然「授權有限」，但是在抗疫過程中也並非全無作為。例如，歐盟在中國暴發疫情後，曾從專業的角度向成員國提出要「做好準備」的

預警，但事實證明，很少的成員國真正「做好了準備」。再如，歐盟針對
抗疫物資被扣壓等混亂現象，開啟了抗疫物資的「綠色通道」，公佈了具
體的解禁「歐盟路線圖」，協調「集體退出」，這些對於防護歐洲統一大
市場不受疫情衝擊都是必要的。除此之外，歐盟在 2008 年的國際金融危
機和 2009 年的歐洲債務危機期間進行了治理改革並創建了一些體制機制
工具，例如歐洲穩定機制（ESM）有 800 億歐元現金和 6000 多億歐元資
本，可以用於應急工具，並根據需要和申請劃撥。這使得馮德萊恩有可能
調動 1000 億歐元用於疫情下全歐洲的就業保障。隨着疫情的發展，歐盟
不僅批准了意大利等國的財政刺激計劃，還經過艱難曲折的協調，就歐盟
層面設立大額「恢復基金」，額外發行 1 萬億至 1.5 萬億歐元的債券穩定
歐盟經濟，刺激歐盟復甦達成了初步協議。

　　可以說，倘若沒有 2008—2009 年的歐債危機，沒有歐盟經歷過的數
次嚴重危機，沒有歐元區艱難的財政金融治理及新的體制機制建設，倘若
沒有歐盟體制機制的存在和頑強的堅持，歐洲各國目前的處境會更加困
難。總之，從目前的發展來看，疫情還不會導致歐盟和歐元區的解體。也
就是說，歐盟此前的一體化趨勢並沒有因為疫情而逆轉，在醫療衞生領域
裏的一體化程度甚至有可能加強，在財政一體化方面也將有新的嘗試。歐
盟從來就不乏內部矛盾和紛爭，但是這些矛盾和紛爭尚不足以導致歐盟整
體制度設計的崩盤，疫情過後的歐盟會堅守既往的路線和政策，並繼續向
前推進。

　　歐盟及各成員國疫情治理的一條重要的原則是關注既有體制的適應
性和穩定性。如果醫療資源出現擠兌，社會管理政策就會收緊一點，否則
就放鬆一點，以確保經濟和社會體制不會承受太大壓力。維護體制是歐盟
的「講政治」，這被歐盟高級外交代表博雷利稱為「民主政體的彈性」。
他提出，面對疫情中對歐洲制度的批評，歐洲將「維護歐洲模式」，保護
歐洲的社會和諧、民族國家整體的穩定和歐洲一體化的未來。在這場遠比
2008 年嚴重的危機中，歐洲已經開始謀劃疫情後的世界，強調六大支柱

上的「戰略自主」，[1] 其實就是強化「歐洲中心主義」，這六大支柱包括：

（1）降低對外依賴，不但在公共衞生和健康領域，而且在未來科技和人工智能領域；

（2）防止外部市場行為者控制歐洲的戰略行動；

（3）保護歐洲關鍵的基礎設施，防止網絡攻擊；

（4）保證歐洲的決策自主性絕不會被離岸經濟活動削弱；

（5）擴展歐洲的規範性力量；

（6）在所有的領域裏表現出領導力。

這裏的前四個支柱是要通過強化內部機制，包括轉移產業鏈，限制外部勢力在歐洲的活動，加固歐洲壁壘，後兩個支柱是讓強化了的歐盟及其特有的軟實力，在世界上發揮引領作用。

二　疫情對中歐關係的影響

對歐盟自身能力和特性的判斷之所以重要，是因為我們要了解歐盟對中國的認識、政策及變化，同時認識中國對歐盟關係的重點及方式。受疫情影響，歐盟對華關係在經濟、政治和社會三個方面都會產生影響，這裏做一初步評估。

貿易投資作為中歐關係的「壓艙石」需要予以特別關注

在疫情暴發前，中歐關係總體向好的趨勢中已經出現了一些值得關注的問題：一是歐盟連續配合美國在世界貿易組織（WTO）中提出針對中國的新規則；二是歐盟於 2019 年制定並通過了限制中國企業在歐盟投資的新條例；三是 2019 年春，歐盟委員會在其溝通文件裏提出了中

1　Joseph Borrell, "Post Coronavirus World Here", April 24, 2020, https://eeas.europa.eu/headquarters/headquarters-homepage/78098/post-coronavirus-world-here-already_en.

國和歐盟之間不僅是「合作夥伴」（cooperation partner）和「經濟競爭者」（economic competitor），而且還在推行不同的「治理模式方面」（promoting alternative models of governance）是「制度性對手」（systemic rival）。[1] 在歐盟看來，歐盟和中國之間的經貿合作與競爭不是簡單的利益分成，而是不同治理模式孰優孰劣的問題。

早在疫情暴發以前，歐盟的各個層面，包括智庫和一些國家政府就已經提出了歐洲對中國的「過度依賴」問題。這種要與中國拉開距離，並對中國市場和投資有所制約的態勢是否會因為疫病的暴發而加速，還是逆轉？中國和歐洲之間經過數十年合作而形成的「你中有我、我中有你」的產業鏈和供應鏈是會加強還是削弱？這取決於中國和歐盟自身在疫情中各個領域的發展，也取決於中歐之間在疫情期間的合作和努力。合作的精神、方式和機制有可能在疫病結束後延續發展下去，同時疏離和「脫鈎」的勢力也會因為疫情而得到加強。因此，中國和歐盟在這個領域裏將面臨着複雜的博弈關係。

無可否認，中國對於歐盟來說，仍然是巨大、不斷增長、不可或缺的市場，這種自然的吸引力使得歐盟不僅不能和中國脫鈎，而且還會深入地發展合作共贏關係。這就是為什麼歐盟仍然分外重視並認真地堅持與中國進行投資夥伴協定的談判。歐盟雖然希望保持並擴大在中國的市場，但是卻對中國產品在歐洲市場上的成功格外警惕與牴觸。在疫情期間，有關「過度依賴中國產品而導致普通醫療用品和民生用品短缺」的輿論借「安全」之由大行其道。歐洲經濟要「本土化、全產業鏈化」，要「重組產業鏈」的呼聲越來越高。為了保證供應鏈「安全」而通過行政和司法干預，強行轉移某些產業鏈，這種可能性在歐洲不乏政治需求和輿論支持。對此，中方需要有充分的了解和足夠的準備。從宏觀上來講，大規模的產業

1　"Commission Reviews Relations with China,Proposes 10 Actions", https://ec.europa.eu/commission/presscorner/detail/en/IP_19_1605.

重組是費時耗力且並不經濟實惠的。在中國和歐盟之間，重新強調並堅持市場規則，跨越新的規範障礙，實現更高的競爭力和更高水平的合作對於穩定中歐關係和中歐人民的福祉至關重要。

提高政治合作的層次

2019 年年末，歐盟機構新一屆領導人就職。與歐盟機構和歐盟成員國共同推進中歐關係不僅是中國領導人的希望，也列在歐盟領導人的日程表上。按計劃，中歐之間 2020 年本應當有一系列的高訪，那將是全面梳理中歐關係、增進中歐高層領導人理解互信的時機。但是疫情阻隔了高訪，在中歐關係中起重要作用的首腦外交受到了疫情的一定影響。目前，中國領導人和歐洲領導人頻頻通過網絡視頻和電話進行溝通，但是這種溝通替代不了首腦之間的當面交流。

在受到疫情影響的同時，網絡外交活動異常活躍。雙方網民深度介入中歐之間的交往，表達了各種各樣的意見，這些不同利益、立場、態度和解讀並不能代表主流的外交立場。此外，更有捕風捉影、虛假誇張的信息和評論快速流傳，毒害中國和歐洲人民之間的感情。中歐關係需要權威的引領，形成中歐抗疫合作和共同發展的戰略共識。

疫情衝擊了現有的全球治理體系。美國及一些追隨者不僅不支持團結抗疫，甚至採取了極端不負責任地打壓國際組織、打壓堅決抗疫的中國的立場。國際政治舞台出現了罕見的亂局。在這個緊要的關頭，擱置政治制度差異和意識形態的分歧，相互學習、團結行動，給人類以團結戰勝疫情的信心，這才是國際政治發展的大方向，是大政治。中歐聯手合作抗疫，交流經驗、開展合作、抵制有害輿論、共同防禦疫情帶來的世界經濟風險，減少疫情的社會風險，支持世界衛生組織和其他國際組織的工作，這樣不僅有利於中歐雙邊關係的發展，也有利於全球的抗疫事業和國際多邊主義的實踐。

社會輿論需要引導

最近以來，中歐之間的社會輿論環境出現了一些問題，在很大程度上是認識問題。疫情暴發初期，歐盟方面和歐盟各國對中國抗疫表達了同情和支持，當疫情的震中轉移到歐洲以後，中方也理所當然地予以回報，雙方的醫學科學和專業管理人士之間展開了前所未有的合作。這些合作的合理延展和深入發展應能使中歐關係別開生面。但是「網絡外交」喧賓奪主的現象、錯誤信息乃至謠言的快速傳播，正在誤導中歐關係。一些政治勢力利用錯誤和惡意信息給中歐關係施壓，形成了所謂的「敍事之戰」。歐盟對外事務高級代表博雷利被迫到歐洲議會應詢時表示，這種看不見摸不着的政治病毒就是一種「混成的威脅」（hybrid threat），是有「殺傷力」的。[1]當然，博雷利所指的「殺傷力」主要是擔心「歐洲模式」遭受動搖，但這類「軟刀子」會離間國家關係，在外交上也是有殺傷力的。

中歐之間需要形成一種輿論共識：疫情是人類災難，人類共同的敵人，各國要搞制度合作、求同存異、優勢互補、拉緊合作紐帶。人類迄今獲得的制度進步，無論是歐洲一體化，中國改革開放，還是經濟全球化，都曾經給人類帶來了和平和發展，倒退是沒有出路的。所以要相互尊重各國各地區人民自己選擇的道路和制度，這樣有利於開展國際合作，實現共同發展。

在抗擊疫情方面，中國的作為可圈可點，世界自有公論，而歐盟雖然仍在經歷痛苦的抗疫過程，但是歐盟體制也不會因為疫情而迅速瓦解。無論是中國還是歐盟，都會從疫情中總結經驗和教訓。中國在疫情中堅定了走社會主義道路的信心，加強了政府和人民之間的紐帶，發現並改進了體制中的短板和弱項，提高了執政的合法性，並且在國際公共衛生治理方面

---

1 "Disinformation Around the Coronavirus Pandemic: Opening Statement by the HR/VP Josep Borrell at the European Parliament", https://eeas.europa.eu/headquarters/headquarters-homepag e/78329/disinformation-around-coronavirus-pandemic-opening-statement-hrvp-josep-borrell-european_ en.

提高了話語權。歐盟經過又一次危機的洗禮，也可以從疫情中緩慢復甦，其經濟社會和政治之間的聯繫也重新得到調整。歐盟作為一層治理機制，其權能不是在削弱，而是在一波三折地緩慢加強，歐盟甚至還籌劃在疫情過後的世界起更重要的引領作用。疫情過後的中歐關係不會呈現「中強西弱」的局面，中國需要同一個更強硬的歐盟在世界上很多領域打交道，這是對疫情過後中歐關係的一個基本判斷。

三　歐洲聯盟與世界體系

歐盟雖然會在疫情過後變得更加強硬，但它不是一個主權國家，它的權力不可能像美國、中國、俄羅斯那樣集中。在內外政策方面，歐盟會依據功能領域的不同享有不同的權能，在歐盟內部不僅有各個成員國之間的矛盾與博弈，在各國之間還有不同政黨和不同團體的不同組合。總之，歐盟雖然正在努力「用一個聲音說話」，正在宣示其「戰略自主」，打造能夠和主權大國相制衡的「主權歐洲」，但在現實中，歐洲將永遠是多層次和多樣化的。這個多樣化的歐洲對於未來世界有不同的看法，也會力爭用自己的世界觀改變世界，但是因為其權力構成和能力配置與主權國家不同，其起作用的領域方式和力度也會有所不同。

歐盟關於未來世界的主流觀念或提法

在歐盟主流思想界看來，疫情前的世界體系就已經千瘡百孔了，全球治理體系也出現了許多缺失和弊端。許多關於多邊主義和多極化的討論都是世界力量不對稱和破碎化的表像。與此同時，兩極化的趨勢已經顯現，這是歐盟不願意看到的，因此歐盟要探索改革全球治理的途徑。疫情暴發以後，歐盟經過短期的沉默後，高調宣揚「首先聯合起來」（together first），防止國際政治內向化，提出國際政治需從威斯特伐利亞合約的國家間體制轉向主權國家間的合作體制。

　　那麼在歐盟看來，疫情後合理的全球治理體制應當是怎樣的？歐盟一些人士判斷，疫情在全球的蔓延會加重並加速此前世界體系和全球治理破碎的趨勢，主要表現為：經濟鴻溝加寬、社會分裂加重、民族主義重起、反國際機制的聲浪增高、中美關係緊張化、龐大的移民潮氾濫、國際恐怖主義猖獗、減貧工作更加艱難、全球治理無從啟動等可能性。但是，最大的威脅還是國際政治的內向化和兩極化。美國霸權因疫情而加速衰落，第二次世界大戰後由美國主導建立的世界體系隨之四分五裂。歐洲必須走出美國的保護傘，實現「戰略自主」，與世界上其他力量重新組合成新的治理體系。

　　世界體系的治理者主要由三個層次的力量組成。

　　首先，抗擊 COVID-19 的實踐表明，緊急公共衛生事件仍然並且主要全部是民族國家和次國家的職責。疫情強化了主權國家，而國際體系 75 年的建構並沒有產生出應對這類危機的有效機制。全球治理的多邊機制的合法性受到質疑，除了美國之外的主權國家得到加強。但是主權國家之間缺乏信任，出現「信任缺失性混亂」（trust deficit disorder），所以需要加強更具有約束力的國家間合作。

　　其次，戰後建立的區域組織在疫情中沒有發揮出治理作用，甚至也沒有顯示出有效的調節作用。歐盟作為發展最好的區域組織，起到了一定的協調和監督作用，但這些作用的效率乏善可陳，但是，區域組織在應對未來的危機、緩解疫情對經濟貿易的衝擊等方面尚有繼續加強的空間。

　　最後，國際多邊專業機構（例如 WHO）顯示出了不可或缺性，但授權有限、資源有限、支持有限。因為各國集中了本國的資源用於本國的抗疫，因此疫情過後，聯合國 2030 年可持續發展目標（SDG）、巴黎協定的減排目標等全球議程都會因為缺乏資金而受到影響。疫情後的數字化經濟會加速，但在國際層面上也缺乏這方面的機制建構。

　　如果把全球治理看作上面三個主要層次，即國家、區域和國際組織，那麼 COVID-19 無疑加強了國家的權力，或者說證明了過去數十年中區

域和國際多邊組織建構的「低效率」。但後兩者的建制恰恰是為了彌補或
避免由於國家權力過於集中，國家間博弈過於無常而引起的國際失衡、衝
突甚至戰爭。為了使世界不至於回歸到第二次世界大戰前的局面，需要積
極建構新的多層全球治理體系。

（二）關於未來全球治理的基本思路

在多層結構的全球治理體系中，三層治理主體（即國家、區域和國際
組織）仍然是主要角色，不過在這三層治理主體之間需要有更明確具體的
分工和合作。除了主權國家可以進行資源調動以外，區域組織應當在本區
域內行使民主化程序，並代表本區域在全球扮演居中斡旋的角色。聯合國
系統和世界衛生組織應獲得更加集中化的權威與合法性。COVID-19疫情
的暴發恰恰提供了一個時機，使得在公共衛生領域裏重建國家、區域和全
球層面的分工明確、職責清晰並相互關聯的機制成為可能。

歷史的經驗告訴我們，過強的國家體制會導致羣雄並立和威斯特伐利
亞體系再現，以鄰為壑、結黨營私、弱肉強食將重新成為世界規則，而這
正是世界不穩定甚至走向戰爭的重要原因。要避免歷史倒退，除了加強世
界愛好和平的力量以外，還需要為國際多邊組織賦權。除了在財政上支持
以外，還要樹立這些機構在專業領域裏的權威並使其決策程序更加集中有
效。區域組織要配合國際組織的活動，妥善溝通國際組織與本地區人民的
關係，加強國際合作的合法性。

四 中歐能否共同推動公共衛生領域裏的人類命運共同體

習主席在二十國集團（G20）峰會上說：「重大傳染性疾病是全人類
的敵人。」病毒不認國界、不分種族，它挑戰的是全人類。在這場人與病
毒的大戰中，人類社會的敵人首先不是人類彼此，而是看不見、摸不着，
而又無處不在的病毒。疫情的全球傳播第一次用如此直白的方式證明給全

世界：人類是一個命運共同體。當疫情襲來，單個國家或地區──無論是怎樣的制度安排或組織形式，無論採取怎樣不同的社會標準，甚至也無論是曾經多麼互不相容──都或早或晚被裹挾進這場戰鬥，很難獨善其身。要戰勝疫情，單靠一個國家的努力是遠遠不夠的。中國和歐盟在這個問題上有相同的認識和類似的表述。

在抗疫的過程中，不同國家和地區的政策和策略選擇顯示出該國家或地區的核心指導思想。美國的抗疫不僅受到各種利益集團的挾持，甚至暴露出「物競天擇、適者生存」的放任自由理念。歐洲國家大都具有福利主義傳統，在抗疫的過程中不乏政府的大力干預。中國的抗疫則體現出「以人為本」的指導思想。

中國和歐盟之間，有無可能就抗擊疫情形成命運共同體呢？

首先我們必須承認，中國關於「共同體」的表述及內涵與歐盟有一定差異。習近平提出的人類命運共同體源自中國傳統的「世界大同」理念和現代的社會主義理想，強調人類平等、不同制度之間的和平共處和互利共贏。歐盟的「共同體」理念也可以追述到數百年前的歐洲先哲們，他們的共同體概念的指向是「歐洲統一」[1]。第二次世界大戰結束以後，歐洲將「共同體」理念付諸實施，形成了「煤鋼共同體」「原子能共同體」「經濟共同體」等實體機制。這種共同體結構複雜、規則煩瑣，但都是要「更多的歐洲」，也就是努力向制度趨同方向發展。

中國和歐盟對於「共同體」雖然有不同的表述和理解，但是並不妨礙兩者之間的合作共贏。歐盟不可能期待所有其他國家、地區和組織都能形成如同歐盟一樣的從組織機構到法律制度都整齊劃一的共同體，中國卻可以期待不同國家之間的平等協作、互利共贏成為人類的共享理念。事實上，1985─1995 年，時任歐委會主席的雅克·德洛爾也曾將「共同體」

1　1464 年，波西米亞國王在法國人馬里尼的勸導下，建議波蘭、匈牙利和德國國王共同簽署協議，維護基督教地區的和平與穩定，得到了其他君主的支持，組成基督教區代表大會，根據法規行事，在外來侵略時相互合作。常務會議被稱為「共同體」。

一詞概括為「共同分擔、共同分享」。在疫情尚且肆虐的時候，中國和歐盟可以就如何調動和整合抗疫資源、如何普及知識並實現技術突破、如何開展合作以改善各自的公共衛生治理、如何成立國家間的*互幫互學互鑒*機制、如何支持並加強專業化國際組織、如何保護產業鏈和供應鏈不受疫情衝擊、如何減輕經濟停擺帶來的社會副作用、如何對付虛假消息和謠言氾濫等開展務實的合作。在抗擊疫情的過程中，美國的軟實力和號召力盡失，而作為世界上兩大重要力量的中國和歐盟可以率先踐行人類衛生健康共同體，使人類儘早擺脫疫情的困擾。

新冠肺炎疫情下的美國內政外交與中美關係

倪　峰

2019—2020 年歲末年初，一種新型冠狀病毒（SARS-CoV-2）不期而至，並迅速蔓延為一場百年不遇的全球疫病大流行，波及 200 多個國家和地區，上千萬人感染，五十多萬人喪生，給全球政治經濟社會帶來極其重大的衝擊。病毒對人類的攻擊不分國別、地域、種族、信仰。2020 年 1 月 21 日，美國宣佈發現第一例新型冠狀病毒肺炎（COVID-19）病例，隨後的一個多月裏，只增加了幾十例。3 月，疫情進入暴發階段，從每天幾百、幾千到上萬，美國迅速成為新型冠狀病毒肺炎大流行的「風暴中心」。3 月 26 日，美國確診人數達 8 萬多人，超過中國成為新冠肺炎確診人數最多的國家，而且疫情仍在持續發酵。3 月 29 日，美國防疫小組核心成員、白宮衛生顧問、美國國立衛生研究院（NIH）專家安東尼·福奇（Anthony S. Fauci）在接受美國有線電視新聞網（CNN）採訪時透露，美國預計會有數百萬人感染新冠，其中有 10 萬—20 萬人因此失去生命。[1]

---

* 作者係中國社會科學院美國研究所所長、研究員。
本文部分發表於《世界經濟與政治》2020 年第 4 期。

1 "U.S.Could Face 200, 000 Coronavirus Death, Millions of Cases, Fauci Warns", *The New York Time*, March 29, 2020.

一 疫情衝擊下的美國

這場洶湧的疫病大流行對美國的衝擊是震撼性的，堪比 2001 年「9・11」事件和 2008 年「金融海嘯」的疊加。隨着疫情持續發展，各種各樣的危機還在不斷湧現，深不見底，需要我們去做持續的探究，但是一些重大的影響已經顯而易見。

首先，美國經濟遭遇重創，「特朗普景氣」提前終結，衰退已至，可能陷入深度衰退。疫情對美國經濟的破壞可以用慘烈來形容。以特朗普執政以來最為在意的兩個經濟指標──股市市值和失業率來看，從 2020 年 3 月 9─18 日，美股十天內四次熔斷。3 月 18 日，盤中道指失守 19000 點關口，一度跌近 11%，跌超 2200 點，最低報 18917.46 點，相比 2 月的歷史高點 29568.57 點，跌幅超 10000 點。至此，特朗普就職以來道指的漲幅在盤中被全部抹去[1]。關於失業數據，美國勞工部 3 月 26 日發佈的每週初請失業金人數達 328.3 萬人，這個數據在 2008 年金融危機時期曾達到 69.5 萬的歷史峰值，而目前的數據約為歷史記錄的 5 倍。在初請失業金數據公佈後不久，傑羅姆・鮑威爾（Jerome Powell）表示，美國經濟「可能已陷入衰退」。美國商務部 4 月底的數據顯示，第一季度美實際 GDP 增速為年率 -4.8%，創近十年新低；消費下降 5.26%，是最大的拖累項，且是歷史第四低；美國 4 月失業率大概率創歷史新高，將達到 14%，而美國失業率的歷史高點為 1982 年的 10.8%。[2] 美國第二季度 GDP 增速大概率創歷史新低：由於美國各州的「禁足令」最早在 3 月下旬開始生效，因此對經濟的衝擊主要集中在第二季度。據相關測算，GDP 增速將跌至 -20%，而歷史最低記錄是 -10%。紐聯儲前副主席雷伊・羅森（Rae Rosen）的判斷更為悲觀，她認為有兩種可能性會將美國經濟帶入大

1　2017 年 1 月 20 日，特朗普宣誓就職當天，道指收於 19827 點。

2　美國商務部網站，https://www.bea.gov/data/gdp/gross-domestic-product。

蕭條：一是如果國會只見樹木不見森林，在向個人和公司提供援助和貸款時的態度不夠堅決，或附加太多條件；二是人們無法保持社會距離，因新冠肺炎疫情蔓延導致死亡人數激增，最終出現社會隔離，經濟停滯期延長了幾個月。[1]

其次，美國社會生活開始陷入大面積停擺。與中國的情形不同，美國的疫情形勢已呈現出多點暴發的態勢。截至 4 月 11 日，美國所有的州進入「重大災難狀態」，在美國歷史上實屬首次，絕大多數民眾宅在家中。受疫情暴發的影響，美國航空公司的航班取消量大幅上升。3 月 25 日，當天取消航班 10324 架次，是 3 月 13 日宣佈進入國家公共衛生緊急狀態時的 27.8 倍。在 3 月 7 日至 14 日這一週，酒店入住率下降了 24%。3 月疫情開始在美國擴散後，許多電影公司宣佈推遲電影發行，加上出行減少，美國票房收入進入負增長，3 月 19 日當週的票房收入增速為 –56.2%。餐飲業受新冠肺炎疫情的打擊最大。最早出現疫情的西雅圖從 3 月初開始餐飲就座率就出現大幅滑坡，紐約和波士頓是在全美病例數破千之後餐飲就座率才出現下滑，等到宣佈進入國家緊急狀態後的第四天（3 月 17 日），紐約和波士頓的餐廳就座率降至了 0。不僅社會生活受到嚴重影響，就連美軍的行動也受到了疫情影響。美國有線電視新聞網 3 月 25 日報道，據三名國防官員透露，由於新冠肺炎疫情的蔓延，美國國防部部長馬克·埃斯珀（Mark Esper）已經簽署了一項命令，將所有美國軍隊在海外的行動凍結 60 天。為此，美國人發出感歎，1945 年以後發生過很多次戰爭，沒有一次戰爭讓地球上最繁華的城市變成空城，讓最發達的國家停止一切娛樂，讓最先進的醫療體系陷入崩潰邊緣，讓工廠停工，讓所有人待在家裏。疫情對美國社會、政治、經濟和觀念的影響可能是全方位的，這其中包括：民族主義興起和排外意識上升、社會隔膜加劇、失業

1　雷伊·羅森：《新冠病疫情對美國的經濟的毀壞比 2008 年金融風暴比較嚴重得多！》，《國際金融報》2020 年 3 月 25 日。

潮引發社會動盪、大政府捲土重來、政府成為大型製藥公司、個人主義受到約束、消費主義受到抑制、宗教影響回歸、更加重視家庭生活、社交活動頻度下降、持槍更加成為共識、交往和消費更加依賴數字技術、虛擬現實和遠程醫療興起、更加重視專業主義、電子投票成為主流、國內供應鏈加強、與外部世界的關係日益產生隔膜。

最後，防疫已成為美國政治和政府行動的焦點。在全球衛生安全指數（GHS Index）上，美國得了 83.5 分，居全球第一。美國本應成為準備最充分的國家，然而，在疫情暴發的初期，美國政府的表現粉碎了這一幻象。儘管病毒出現後不久美國就獲得了來自中國的通報，但是美國政府的一系列失誤使得美國一再失去最好的防禦機會。其中包括：在病毒席捲中國的時候，沒有認真對待大流行；檢測試劑盒的製造存在嚴重缺陷，使整個國家對危機視而不見；嚴重缺乏口罩和防護裝置來保護前線的醫生和護士，沒有足夠的呼吸機來確保重病患者的生命。全球疫苗免疫聯盟總裁希思·巴克利（Seth Berkley）表示：「沒有方向、措手不及、懶懶散散且毫不協調，美國處理 COVID-19 危機的失當程度比我採訪過的每個衛生專家所擔心的情況更為糟糕。作為一名美國人，我被嚇到了。」[1]

2020 年 2 月 29 日，美國出現第一個死亡病例，[2] 感染人數開始呈爆炸式增長，資本市場做出強烈反應後，美國政府才對疫情真正重視起來。3 月 13 日，特朗普宣佈美國進入「國家緊急狀態」，向州和大城市提供 500 億美元的援助，同時公佈了應對計劃，解決應對疫病大流行的資金問題、試劑盒不足問題、沒錢檢測及治療問題、病患信息暢通及全國統籌問題、醫生和醫院隔離病牀不夠問題、患病治療或因照顧家人不能上班而沒有收入的問題、低收入家庭無力應對疫情的問題、學生還貸款壓力問題，並商

1　Ed Yong, "How the Pandemic Will End-The U.S.may end up with the worst COVID-19 outbreak in the industrialized world.This is how it's going to play out", *The Atlantic*, March 25, 2020.

2　Ray Sanchez, "This Past Week Signaled a Turning Point in America's Health Emergency", CNN, March 15, 2020.

討推出 100 項措施保護經濟。[1] 至此，美國政府和整個社會才開始真正行動起來。

在疫情大暴發的情景下啟動「緊急狀態」極大地改變了美國政治常規的運行狀態。依據美國的《緊急狀態法》，美國總統至少擁有 136 項緊急權力，包括生產方式調控、向國外派兵、實行國內戒嚴、管制企業運營，甚至可以使用一些極端性武器等。藉此，在美國的聯邦政府體系中，行政分支的權力大幅度擴張，特朗普成為超級總統。

隨着美國進入「戰時狀態」，民主、共和兩黨也一改平日黨爭不斷、相互扯皮的決策低效局面，兩黨以極快的速度在國會推出《新冠病毒援助、救濟與經濟安全法案》（CARES Act），並於 3 月 27 日由特朗普簽署。該法案規模和力度空前，動用資金超過 2 萬億美元。其中既包含了共和黨方面的基本訴求，設立一個 5000 億美元的基金以幫助遭受重創的行業，也照顧到民主黨方面的關切，如為小企業提供 3500 億美元的貸款，提供 2500 億美元的失業救助和 750 億美元的醫院救助，為個人提供最高 1200 美元的現金支付，為已婚夫婦提供 2400 美元的現金支付，為每個孩子提供 500 美元的現金支付。

儘管在應對疫情的舉措上民主、共和兩黨基本形成了一致，但是疫情也使得黨派鬥爭在另外兩個方面趨向白熱化：一是正在進行中的美國大選。疫情暴發前，由於美國經濟出現的「特朗普景氣」，人們普遍看好特朗普的連任前景，然而，隨着疫情大流行，美國經濟遭遇重挫，加上特朗普在疫情爆發初期應對不力，民主黨方面重新燃起了奪回白宮的希望，已經發起了一輪抨擊特朗普一貫輕視防疫、忽視民眾健康並致使美國遭遇如此慘禍的輿論攻勢。例如，3 月 26 日，當美國確診人數上升為全球第一時，希拉里·克林頓（Hillary Clinton）發推特諷刺特朗普「確實做到了美

1　Tom Howell Jr.and Dave Boyer, "Trump Declares National Emergency to Deal with Coronavirus",*The Washington Times*, March 13,2020,https://www.washingtontimes.com/news/2020/mar/13/trump-declares-national-emergency-deal-coronavirus.

國第一」。傾向民主黨的《外交政策》發表了題為《新冠危機是美國歷史上最嚴重的情報失敗》的文章，認為在美國正在暴發的新冠肺炎疫情是「比珍珠港和『9．11』更扎眼的失敗，全是特朗普領導的過錯」「特朗普政府官員做出了一系列的判斷（最大限度地淡化了新冠肺炎疫情的危害）和決定（拒絕採取必要的緊急行動），致使美國人民跌落進本不會進入的險境之中」[1]。總之，疫情大流行及其應對已成為今年選舉中最大的議題，疫情的走勢以及特朗普政府的應對成效將最終決定白宮的歸屬。二是聯邦與州的關係。美國是聯邦制國家，聯邦和州都有制定公共衛生政策的權力。但在實踐中，管理公共衛生主要是州和地方政府的職責範圍。聯邦、州之間不易做到有效的配合，尤其是在兩黨政治極化的大背景下，聯邦與州在應對重大公共安全危機時會出現許多矛盾。在這次疫情中，重災區多為民主黨主政的州，如紐約州、華盛頓州、加利福尼亞州、密歇根州等，於是黨派鬥爭就不斷以聯邦政府與州政府之間的矛盾表現出來。例如，特朗普與紐約州州長安德魯．科莫（Andrew Cuomo）在呼吸機問題上發生嚴重爭執，華盛頓州州長和密歇根州州長批評聯邦政府應對不力並與特朗普公開相互指責，都是這次疫情中另類的風景。

二　疫情背景下美國與世界的關係

進入 21 世紀以來，由於美國遭受「9．11」和金融海嘯等數波巨型衝擊，美國實力損傷嚴重，謀霸的雄心與護霸能力之間的落差越來越大。在此背景下，民粹主義和狹隘民族主義洶湧而起，尤其在藍領白人中產羣體和鄉村白人中間，他們普遍認為華盛頓、華爾街建制派精英長期推行的全球化政策只是讓資本和技術精英獲益，而受到損害的是廣大的中下層、美

1　Micah Zenko, "The Coronavirus is The Worst Intelligence Failure in U.S.History", *Foreign Policy*, March 25, 2020.

國傳統製造業和美國的主權。正是在這波洶湧大潮的推動下，政治素人特朗普在 2016 年當選為美國總統。

　　特朗普執政以來，美國的對外政策出現自第二次世界大戰結束以來最重大的轉向。他奉行所謂的「美國第一」，這一提法實質上是美國國內問題積聚、國際地位變化背景下焦慮情緒的直接體現。其核心含義就是將美國遭遇到的各種問題歸罪於外部世界、歸罪於全球化、歸罪於其他國家佔美國的「便宜」，為此，美國要靠「單打獨鬥」來追求自身利益，以零和思維看待美國與外部世界的關係。為此，特朗普主張減少自由貿易對美國就業的負面影響，減少氣候合作等全球治理機制對美國的限制，減少對盟國的安全承諾。從總體來看，這是一個全面退出的戰略。與此同時，特朗普的國際觀是「霍布斯式」的，認為國際社會就是一個弱肉強食的「叢林」，強調實力原則、大國競爭和不擇手段，他主張增加軍費，建立更強大的軍隊。這些政策主張看似矛盾，但卻表現出特朗普的外交政策更具單邊色彩和破壞性、冒險性。特朗普執政以來，美國一直在承擔國際責任方面後退，退出了《跨太平洋夥伴關係協定》（TPP）、《巴黎氣候協定》《伊核協議》、聯合國教科文組織、萬國郵政聯盟、《中導條約》等眾多國際機制。由於美國的阻撓，世界貿易組織上訴仲裁機構不得不陷入停擺的狀態。另外，美國還故意拖欠聯合國會費，持續壓縮對外援助總額。在處理與世界其他主要國家的關係方面，特朗普政府回歸大國競爭的思路，將中俄兩國視作美國的戰略競爭對手。在中美之間，美國對華髮起史上空前規模的「貿易戰」，在中國台灣、南海、人文交流等各個領域同時發力，強力將中國香港、新疆問題納入中美戰略競爭的軌道，並以印太戰略為抓手，不斷強化對華地緣戰略佈局。美俄在北約東擴、軍控不擴散、烏克蘭、敍利亞、委內瑞拉等問題上博弈加劇。與此同時，特朗普政府以鄰為壑，強化邊境安全，對主要貿易夥伴全面開啟貿易戰，目標國不僅包括中國這樣的競爭對手，還包括美國霸權長期依賴的北約和亞太盟國，逼迫盟友「公平分擔」防務費用。為此，就連西方內部也瀰漫着一種焦慮情緒，

法國總統馬克龍發出驚呼，北約正在經歷「腦死亡」；美國學者米爾斯海默稱，自由主義的國際秩序正在崩潰；2020 年 2 月舉辦的慕安會將會議的主題定為「西方的缺失」。

由於美國外部行為的大幅度轉向，世界正在進入一個日益混亂的時代，冷戰以來關於全球化的樂觀情緒正在消失，逆全球化、民族主義、民粹主義、單邊主義捲土重來，國家間的矛盾在擴展升級，種族間的隔閡在加深加寬，文明衝突的言論甚囂塵上，人類正處於一個充滿不確定性的十字路口。在此時刻，一場新冠肺炎疫情洶湧而至，演化成第二次世界大戰結束以來最為嚴峻的全球公共衛生安全危機，在當今這個全球化的時代，更是沒有一個國家可以身處世外桃源，不受傳染病的威脅和傷害。正如約瑟夫・奈 (Joseph S. Nye) 指出的那樣：「在應對這場跨國威脅時，僅僅考慮美國對其他國家行使權力是不夠的，成功的關鍵是認識到與其他國家一同行使權力的重要性。每個國家都把國家利益放在首位，重要的問題是，對這種利益的定義是廣義還是狹義的。這次新冠肺炎疫情表明，美國未能調整戰略以適應這個新世界。」[1]

疫情期間，美國政府繼續奉行所謂「美國優先」的理念，在有關協調危機應對、物資流動、財政刺激、信息共享等方面，美國幾乎都處於缺席狀態，就連自己也成了疫情的「震中」，不但沒有發揮全球性主導作用，而且以鄰為壑。在疫情暴發初期，美國是第一個向其他國家關閉邊境的國家。隨着疫情的蔓延，美國在限制本國防疫物資出口的同時，還四處攔截搶貨，4 月 3 日，德國之聲報道稱，柏林市政府在中國訂購的一批 FFP2 和 FFP 型口罩遭美國攔截，美國人還在曼谷沒收了一批收貨人為柏林警方的供貨。法國法蘭西島大區主席表示：「美國人出了高價，眼睜睜搶走了我們的貨物。」不僅如此，美國白宮國家貿易委員會主任彼得・納瓦

1　Joseph S. Nye, Jr., "How the World Will Look After the Coronavirus Pandemic", *Foreign Policy*, March 20, 2020.

羅（Peter Navarro）妄稱，在應對新冠肺炎疫情中，美國盟友和中國等戰略對手的行動再次表明，美國在全球公共衛生緊急事件中是孤軍奮戰，美國有必要將基本的藥物生產和供應鏈轉移回國，減少對外依賴，從而保護公民健康以及美國經濟和國家安全。而美國政府「甩鍋」世界衛生組織、暫停繳納世衛組織會費、對其他國家的抗疫努力妄加指責的做法更是遭到全球各國的抨擊。正如奧巴馬時期的亞太事務助理國務卿庫爾特·坎貝爾（Kurt M.Campbell）和耶魯大學學者杜如松（Rush Doshi）3 月在美國《外交事務》雜誌官網發表的一篇文章中所指出的:「過去 70 年，美國作為全球領導者的地位不僅建立在財富和力量之上，同樣重要的是，建立在美國國內治理、提供全球公共物品以及召集和協調全球危機應對的能力和意願所產生的合法性之上。」[1]「新冠疫情正在考驗美國領導力的三大要素。到目前為止，華盛頓未能通過考驗。」[2]「這場流行病放大了特朗普單打獨鬥的本能，暴露出華盛頓在領導全球應對方面是多麼毫無準備。」[3] 他們以蘇伊士運河事件來提醒美國的當權者:「1956 年英國奪取蘇伊士運河的拙劣行動暴露了英國權力的衰落，標誌着英國作為全球大國時代的結束，現在美國決策者應該認識到，如果美國不奮起應對這一時刻，新冠疫情的蔓延可能標誌着另一個『蘇伊士時刻』。」[4]

三　新冠肺炎疫情與中美關係

正當新冠肺炎疫情開始肆虐之際，中美關係剛好走到了一個關鍵的檔

1　Kurt M.Campbell and Rush Doshi, "The Coronavirus Could Reshape Global Order—China Is Maneuvering for International Leadership as United States Falters", *Foreign Affairs*, March 18, 2020, https://www.foreignaffairs.com/articles/china/2020-03-18/coronavirus-could-reshape-global-order.

2　Ibid.

3　Ibid.

4　Ibid.

口。在經歷了長達一年半的「史上空前規模」的貿易戰之後，兩國在 2020 年 1 月 15 日最終達成了第一階段協議，中美關係由急向緩。面對突如其來的嚴重疫情，世人普遍期待，中美這兩個最有影響力的國家能夠拋開成見、攜起手來，像 2008 年共同應對國際金融危機、2014 年共同應對非洲埃博拉疫情，引導全球應對共同威脅，並為世界的發展和協作提供穩定的預期。

然而，儘管疫情洶湧，美國仍有相當多的政客、戰略精英、媒體從大國戰略競爭視角對待中國。一些人甚至把疫情視為抑制中國崛起的機會。美國學者沃特‧拉塞爾‧米德（Walter Russell Mead）在題為《中國是真正的「東亞病夫」》的文章中稱：「中國這個巨型卡車因為某種蝙蝠病毒而止步不前了，儘管中國在控制疫情並重啟經濟，但這個正習慣於認為中國崛起不可阻擋的世界，需要知道沒啥東西，包括中國實力的上升，是被認為理所當然的。」[1] 近期，美國智庫新美國安全中心（CNAS）發表了題為《大國持久戰》的研究報告，報告中建議美國的對華戰略競爭應從「縱向升級向橫向升級演變。」即在核武器等大規模殺傷性武器形成的相互確保摧毀情境中，大國戰略競爭向戰爭這樣縱向升級的可能性下降的背景下，轉向擴大競爭範圍，這其中既包括在太空、網絡、深海等新空間限制對手行動範圍，也包括在輿論、經濟、生物等綜合領域遏制對手發展潛力。[2] 在各種勢力的共同鼓譟下，美國發起了新一輪的對抗，並對中美兩國在抗擊疫情方面開展合作產生了極大干擾。

首先，利用新冠肺炎疫情，抹黑和唱衰中國。一些美國官員和機構不斷發表不負責任的言論。國務卿邁克‧蓬佩奧（Mike Pompeo）稱，新冠肺炎疫情的暴發應歸咎於中國，中國早期應對措施不力，中國並未公開

1 Walter Russell Mead, "China Is the Real Sick Man of Asia", *The Wall Street Journal*, February.2, 2020.

2 Andrew F.Krepinevich, Jr., "Protracted Great-Power War: A Preliminary Assessment", https://www.cnas.org/publications/reports/protracted-great-power-war.

很多信息，致使美國目前處於被動狀態。特朗普甚至將病毒稱之為「中國病毒」。3 月 24 日，美國國會參眾兩院的一些共和黨議員推出決議，呼籲對中國在新冠肺炎疫情暴發初期所謂「隱瞞疫情擴散情況」啟動國際調查，同時要求中國對受影響的世界各國進行賠償。美國媒體也掀起一波攻擊中國的浪潮。《紐約時報》不斷發文指責中國政府控制疫情不力擾亂了國內外民生，唱衰中國經濟會因為疫情遭受嚴重打擊。美國消費者新聞與商業頻道（CNBC）電視台稱由於新冠肺炎疫情，中國的國際形象會在未來日益黯淡。《華爾街日報》稱，由於與中國經濟關係緊密，亞洲和非洲國家將成為重要「受害者」。高盛公司、摩根大通、彭博社等美國機構紛紛下調對中國經濟增速的預測。企業研究所等美國智庫稱，疫情將使中國的地方債務、企業違約風險等問題趨於惡化，人民幣加快貶值，中國經濟或會陷入大規模危機。另外，美方還宣佈驅逐和縮減中方在美媒體記者的人數。在此番政治操弄下，兩國民眾對於對方的觀感進一步走低。蓋洛普 2020 年 3 月初公佈的一份民調顯示，美國民眾對華好感度創下了自 20 世紀 80 年代以來的歷史新低，只有 33%。中國是美國首要敵人的判斷則首次與俄羅斯並駕齊驅，2019 年，美國民眾認為俄羅斯是首要敵人的比例是 32%，中國是 21%。而到了 2020 年，俄羅斯是 23%，中國是 22%。[1]

其次，經貿領域繼續施壓，加速推動中美經濟「脫鈎」。特朗普上台後，以經貿領域為主攻方向開啟了對華戰略競爭，在經歷了長達一年半的「史上空前規模」的貿易戰之後，兩國在 2020 年 1 月 15 日最終達成了第一階段協議，中美關係由急向緩。而疫情蔓延帶來的恐慌情緒為美國政府內的對華鷹派提供了推動與中國進行更徹底「脫鈎」的新依據。據美國媒體披露，以白宮高級顧問納瓦羅為首的鷹派正制定和實施藉助疫情推動美國製造業企業回流的計劃，尤其是減少對中國的依賴。3 月 22 日，特朗

1　Jeffrey M.Jones, "Fewer in U.S.Regard China Favorably or as Leading Economy", https://news.gallup.com/poll/287108/fewer-regard-china-favorably-leading-economy.aspx.

普宣佈啟動《國防生產法》。該法案是美國在 1950 年頒佈的法律，授予總統廣泛的權力去影響事關國家安全的國內工業，總統可以在權限範圍內要求私企為了國家生產必需物資，並且對相關物資的生產提供貸款並直接購買。該法案的啟動為美國政府實施不計成本的強行「脫鈎」提供了制度上的可能性。3 月 27 日，特朗普任命強力主張中美經濟「脫鈎」的納瓦羅為聯邦政府的《國防生產法》協調人。4 月 10 日，美國白宮首席經濟顧問庫德洛向全美呼籲：在中國的美國公司應考慮撤離中國，美國政府提供全部的「搬家」費用支持。與此同時，具體領域的脫鈎行動也在緊鑼密鼓地進行，其中包括：取消中國享有的世界貿易組織（WTO）發展中國家優惠待遇、收緊中國企業赴美上市融資的渠道、運用各種手段打擊華為、強化新興技術出口管制的實施細則、大幅擴大對中國的軍事終端用途或軍事終端用戶的出口管制、強化對中國赴美投資的國家安全審查、加大對中國所謂「網絡竊密」和「經濟間諜」的打擊力度、升級對「違規」參與中國各種人才計劃或與中國科研機構合作的專家學者的打擊力度、以違反美國制裁伊朗和朝鮮的相關法律為由對多家中國的銀行進行次級制裁等。

最後，繼續推進印太戰略，聯印拉台，打造對華戰略競爭地緣政治主平台。印太戰略是美國政府對華戰略競爭的地緣政治佈局，對美國來說，印度在其中的作用舉足經重。2 月 24—25 日，特朗普開啟了上任以來對印度的首次正式訪問，兩國發表了《美印全面的全球戰略夥伴關係願景和原則的聯合聲明》，簽署 30 億美元軍事採購合同。特朗普在印演講時稱，「在當今世界，國家之間存在着重大差別，有的國家通過強權、恐嚇和侵略來攫取權力，而有的國家賦予人民自由和釋放他們努力來追求自己的夢想」，向印度人「暗示」印度與中國的不同。在《聯合聲明》中雙方表示，美印兩國緊密的夥伴關係對維持「印太地區自由、開放、包容、和平與繁

1   毛克疾、童鏡譯：《美國總統特朗普印度艾哈邁德巴德演講實錄》，南亞研究通訊，
    2020 年 2 月 25 日，https://mp.weixin.qq.com/s/6wDTLozTSVPe9ZThmpkFTw。

榮至關重要」，將通過「美印日三邊峰會」「印美外長防長 2+2 部長級會議」和「美印澳日四邊磋商」等機制加強磋商，並強調將和其他合作夥伴共同提高海洋領域意識。

將中國台灣地區納入其中，是美國印太戰略的一個重要特徵。3 月 27日，經參眾兩院高票通過後，特朗普正式簽署《台灣友邦國際保護及加強倡議法》（台北法案），該「法案」聲稱要強化台美關係，包括美國支持台灣鞏固 15 個「邦交國」、與其他國家發展非正式夥伴關係、參與國際活動、推動雙方經濟貿易談判等。這是繼 2018 年通過《與台灣交往法案》，2019 年通過《香港人權與民主法案》和《維吾爾人權政策法案》之後，美國的又一對華重大挑釁行動。與此同時，自 2020 年以來，美艦和軍機繼續在南海、台海地區展開高頻次所謂「自由航行」行動。

在美國政府此番操弄下，中美關係快速滑落。眾所周知，傳染病跨國傳播是人類生存與發展的重大威脅。探索疾病知識、發現治療疾病的藥物以及制定預防和治療方案，本質上都是開放的國際事業。當下，洶湧的疫情在全球瘋狂肆虐，防不勝防，已壓倒了軍事、地緣等傳統安全議題成為全球最重大的公共安全危機，唯有全球各國攜手同心方能應對。回顧中美關係的歷程，兩國在共同應對全球重大公共安全威脅方面曾有過很好的合作，不論是應對恐怖主義、金融風暴還是全球氣候變化，兩國都站在同一戰壕裏，通過合作發揮了全球領導作用，造福兩國，惠及世界。在公共衛生領域，雙方曾通過藉助政府之間、衛生機構之間以及科研學術界等多層次的機制互動，為兩國人民的福祉和全球公共衛生事業做出了重要貢獻。

自 2003 年起，中美兩國政府明顯加強了雙邊在全球衛生領域的合作。「非典」（SARS）疫情在中國消退後，時任美國衛生部部長湯普森訪華並與中國衛生部簽署了合作文件。2004 年，中國出現 H5N1 型禽流感病毒，中國國家流感中心與美國疾控中心首度合作，提升兩國在疫情監控和數據分析方面的能力。2005 年，兩國政府啟動了「新發和再發傳染病合

作計劃」，並於同年創立了中美衛生保健論壇。2009 年，新型 H1N1 流感病毒在美國和墨西哥暴發，並迅速席捲全球。鑒於此前的合作基礎，中美兩國很快實現了信息和技術共享，從而快速推動疫情的國際監測和相關疫苗開發工作。同年 11 月，時任美國總統奧巴馬訪華，在隨後發佈的聯合聲明中，中美兩國承諾「在全球公共衛生問題的預防、監測和報告方面加強合作，其涵蓋範圍包括 H1N1、禽流感、艾滋病、結核病和瘧疾等」。2013 年，新型禽流感病毒 H7N9 在中國出現。中國率先研發出針對該病毒的疫苗，並與全世界分享，從側面促進了美國疾控中心和私人製藥公司的疫苗開發工作。在整個 H7N9 病毒暴發期間，中美兩國的疾控中心共享數據並開展聯合研究，並在全球範圍內分發病毒檢測試劑，獲得了各國政府和科學界的廣泛認同。2014 年，埃博拉病毒在西非爆發。中美兩國迅速啟動醫療援助，並在非洲進行了實地合作。

　　可以這麼說，中美在醫療領域的合作造福兩國、惠及世界，有着巨大的發展空間。隨着疫情的不斷蔓延，已經有越來越多的美國有識之士認識到了中美合作的重要性。《注定一戰：中美能避免修昔底德陷阱嗎？》的作者格雷厄姆·艾利森（Graham Allison）教授發出呼籲：「疫情突顯出一種至關重要的國家利益——若沒有與對方的合作，美國和中國單方面都無法確保這種利益。如果不讓中國參與進來，成為我們的解決方案的一部分，我們就無法在這場抗擊冠狀病毒的戰爭中取得成功。」[1] 3 月 27 日，中美兩國元首在二十國集團（G20）領導人特別峰會之後一天之內實現通話，兩國元首在通話中聚焦當前全球疫情防控合作，對兩國關係不斷下滑具有剎車意義。習近平指出，流行性疾病不分國界和種族，是人類共同的敵人。國際社會只有共同應對，才能戰而勝之。當前，中美關係正處在一個重要關口。中美合則兩利、鬥則俱傷，合作是唯一正確的選擇。希望美

1　Graham Allison and Christopher Li, "In War Against Coronavirus: Is China Foe—or Friend?", https://nationalinterest.org/feature/war-against-coronavirus-china-foe%E2%80%94or-friend-138387.

方在改善中美關係方面採取實質性行動，雙方共同努力，加強抗疫等領域合作，發展不衝突不對抗、相互尊重、合作共贏的關係。[1] 這一論斷為新背景下的中美關係指出了唯一正確的方向。面對百年不遇的全球疫病大流行，全人類命運與共，需要攜手合作共同抗疫。

1　《習近平同美國總統特朗普通電話》，《光明日報》2020 年 3 月 28 日第 1 版。

新冠肺炎疫情衝擊下的世界與中日關係

楊伯江

當前，新型冠狀病毒肺炎（COVID-19）疫情肆虐全球，在中國疫情防控阻擊戰取得重大戰略性成果的同時，歐美國家形勢嚴峻，慘像環生。新冠肺炎疫情發生在「百年未有之大變局」的行進過程中，疫情本身及其衍生變量造成的複合性衝擊遠超預期，給 21 世紀的國際格局、世界經濟、全球治理帶來重大影響，中日關係也將迎來新局。

一　新冠肺炎疫情鑄就新的歷史轉折點

作為全球公共衛生危機，此次新冠肺炎疫情相比其他非傳統安全領域的危機，例如自然災害、金融危機等，具有突發性、無差別性、跨國性、不確定性等明顯特徵。疫情波及範圍廣、治理難度大、損傷程度深、恢復週期長，將造成衝擊世界及區域經濟增長、危及一國國內乃至全球局勢穩定的複合性後果。從時間縱軸看，此次疫情發生在「百年未有之大變局」的行進過程中，很可能成為一個新的歷史轉折點。《世界是平的》一書的作者托馬斯・弗里德曼就提出，從人類面對共同威脅、需要攜手應對這一視角看，2020 年堪稱「人類命運共同體元年」。

---

*　作者係中國社會科學院日本研究所所長、研究員。
本文部分內容曾在《世界經濟與政治》2020 年第 4 期、《世界知識》2020 年第 9 期發表，收入本書時作者做了進一步補充修改。

全球化方向不會逆轉，但節奏範式將有調整

全球化是世界經濟發展、科技進步的必然結果，體現着歷史發展的規律性，大趨勢不會改變，但是，全球範圍內產業鏈供應鏈將面臨重塑。有關國家持續出台相關政策，促使關鍵製造業回歸本土。全球貿易投資規模將出現收縮，世界貿易組織（WTO）已預測 2020 年全球貿易將下滑 13%—32%。[1] 當然從大趨勢看，世界經濟最終還是要服從於市場經濟的合理性和資本的逐利性。

全球化總體上對各方有利。數據表明，近年來美國等發達國家的收入中位數是在持續增加而非減少。從資本的角度看，合作的收益遠大於風險。新冠肺炎疫情下，全球經濟的「斷供」和「斷需」，恰好證明了全球化已是既存現實。疫情防控採取的「隔離」形式，恰恰突顯了各國之間高度「關聯」的現實。疫情不妨可以看作是對全球化的一次測試，它檢測出了需要改進或摒棄的地方。這場考驗得出的結論之一是，各國應通過在衛生和經濟事務上的跨境合作，來應對公共衛生危機。至少在理論上，這將促進全球非傳統安全領域的合作。

不過全球化所帶來的利益在分配上是不均衡的，更關鍵的是，這種「不均衡」發生在世界頭號大國美國身上，這就導致了問題的複雜化。事實上，自 2008 年金融危機以來，「去全球化」現象就已經出現，如全球貿易增長放緩、關稅等貿易保護主義措施抬頭。不過，這些以商品、服務、資本、人員國際流動減少為特徵的「去全球化」，實質上是全球化進程的放緩，而不是方向的逆轉。目前最現實的問題是，全球範圍內供給鏈的重塑勢在必行。有關國家更注重保持「供給冗餘度」，謀求構建更多元化的供給鏈，增加供應鏈的彈性與韌性，避免對偏遠地區供應過度依賴。目前中國集中了全球製造業產能的約 30%，不可避免地成為這一輪調整的重點標的。

1　「世貿組織預測今年全球貿易將縮水 13% 至 32%」，2020 年 5 月 1 日，http://www.xinhuanet.com/fortune/2020-04/08/c_1125830175.htm。

國際關係的區域化發展將提速

病毒的攻擊不分國界，但明顯帶有地域性特點。生產基地與消費市場之間距離越遠、佈局越分散，風險就越大。因此，國際貿易投資將更多考慮地理、地緣性因素。各國海外投資的企業將更傾向於把經營重點放在更靠近本土的地方，這意味着地緣經濟思維將上升。

在這種情況下，區域合作、經濟一體化將加速發展。有國內學者提出，中國要抓住歐美部分產業停擺、經濟衰退的機會，加快「引資補鏈」，在粵港澳大灣區、京津冀、長三角、成渝地區雙城經濟圈等地區重點打造一批空間上高度集聚、上下游緊密協同、供應鏈集約高效、規模達幾千億到上萬億的戰略新興產業鏈集羣。[1] 將產業鏈全部配置在本土範圍，這在中國是可能的，但在國土狹小、人力成本高的日本、韓國有難度，它們只能依託周邊、特別是東北亞地區進行調整。這將提升東北亞地區內貿易比重，促進國家間經濟相互依存度進一步加強。

世界不同區域、國家在此次疫情防控中表現出很大的差異性。歐盟、東亞（東北亞、東南亞）與北美國家的政府及民眾在反應和政策上明顯不同。對疫情的應對反映了一些地區內部的文化共性，譬如，相對於歐美所謂「工具理性」式思維，東亞國家的防控舉措更多體現出「人本化」價值觀念。這些文化共性將成為進一步加強區域合作的社會文化基礎。

大國戰略博弈進一步融合經濟與安全

「後新冠」階段的國際關係，將在疫前形勢發展的延長線上持續演進。就大國關係而言，規則標準依然是大國戰略博弈的焦點。發達國家普遍相信，支持「基於規則的秩序」是實現自身國家利益的最佳國際結構。[2]

1　「黃奇帆：全球的錢湧向中國是大概率事件」，2020 年 4 月 30 日，https://cj.sina.com.cn/articles/view/5217810437/p13701780502700qgvg?from=finance。

2　"Summary of the Building a Sustainable International Order Project"，Dec 19, 2019, https://www.rand.org/content/dam/rand/pubs/research_reports/RR2300/RR2397/RAND_RR2397.pdf.

「後新」階段，伴隨國際局勢的新變化、區域合作的新發展，如何改革或建立有利於自身的規則標準、強化規則運行的環境，將成為大國戰略博弈的焦點。2019 年 1 月達沃斯世界經濟論壇上，日本首相安倍晉三提出全球數據治理這一新概念，呼籲制定數字經濟監管規則，[1] 並在同年 6 月大阪二十國集團峰會上推動了該議題的討論。日本數字經濟起步較早，但發展速度和市場規模相對滯後。數字經濟原本是 WTO 的討論議題，日本明顯要在這一議題上抓住規則制定主導權，引導 WTO 改革方向。不僅是全球數據治理，「後新冠」階段，涉及一系列「高新邊疆」的重要規則標準的制定值得關注。

美歐日對國家安全問題的重視，體現在越來越把它與經濟、科技問題深度融合起來。其結果是高技術領域的國際戰略博弈強度大大提升，軍用民用技術合流，兩用技術增加，研發生產領域「軍民融合」加速。2019 年年底日美主導修訂「瓦森納協定」，使這一集團性出口控制機制增加了對 12 英寸硅片技術出口的限制內容，目標在於快速發展的中國半導體產業。在美國打壓華為的同時，日本也約談中國高科技公司負責人。2019 年歐盟出台外商直接投資審查新規，在涉及高科技、關鍵基礎設施和敏感數據產業領域，對外國投資加強了審查。美國、日本也加強了類似限制手段。不少國家擔心因為外資收購而失去對本國戰略部門的控制，以及在貿易上的基本供應過度依賴外部。這導致他們推出新的政策，以加強自主性，減少對外部的依賴。

二 疫情對中日關係的影響複雜多重

新冠肺炎疫情對世界的衝擊劇烈而深遠，對日本、中日關係的影響是

1　「世界経済フォーラム年次総会　安倍総理スピーチ」，平成 31 年 1 月 23 日，日本首相官邸，https://www.kantei.go.jp/jp/98_abe/statement/2019/0123wef.html［2019-12-19］。

多重、複雜的。這主要是由兩大基本因素造成的。一是直接因素，即疫情衝擊本身的特點造成的。相較於其他非傳統安全危機，全球化條件下傳染病傳播迅速，烈度、深度、廣度都是前所未有的。二是事件發生的宏觀背景在起作用。疫情暴發前世界就已經在經歷迅猛、深刻的變化，日本國家戰略處於轉型關鍵期，中日關係面臨歷史性變革，疫情實際起到了「變中生變」「變上加變」的作用，使既有變化在內涵、方向、力道上出現程度不同的調整。

對日本政治、政局和社會的影響

對日本政治和政局造成較大衝擊。截至目前，日本確認感染病例超過 1.7 萬，排全球第 45 位，病死率約 5.39%，在全球排第 40 位。[1] 日本疫情形勢雖遠沒有美歐國家那麼嚴峻，但日本擁有先進成熟的醫療衛生體系和應急管理體制，政府防疫工作效果卻沒有達到國民預期，所以安倍內閣還是受到了較大衝擊，「政權末期綜合征」可能提前到來。儘管日本朝野政黨一強多弱、自民黨內安倍一騎絕塵的基本格局沒有變化，但自民黨的政黨支持率和安倍政府的內閣支持率雙雙下滑。據朝日新聞社 5 月 23 日—24 日所做的輿論調查，從事製造業和服務業的受訪者，對自民黨的支持率 3 月為 36%，5 月跌至 21%，反映出這兩個疫情影響最大行業的從業人員，對自民党、安倍政府防控舉措的不滿。[2] 安倍內閣支持率同期跌至 32%，創下「森友學園醜聞」以來的第二低點。[3] 安倍黨內權威受到削弱，圍繞疫情應對方案以及「後安倍」時期的權力歸屬，派

1　「『每日更新』新型コロナウイルス国別発生状況まとめ　世界感染者数の推移グラフも」，https://comical-piece.com/korona-virus-number/［2020-06-10］。

2　「安倍內閣、支持率最低で起きた『二つの異変』離れた民意の行き先は？」，https://withnews.jp/article/f0200528007qq000000000000000W0di10101qq000021220A［2020-05-06］。

3　「日経世論調査　內閣支持率 32% に暴落　立憲支持率 14% に急上昇」，https://shitureisimasu.com/41401/［2020-05-06］。

系爭鬥趨於激化。右翼保守勢力消極言論包括涉華消極言論再度上升，也從側面說明安倍對其政治擁躉的控制力下降。相比之下，日本社會總體平穩，沒有出現民粹主義、排外主義高潮，這也再次引起人們對日本「體制之謎」的關注。

對日本經濟造成沉重打擊。疫情暴發前，號稱日本戰後史上最長的景氣週期即所謂「安倍景氣」就已宣告結束，日本經濟開始步入下行通道，2019 年第四季度增長轉正為負。為此，2019 年年底日本政府出台了 26 萬億日元的刺激計劃。疫情背景下，除各國同樣面臨外部環境的惡化外，日本還有兩大特別因素對經濟增長形成嚴重抑制效果。一是 2019 年 10 月提升消費稅至 10%，將持續打壓佔 GDP 60%的國內需求。二是東京奧運會延期，不但使其潛在利好消失，而且前期投入損失慘重。據野村綜合研究所計算，東京奧運會延期將使日本實際 GDP 下降一個百分點。[1]2020 年第一季度，日本經濟增長率為 –3.4%。[2] 內外因素疊加，2020 年日本經濟將格外艱難。4 月 7 日，安倍內閣出台了應對疫情、抗蕭條刺激計劃，規模達到創歷史紀錄的 108.2 萬億日元，約合 1 萬億美元，佔到 GDP 的 20%左右，但從各方面反應看，其長效措施耗時太長，遠水難解近渴，短期效果能否迅速釋放，尚需觀察。4 月 14 日，國際貨幣基金組織（IMF）在最新發佈的《世界經濟展望》報告中預測，日本 2020 年經濟增長率為 –5.2%，[3] 日本國內的預測也與此大致相當。[4]

1　「『東京五輪パラ中止』で実質 GDP1.0 ポイント下振れ　野村が試算」，https://www.sankei.com/economy/news/200226/ecn2002260063-n1.html［2020-05-06］。

2　「2020・2021 年度経済見通し（20 年 5 月）」，https://www.msn.com/ja-jp/news/money/2020%E3%83%BB2021%E5%B9%B4%E5%BA%A6%E7%B5%8C%E6%B8%88%E8%A6%8B%E9%80%9A%E3%81%97%EF%BC%8820%E5%B9%B45%E6%9C%88%EF%BC%89/ar-BB14iARk［2020-06-01］。

3　「IMF の世界経済成長見通し、新型コロナウイルス感染症の影響で大恐慌以来の悪化に」，https://www.jetro.go.jp/biznews/2020/04/b116de1997a6cdba.html［2020-05-09］。

4　『第 205 回日本経済予測（改訂版）』，https://www.dir.co.jp/report/research/economics/outlook/20200608_021589.pdf［2020-06-10］。

對中日關係的影響

中日經濟合作面臨結構性調整，但不會出現系統性萎縮，反而可能形成新亮點。中日之間的各種「鏈」將重新組合，但合作整體規模將繼續保持。上述日本政府出台的 1 萬億美元的刺激計劃中，有約 22 億美元是用於所謂「零部件供應鏈方面的應對措施」，即要把關鍵產業的生產環節從海外特別是中國召回日本國內，以降低供應鏈分散的風險。不過，這種「召回」與美國的對華「脫鈎」性質不同，況且日本企業自有相對獨立的判斷和行為取向，未必與政府一致。這 22 億美元最終很可能花不掉。也會有一些企業離開中國，但用佳能全球戰略研究所總監瀨口清之的話說，現在「主張『脫中國』的都是不懂經濟的人，說要『離開中國』的都是沒有競爭力的企業」。日本貿易振興機構（JETRO）的最新調查表明，在中國華東地區的日本製造企業中，有 86％的受訪企業表示沒有產業轉移計劃，有 7％的受訪企業計劃回到日本，5％的受訪企業考慮還是留在中國，1％－2％的受訪企業有轉移到東盟的意向。同樣，在中國華南地區的日本企業，大約有 9 成的受訪企業表示沒有轉移計劃。[1]總之，疫情衝擊下，國際合作行為體的經濟安全意識、「經濟民族主義」思維會同步上升，但日本（以及韓國）國土縱深不足、人力成本高，產業鏈回撤甚至在國內搞「產業鏈集羣」不是現實選擇。對日本、韓國而言，「本土化」在很大程度上意味着區域化，而這對中日合作、中日韓合作來說意味着機遇。

政治和戰略上，日本對華競爭意識走強，制衡舉措更加多元。對照作為全球挑戰的「四大赤字」，在中日之間各類問題中，「信任赤字」尤其突出，而且長期居高不下。中國戰「疫」初期，中日在民間層面特別是地方

---

1 「日本貿易振興機構上海代表處首席代表小栗道明：日方『供應鏈回遷計劃』未特指中國相關媒體報道有誤解」，經濟觀察網，2020 年 5 月 18 日，http://www.eeo.com.cn/2020/0417/381343.shtml。

友城之間的互動效果良好，[1] 但隨着疫情的擴散，形勢發生變化，日本右翼保守勢力涉華消極言論有所上升。戰「疫」對中日國民感情的改善最終能否產生良性推動作用還需要繼續觀察，但至少「信任赤字」居高不下的局面短期內很難扭轉。除中日之間存在現實爭端即「問題」本身之外，還有一些戰略性因素決定了「信任赤字」的消除無法一蹴而就。其原因，一是來自美國的影響，二是日本自身的考量，「以小事大以智」。2010 年中日經濟總量逆轉，且差距日益拉大，「中大日小」的局面不可能逆轉。在這種情況下，日本更加注重以綜合戰略運籌應對中國加速崛起帶來的複合型壓力。在中美競爭加劇的背景下，日本要在中美之間扮演關鍵變量的角色，這種戰略心態、需求及舉措今後不會減少，而是會持續增加。

如何認知和構建新時代中日關係

2019 年 6 月中日兩國領導人在大阪就「共同致力於構建契合新時代要求的中日關係」達成共識。所謂新時代中日關係「既應是對過去原則立場的忠實遵循，又應是從實際出發、與時俱進的創新發展」。[2] 這裏的新時代，首先應是中國共產黨第十九次全國代表大會所宣示的中國發展的新時代，而「百年未有之大變局」構成其國際層面的內涵。所以，要構建「契合新時代要求的中日關係」，首先意味着契合中國發展的需要，中國處理中日關係需要強化主體意識，強化引領作為。「新時代中日關係」有其時代特色、有新的追求，對其內涵、樣態要做辯證理解，它並不意味着所有問題都得到解決，而有問題又不等於不發展、不合作、不前進。

「新冠後」階段，中日關係仍將處於競合並存的「新常態」，雙方在堅

1　韓東育：《民間外交與文化共享對構築新時代中日關係的意義——對中日攜手抗擊新冠肺炎疫情的若干思考》，《日本學刊》2020 年第 2 期。

2　高洪：《新時代的中日關係：核心內涵、主要途徑》，《日本學刊》2020 年第 1 期。

持多邊主義、主張自由貿易、推動區域合作等多方面存在共同利益，抱持同樣立場，但也存在不少矛盾和分歧。從日本國內政治看，「後安倍」時期，更可能出現弱勢政權，若果如此，日本的政治穩定度、政策連續性恐怕會受到影響。面對複雜局面，中國既要抓緊促進中日合作，也要沉穩應對挑戰，一切應建立在紮實研究、科學研判的基礎上，目標設定要合理，方案要具有可行性，不能以期盼代替研判，以美好願望代替理性分析，只有這樣才能真正實現中日關係的持續穩定健康發展。

三　探索中日合作的多邊路徑面臨機遇

中日合作的潛在亮點還可以從中日韓三邊、從東北亞區域合作中去發掘，這既是中日合作的外溢效果，也是中日深化合作的必由之路。這次新冠肺炎疫情防控檢驗了中日韓長期機制化合作的成效，三邊合作被賦予新動能，走上「必由之路」、追求「外溢效果」正面臨重要機遇期。

三邊合作成效通過疫情防控檢驗

新冠肺炎疫情暴發以來，中日韓特別是中日、中韓之間保持了密切溝通與協調。在專業機構層面，中國疾控中心、日本國立感染症研究所、韓國疾控中心聯合舉辦新冠肺炎疫情防控技術電話會議，就有關確診病例解除隔離和出院標準、限制社交距離措施、社區物資供給方式、抗病毒藥物有效性以及特殊人群防護措施等展開專業交流磋商。政府層面上，2020年3月20日中日韓舉行疫情暴發後的首次部長級會議——外長特別視頻會議，達成了三點重要共識：一是「聯防聯控」。三國同意探討加強聯防聯控，共同遏制疫情跨境傳播，探討制定相互銜接的旅行疫情防控指南。二是「政策協調」。三國同意加強政策溝通，密切協調配合，降低疫情對經貿合作和人員往來的影響，穩定三國產業鏈與供應鏈。三是「交流合作」。三國支持各自衛生、科技、商務等部門加強交流，及時通報疫情信

息，開展藥物疫苗研發合作，就醫療物資進出口保持協調。[1]三國還一致同意儘快舉行衛生部長會議，加強疫情信息分享和交流，共同維護地區公共衛生安全；尋求能為各方所接受的辦法，努力維護與經貿合作有關的必要人員往來；以共同抗擊疫情為契機，不斷增進三國民眾間的友好感情。[2]

　　新冠肺炎疫情是中日韓面對的共同敵人，抗擊疫情合作增進了三國國民之間的共情體驗。尤其是自 2019 年下半年以來持續緊張的日韓關係，此次文在寅政府採取的透明化疫情應對措施罕見地獲得了日本民眾的肯定，日本主流媒體、網絡平台對韓國政府發出了讚譽之聲。例如，《朝日新聞》認為較之安倍內閣基於「強者立場」採取的優先抑制檢測、壓低感染人數等防控措施，韓國「優先徹底檢測，使實際情況可視化」，其所採取的優先貧困者、有重症化風險者的弱者立場，更加值得肯定。《東京新聞》3 月 9 日發表社論，呼籲日中韓加強合作，共同應對新冠肺炎疫情。儘管韓國政府對日本政府採取的限制入境措施表示不滿，並採取了對等反制措施，但韓國民眾並未就此跟進、出現大規模抗議活動。總體看，合作抗擊疫情對日韓關係尤其是緩解兩國社會民眾之間的緊張關係上起到了積極作用。

　　相比世界其他地區，東北亞是此次疫情發生較早而防控措施最得力、最先取得成效的地區。這首先是因為中日韓及時採取了一系列有力舉措，加之三國在疾控領域各具優勢、實力相對深厚：日韓兩國傳染病防控體系健全，公共衛生系統建設處於世界領先水平。日本醫藥科研水平高，人工呼吸器、人體影像技術與醫療機器人等醫療診治儀器處於國際一流地位，而且奉行「健康立國」國際醫療政策，將接收國際病患作為國家政策。韓國在 2015 年、2018 年兩次經歷中東呼吸綜合征（MERS）疫情，抗擊病

1　「2020 年 3 月 20 日外交部發言人耿爽主持例行記者會」，2020 年 3 月 29 日，http://search.fmprc.gov.cn/web/fyrbt_673021/jzhsl_673025/t1758730.shtml。

2　「中日韓舉行新冠肺炎問題特別外長視頻會議」，新華網，2020 年 5 月 6 日，http://www.xinhuanet.com/world/2020-03/20/c_1125743824.htm。

毒傳染經驗豐富。中國體制優勢明顯，動員力、執行力卓越，公共衛生體系日益健全，防控診療能力明顯提高。中日韓疫情防控較快取得積極進展，也與三國在疫情暴發初期及時有效的信息互通、經驗互鑒密不可分。武漢出現疫情後，中國第一時間與日韓分享相關信息和抗擊疫情的經驗，對其後續採取有效措施控制疫情蔓延起到了重要作用。疫情防控中，日韓採取的應對思路、具體舉措不盡相同，但均根據中國提供的信息和經驗，採取了禁止大型集會活動、關閉大型集會場所、要求居家隔離和居家辦公、佩戴口罩及遠離人員密集區等共性措施，有效控制了疫情擴散。

　　通過回溯疫情防控軌跡可以發現，此次中日韓合作能及時啟動、有序展開、迅速奏效，也得益於三國在公共衛生領域的良好合作基礎尤其是制度性合作框架。早在 2006 年 5 月，為降低傳染病蔓延風險，中日韓三國衛生部門在日內瓦簽署《中日韓關於共同應對流感大流行合作意向書》，將共同應對流感確定為優先合作領域，就此正式開啟三國在公共衛生領域的合作。此後，防控人感染禽流感、埃博拉病毒、中東呼吸綜合征等傳染性疾病先後被列為三國合作重要內容。2007 年 4 月，在韓國倡議下，首屆中日韓衛生部長會議在首爾召開，並形成年度對話機制。中國疾控中心、日本國立感染症研究所、韓國疾控中心同步聯合舉辦「中日韓傳染病論壇」，不斷提升三國在傳染病科研技術發展方面的交流合作水平、加強醫療衛生科研領域的技術攻關合作。2015 年 11 月，為預防中東呼吸綜合征蔓延，第八屆中日韓衛生部長會議提出共同應對公共衛生突發緊急事態方案，就加強三國在信息共享、預防和應對傳染病措施等議題達成一致。2019 年 12 月，第十二屆中日韓衛生部長會議就在傳染病防控、人口老齡化應對等領域共享經驗達成共識，續簽《中日韓關於共同防範和應對流感大流行及新發再發傳染病的聯合行動計劃》，再次確認將緊密協作應對傳染病，並就進一步完善緊急狀態下共同行動計劃以及繼續強化信息快速共享、加大地區公共衛生威脅監測及推動應對疫情威脅的能力建設等議題達成一致。

總之，經過十幾年的機制化建設與合作實踐，中日韓在公共衛生領域的合作意識不斷增強、合作經驗不斷積累、相關機制逐步建立，並在實戰中多次得到檢驗、不斷走向完善。到此次疫情暴發之際，三國在突發公共衛生事件防範及應對方面的合作機制已相對成熟，可在第一時間共享疫情信息並採取及時有效的防護措施，長年合作實踐的效果在新冠肺炎疫情的防控過程中得到了充分體現。

攜手防控成果賦能多領域合作

中日韓在合作抗擊疫情方面取得的成果，將為三國擴大深化各領域合作提供新動能。疫情攻擊具有突發性、無差別性和不確定性特徵。面對此類非傳統安全威脅，各國都無法置身事外、獨善其身，共同利益與整體性利益突顯出來。當前，中日韓三國國內疫情已基本可控，都面臨確保國民健康與恢復經濟運行的雙重壓力，需要以更緊密的協同防控做到內防擴散、外防輸入、以更緊密的產業合作應對疫情對區域供應鏈的衝擊及以更緊密的政策對接推進產業合作深化。

首先，中日韓需要進一步探索優化公共衛生安全領域的合作模式，做好三國公共衛生領域特別是突發危機防控領域的長期合作計劃。具體應當包括：其一，建立抗擊疫情專項合作機制，啟動衛生防疫專家網絡會議等協同防控模式；其二，協同強化口岸防控和檢驗檢疫，探索建立三國健康旅行卡，促進三國商務人士旅行的便利化；[1] 其三，加強大數據信息網互通共享，在疫情防控、感染者診斷、臨牀治療和護理方面展開務實合作；其四，加強醫療科研科技合作，在中國第一時間識別出病原體並與世界分享病毒基因序列的基礎上，儘早做到在醫藥科技領域互通有無、優勢互補，在有效藥物和疫苗研發方面展開實質性技術合作，避免重複試驗以節省時

1　「中改院召開『疫情全球大流行下的中日韓產業合作』專家網絡座談會」，中國日報網，2020 年 4 月 4 日，https://caijing.chinadaily.com.cn/a/202004/03/WS5e86ae0aa3107bb6b57aa96a.html。

間和資源成本；其五，展開疫情防控產品研發生產方面的合作，建立聯合研發中心，形成以本地區為基礎的生產供應能力。

其次，中日韓可將經濟產業領域的合作進一步推向深入。較之歐美各國，中日韓可望較早實現對疫情的基本控制，恢復正常生產生活秩序，這一寶貴的時間差為三國爭取戰略主動創造了有利條件。一是面對疫情給中日韓製造業供應鏈帶來的嚴重衝擊，三國可以共同維護製造業供應鏈安全穩定為重點，推動形成三國製造業分工合作新機制。[1] 疫情暴發前，中國、美國、德國、日本及英國佔全球機械設備行業貿易總量的 45%，其中前三者分別是東亞、北美及西歐的區域中樞，而疫情持續蔓延必將給全球企業生產、區域貿易及產業鏈發展帶來影響。在東北亞區域內，中日韓產業鏈關係密切，互為主要貿易夥伴，進出口主要以機電產品、汽車與運輸設備為主，日韓作為半導體產業強國、汽車出口大國，受疫情影響的企業不斷增加，三國原有產業合作分工面臨衝擊。二是加速推進中日韓自由貿易區談判進程，攜手推進《區域全面經濟夥伴關係協定》（RCEP）如期簽署。通過加快在貿易投資、知識產權、可持續發展等領域的談判，降低貿易和投資壁壘，促進貿易投資自由化和便利化，使三國企業從更寬鬆的市場准入中受益，為維護中日韓製造業供應鏈安全暢通提供制度性保障，促進三國及地區經濟儘快復甦並實現穩定增長。

再次，中日韓可將制度化合作進一步拓展到地區事務層面。除公共衛生安全領域外，中日韓在生態治理等多個領域的合作也需要進一步加強。可考慮借鑒 1997 年亞洲金融危機、2008 年國際金融危機後出現的亞洲共同基金構想，協商建立包括公共衛生議題在內的「地區公共危機共同應對機制」，實行常態化運作，以強化區域內非傳統安全領域危機管控合作。這類合作屬於「低政治」非傳統安全範疇，合作敏感度較低、可涵蓋範圍

---

1 「中改院召開『疫情全球大流行下的中日韓產業合作』專家網絡座談會」，中國日報網，2020 年 4 月 4 日，https://caijing.chinadaily.com.cn/a/202004/03/WS5e86ae0aa3107bb6b57aa96a.html。

廣，易於達成一致，也更加惠及普通民眾。近年來諸如韓國中東呼吸綜合征疫情、日本福島核泄漏等跨境公共安全事件頻發，愈加需要跨國的緊密協調與通力合作。着眼未來，環境污染、恐怖主義、信息安全、衞生保健以及人口老齡化等中日韓共同關注的議題都可以納入該機制，使三國通過擴大合作進一步拓展共同利益基礎、增進政治互信。

最後，中日韓還可進一步完善社會保障領域的政策對接。中日兩國2018 年 5 月簽署了《中華人民共和國政府和日本國政府社會保障協定》，相互減免相關企業、人員的社會保障繳費負擔。除日本外，中國還與德國、韓國、法國、盧森堡、塞爾維亞等 11 個國家簽有雙邊社保協定。而按照日本與美國、法國、荷蘭等所簽同類協定的標準，中日還可以考慮將減免醫療保險繳費也納入協定，並將雙邊協議擴大到中日韓三邊，進一步促進三國經貿關係、便利人員往來。這在當前及疫情結束後一個時期內，尤其具有靶向效果。

以中日韓合作帶動區域治理

2019 年中國（大陸）、日本、韓國經濟總量分別居世界第 2、3、12 位，合計突破 21 萬億美元，超過歐盟、逼近美國，佔到整個亞洲的2/3、全球的 1/5 以上，成為「亞洲世紀」的主要推動者。中日韓合作起步於亞洲金融危機後的 1999 年，目前已建立起領導人會議機制、部長級對話機制 21 個，其他協商機制 70 多個，務實合作涵蓋 30 多個領域。三國人員往來每年超過 3000 萬人次，貿易額突破 7000 億美元。經濟體量與在區域內的重要地位決定了中日韓合作已超越三邊，具有重要的地區意義，對東北亞區域治理起到關鍵性推動作用。

區域化發展是冷戰後國際關係的一大趨勢，進入 21 世紀以後，全球至少有 20 個區域組織已具備國際法主體資格、祕書處、委員會和議會等基本區域建制。而中日韓合作實踐儘管已取得長足發展且其中不少已帶有區域治理性質，但截至目前有關東北亞區域治理的學術探討仍嚴重不足。

這反映出中國學界對歐美以外區域與國別研究存在整體缺陷。[1] 新冠肺炎疫情暴發及中日韓合作應對的實踐使這一問題再次突顯出來。從現狀看，區域治理既是中日韓持續深化合作的合理歸結，同時也為各方今後共同應對更多、更嚴峻的挑戰所必需；從地區長遠發展角度看，區域治理則可望成為東北亞地區秩序構建的重要支點。

基於西方歷史經驗和工具理性思維，傳統上地區秩序構建或轉型「在邏輯上導向以均勢秩序與霸權秩序為典型代表的兩種權力秩序形態」，結果導致構建或轉型過程往往伴隨強制、對抗和衝突。[2] 以治理而非權力為導向重塑地區秩序，一方面可以避免傳統模式下常常出現的衝突與對抗；另一方面可以通過合理選擇合作領域，短期內規避「高政治」領域及干擾因素，在次敏感領域先行先試並利用其外溢效應逐漸再滲透到「高政治」領域。從現實看，隨着全球性問題、非傳統安全挑戰的日益增多，「沒有哪個國家能夠獨自應對人類面臨的各種挑戰，也沒有哪個國家能夠退回到自我封閉的孤島」。無論經濟還是安全領域，任何地區都難以單純依賴某一個區域內或區域外強國，而是需要建立多邊機制有效應對挑戰。

中日韓機制化合作的長期積累，為區域治理合作提供了深厚基礎以及拓展深化的廣闊空間。中日韓三國比鄰而居，同處一個地緣生態系統，相互關聯緊密、合作需求巨大。但傳統上，東北亞更多以大國權力鬥爭、地緣政治博弈著稱，朝鮮半島被稱為「冷戰的活化石」。所幸的是，新冠肺炎疫情反向激發的合作治理動能，存在於中日韓之間，也同樣存在於東北亞區域之中。對照區域連結（regional connectivity）、區域建制（regional institutionalization）等有關區域治理的關鍵變量[3]，東北亞已開始具備推動

1　楊伯江：《關於區域國別研究的一點思考》，《日本研究所科研交流簡報》2019 年第 40 期，http://ijs.cass.cn/xsdt/xsjl/202001/t20200102_5069988.shtml。

2　劉雪蓮、李曉霞：《東亞未來秩序：以權力為主導還是以治理為主導》，《社會科學戰線》2019 年第 1 期，第 208–218 頁。

3　張雲：《國際關係中的區域治理：理論建構與比較分析》，《中國社會科學》2019 年第 7 期，第 186–203 頁。

區域建制、啟動治理合作的基本條件。相較於歐盟和北美自貿區，東北亞區域內貿易比重偏低，這與其說是中日韓產業結構關聯性不強，毋寧說是經濟合理性以外因素所致。2019 年日韓爆發貿易爭端，兩國相互制裁，造成雙輸結局，從反面說明了這種緊密關聯的客觀存在。此次新冠肺炎疫情造成的衝擊，又為這種緊密關聯進一步合理化提供了調整契機。

　　東北亞區域治理應當遵循自己的特色路徑。國際學界關於區域治理的研究迄今多以歐洲一體化進程與歐盟治理為垯本，但「歐洲中心主義」並不具有普遍性。從東亞地區的特性來看，無論是歷史上的「朝貢體系」還是現實中的國家關係結構，都有別於西方以權力為主導的歷史經驗和思維模式；從冷戰後的現實來看，東亞地區也沒有複製曾在歐洲盛行的多極均勢秩序。東亞地區歷史傳統與現實需求與西方世界的突出差異，使東亞地區秩序建構與轉型的理念和路徑應該植根於自身的歷史進程和地區特性。[1] 中日韓在此次疫情防控過程中就表現出某些文化共性，如明顯有別於歐美「工具理性思維」的價值取向，也可為東北亞區域治理的路徑設計提供參考。馬里蘭大學教授米歇爾·蓋爾芬德指出，「病毒的發展軌跡不僅同冠狀病毒的性質有關，而且也同文化有關」，面對公共衛生危機，中國那樣的「緊密型社會」比美國這樣的「鬆散型社會」更能做出有效回應。[2]

　　概括而言，中日韓需要利用好與歐美防控疫情之間的「時間差」，主動優化分工合作、攜手維護製造業供給鏈安全穩定與深化拓展各領域合作；同時，三國應超越抗擊疫情合作，從非傳統安全領域入手推動區域治理取得進展，以區域治理為切入點推動實現東北亞秩序轉型。以中日韓合作促進區域治理、以區域治理為切入點重塑東北亞地區秩序，可從以下三

1　劉雪蓮、李曉霞：《東亞未來秩序：以權力為主導還是以治理為主導》，《社會科學戰線》2019 年第 1 期，第 208−218 頁。

2　「托馬斯·弗里德曼：世界正面臨新的紀年法，新冠元年前和新冠元年後」，觀察者網，2020 年 5 月 6 日，https://www.guancha.cn/TuoMaSi-FuLiDeMan/2020_03_21_542841_s.shtml。

個方面着手：一是借鑒東盟經驗，奉行「柔性的多邊協調主義」原則；二是堅持「優化存量、改善變量」的基本思路；[1] 三是探索由淺入深、循序漸進的實際操作路徑。在坦誠面對現實、有效管控分歧以及推動問題朝着妥善解決方向發展的同時，豐富「百年未有之大變局」下地區國際關係的觀察角度，從非傳統安全領域入手，逐個機制、逐個基金、逐個項目地紮實推進。

1　楊伯江：《中日關係如何行穩致遠，實現可持續發展》，楊伯江主編：《「全球變局下的中日關係：務實合作與前景展望」國際學術研討會文集》，世界知識出版社 2020 年版。

疫情後的非洲和中非關係

李新烽　　張春宇

2020 年 3 月中旬，疫情開始在非洲蔓延。疫情給非洲經濟帶來了巨大的負面影響，但並未改變非洲經濟長期向好的走勢；疫情後，中非經貿合作有望打造新亮點，提升新高度。疫情加大了非洲局部地區社會動盪的風險，但並未改變非洲總體安全局勢日益穩定的趨勢；疫情後，中非安全領域合作有望形成新局面，取得新突破。近年來，中國在非洲的國際合作環境日趨複雜，疫情後，這一局面仍將持續，但中國已成為非方最重要的國際合作夥伴，非洲國家在發展道路選擇上「向發展看」，有利於中非合作關係的進一步鞏固。

一　疫情後的非洲經濟

疫情給非洲經濟增長帶來了嚴重負面影響

2020 年全球蔓延的新冠肺炎疫情給世界經濟帶來了巨大負面衝擊，全球經濟衰退已成定局。目前，疫情仍在非洲蔓延，據非洲疾病預防控制中心數據，截至 2020 年 6 月 13 日，非洲累計確診病例已超過 21.8 萬例。由於非洲缺乏大規模檢測病毒的能力，實際感染人數可能更多。鑒於非洲人口流動性強，社會治理能力較弱，醫療衛生條件較差，下一步非洲

---

*　　作者李新烽係中國非洲研究院常務副院長，中國社會科學院西亞非洲研究所所長、研究員。作者張春宇係中國非洲研究院助理研究員。

疫情控制並不樂觀。世界衛生組織此前發佈警告稱，擁有 13 億人口且集中最多發展中國家的非洲大陸可能成為新冠肺炎疫情大流行的下一個「震中」；如不考慮公共衛生措施實施的情況，非洲大約將會有超過一千萬人口在接下來的 3 到 6 個月內被感染。[1] 「肯尼亞內羅畢大學教授埃瓦里斯圖斯‧伊蘭度認為，非洲脆弱的衛生系統難以為疫情防控乃至後續病患救治提供足夠支撐。即便顯著提升病毒檢測能力，實現百萬級以上規模檢測，對貧困且資源匱乏的非洲而言，疫情防治還是極其艱巨的任務。[2]

據聯合國非洲經濟委員會預計，疫情將使 2020 年非洲經濟增速預期由此前的 3.2% 下降至 1.8%。[3] 隨着疫情繼續蔓延，對非洲經濟增速的預期將進一步降低。疫情對非洲經濟的影響體現在方方面面。疫情導致的全球商品和服務需求下降直接降低了非洲出口。非洲經濟對出口依賴嚴重，且出口商品以能源、礦產、農產品等原材料和初級產品為主，2015—2019 年，非洲年均貿易額 7600 億美元，佔 GDP 的 29%，這使得非洲經濟對外部衝擊和決策變化十分敏感。此次疫情導致世界貿易暫時中止，非洲主要貿易夥伴歐盟、中國和美國等從非洲進口需求減少；疊加地緣政治爭端導致的國際原油價格暴跌的影響，非洲出口大幅下滑。據非經委估計，2020 年非洲燃料出口收入預計減少約 1010 億美元，非洲石油出口國的收入損失將多達 650 億美元。[4] 疫情還對非洲旅遊業和航空運輸業產生了嚴重影響，而這兩個行業是許多非洲國家經濟活動的重要產業，外匯收入的重要來源。據世界旅行及旅遊理事會數據，2018 年非洲旅遊業增長 5.6%，

1　世衛組織：非洲恐成為下一個疫情中心」，非洲僑網，2020 年 4 月 18 日，http://www.qiaowang.org/cn/shss/wlrw/12373.html。

2　「特稿：SOS！新冠疫情『非洲保衛戰』須提前打響」，新華網，2020 年 4 月 27 日，http://www.xinhuanet.com/world/2020-04/27/c_1125911192.htm。

3　UNECA, "Economic Effects of the COVID-19 on Africa", https://www.uneca.org/sites/default/files/uploaded-documents/stories/eca_analysis_-_covid-19_macroeconomiceffects.pdf, 2020-03-13.

4　「聯合國：非洲今年經濟增速可能降至 2%」，新華網，2020 年 3 月 14 日，http://www.xinhuanet.com/world/2020-03/14/c_1125713487.htm。

對 GDP 的貢獻率達 8.5%[1]，有 15 個國家旅遊業收入佔 GDP 的 10% 以上，疫情將導致 2020 年國際遊客人數下降 20%—30%。[2] 2019 年，非洲航空運輸業產值 558 億美元，佔 GDP 的 2.6%，提供了 620 萬個就業崗位；疫情暴發後，非洲大陸遊客人數驟減，多家航空公司航班停飛，據國際航空運輸協會數據，非洲的國際預訂量在 3 月和 4 月下降了約 20%，預計非洲航空公司 2020 年的客運收入將損失 60 億美元[3]。雖然疫情導致非洲航空公司停飛，但購置飛機的債務仍需償還，肯尼亞、摩洛哥、盧旺達等國航空公司都在此方面感受到了壓力。

疫情導致的全球經濟衰退將使非洲資本流入減少。由於可利用的國內資金十分有限，長期以來，非洲國家的國內投資嚴重依賴外資，包括外商直接投資、僑匯和國際援助等。隨着疫情暴發，全球經濟陷入衰退，非洲的主要資金來源國經濟增長放緩，跨國公司利潤下降，導致全球外國直接投資都出現大幅下滑。聯合國貿發會議 3 月 26 日發佈的《投資趨勢監測新冠肺炎疫情特別版》指出，疫情預計將使 2020—2021 年間全球外國直接投資下降 30%—40%[4]。在這種大環境下，非洲外資流入減少不可避免。此外，世界評級機構惠譽國際表示，原油價格下跌和新冠肺炎疫情的暴發還可能會引發非洲資本外流。事實上，隨着市場風險提高，出於資金安全考慮，國際投資者於 3 月拋售了 12 億美元南非政府債券[5]。

疫情導致的公共衛生支出增加和稅收減少將使非洲國家政府財政壓力

1　WTTC, Travel & Tourism Global Economic Impact & Trend 2019, http://ambassade-ethiopie.fr/onewebmedia/Tourism-WTTC-Global-Economic-Impact-Trends-2019.pdf.

2　UNWTO, "International Tourist Arrivals could Fall by 20-30% in 2020", https://www.unwto.org/news/international-tourism-arrivals-could-fall-in-2020, 2020-03-26.

3　IATA, "Aviation Relief for African Airlines Critical as COVID-19 Impacts Deepen", https://www.iata.org/en/pressroom/pr/2020-04-23-02/, 2020-04-23.

4 ‧ UNCTAD, Global Investment Trend Monitor, No.35, https://unctad.org/en/PublicationsLibrary/diaeiainf2020d3_en.pdf, 2020-03-26.

5　「惠譽國際稱國際油價下跌可能導致非洲大規模資本外逃」，駐赤道幾內亞共和國大使館經濟商務處，2020 年 3 月 23 日，http://gq.mofcom.gov.cn/article/jmxw/202003/20200302947662.shtml。

加大。非洲國家普遍財政狀況不佳，一半以上國家的財政赤字佔 GDP 的 3% 以上，疫情的暴發使之雪上加霜。一方面，大宗商品價格下跌和全球經濟衰退導致非洲各國財政收入減少；另一方面，為抗擊疫情，各國醫療和社會保障支出增加，且需要通過稅收減免、政府補貼等來刺激經濟，這將產生巨大的財政缺口。在全球經濟衰退和外資流入減少的背景下，非洲國家可能會通過國際借貸來獲取資金，但非洲國家普遍債務水平較高，僅在過去兩年，非洲各國政府就在債務市場上籌集了 550 多億美元資金[1]，債務水平的繼續上升可能使部分非洲國家陷入債務危機之中。

疫情正在嚴重影響非洲的民生和就業。非洲國家對基礎糧食和藥品、醫遼設施進口依賴嚴重，近 2/3 的非洲國家是基礎糧食淨進口國，所有非洲國家都是藥品和醫療設施淨進口國，其中藥品對外依存度達 94%。早在 2020 年年初，蝗災就已經威脅到了非洲糧食供應，《全球糧食危機報告》曾預測，東非地區將有超過 2500 萬人在 2020 年下半年面臨嚴重的糧食不安全狀況[2]。疫情暴發後，世界多國開始限制糧食出口，導致糧食價格上漲，供給短缺。隨着疫情在全球蔓延，世界多國出現防疫用品短缺，沒有多餘產品用於出口，醫療物資的匱乏客觀上加快了非洲疫情傳播速度。疫情還造成非洲大量企業停工停產，大量非正規性就業行業面臨關閉，由於非洲人普遍沒有儲蓄能力和習慣，失業後生活迅速陷入困頓，如持續較長時間，可能引發一定程度的社會動盪。

南非、尼日利亞等國經濟受疫情的衝擊是非洲整體情況的縮影。

南非於 2020 年 3 月 14 日出現第一例確診病例，隨後即採取了「封禁」等措施，但依舊沒能控制疫情蔓延，至今確診病例已超過 22000 例。

1　Joe Bavier and Karin Strohecker, "Africa's web of creditors complicates coronavirus debt relief", March 27, 2020, https://www.reuters.com/article/us-health-coronavirus-africa-debt-analys-idUSKBN21E2G3.

2　「新冠肺炎疫情和蝗災將給東非糧食安全帶來巨大危機」，新華網，2020 年 5 月 12 日，http://www.xinhuanet.com/yingjijiuyuan/2020-05/12/c_1210614650.htm。

5月1日，南非進入分級「4級」封禁狀態，允許部分企業復工和人員流動，但存在疫情反覆的可能。疫情影響下，預計2020年南非GDP將收縮7%，財政赤字將佔GDP的12%。礦業是南非的支柱產業，在「封禁」期，所有礦山的採礦活動都進入停產維護狀態，導致礦業產量和出口量大減。默里和羅伯茨公司在南非的大部分項目關閉；全球三大鉑金生產商英美資源集團鉑業公司、南非斯班耶—靜水公司、羚羊鉑業控股公司宣佈今年將無法履行供應合同；全球最大鉻鐵生產商之一的南非薩曼科鉻業公司關閉，嘉能可在南非的鉻鐵礦合資企業停產，導致全球鉻礦市場供應中斷。汽車業是南非重要的製造業。今年4月，南非國內汽車銷量同比下降98.4%，新車出口量下滑超50%[1]。疫情將使豐田南非工廠年產量下降15%—20%，為期5週的封禁已導致該公司減產約1.35萬輛[2]。南非汽車製造商協會數據顯示，到4月底，全國僅有51%—60%的車企能夠發放工資，11%—20%的中小車企面臨倒閉[3]。即使「封禁」級別下降，車企也無法改變下游市場需求短期內嚴重下滑、線下銷售恢復時間無法預料的困境。服務業佔南非GDP的68%，金融、旅遊、航空運輸和酒店服務業是支柱；疫情下，南非國家航空公司準備遣散全部4700名員工，永久停業；疫情導致大量旅遊業和酒店關停。據南非儲備銀行預測，2020年會因疫情失去37萬個工作崗位，將有10萬至20萬家企業倒閉，南非失業率將

1　Prinesha Naidoo, "South African Car Sales at Record Low Show Economy's Lockdown Pain", May 5, 2020, https://www.bloombergquint.com/onweb/down-98-4-south-african-car-sales-show-economy-s-lockdown-pain.

2　Reuters, "Toyota's South African unit sees 15-20% hit to production due to virus", April 22, 2020, https://www.reuters.com/article/us-health-coronavirus-safrica-toyota/toyotas-south-african-unit-sees-15-20-hit-to-production-due-to-virus-idUSKCN2241CQ.

3　Reuters, "Exclusive: South Africa's auto industry could cut up to 10% of workforce due to lockdown-survey", April 9, 2020, https://uk.reuters.com/article/us-health-coronavirus-safrica-autos-excl/exclusive-south-africas-auto-industry-could-cut-up-to-10-of-workforce-due-to-lockdown-survey-idUKKCN21R2K5.

從 38.2% 擴大至 48%，僅「封禁」就讓南非汽車行業裁員 10%[1]。疫情對小企業和個人的影響更為嚴重，大量服務員、收銀員和工廠工人被裁，陷入生計困難，社會衝突不斷。

尼日利亞經濟也受到疫情嚴重衝擊。據麥肯錫預測，2020 年尼日利亞 GDP 將至少萎縮 2.5%，最壞將萎縮 8.8%；國際貨幣基金組織（IMF）預計今年尼日利亞 GDP 將萎縮 3.4%[2]。石油業是尼日利亞支柱產業，受疫情和國際油價雙重影響，石油日產量將降低至 170 萬桶，很多油井被迫停止開採，但一些油井由於太舊，一旦閑置可能將再無法重啟；預計今年原油出口收入將減少 140 億美元[3]。可可豆是非洲最重要的非石油出口產品，2 月到 3 月底，可可豆價格下跌幅度超過 15%；如產量不變，年可可豆出口收入將損失 1 億美元[4]；如果疫情持續在可可豆生產州蔓延，產量也必將下降。據尼日利亞投資促進委員會發佈的《2020 年第一季度投資報告》，一季度實體行業投資同比下降 62%[5]。尼日利亞全國旅遊機構協會統計，疫情暴發以來，國際航線旅客數量下降了 15%[6]。經濟下行導致了大量失業，據 IMF 預計，尼日利亞失業人數將從 2018 年的 2000 萬增加到 2020 年的 2500 萬[7]。

非洲其他國家受疫情的影響同樣嚴重。據 IMF 預測，2020 年埃塞俄

---

1 「南非超過 40% 正規部門企業沒有足夠資金維持生存」，駐南非共和國大使館經濟商務處，2020 年 4 月 22 日，http://za.mofcom.gov.cn/article/jmxw/202004/20200402957928.shtml。

2 IMF, World Economic Outlook, April 2020, https://www.imf.org/en/Publications/WEO/Issues/2020/04/14/weo-april-2020.

3 「聯合國：非洲今年經濟增速可能降至 2%」，新華網，2020 年 3 月 14 日，http://www.xinhuanet.com/world/2020-03/14/c_1125713487.htm。

4 「新冠肺炎疫情將重創尼農產品出口」，駐尼日利亞聯邦共和國大使館經濟商務處，2020 年 4 月 24 日，http://nigeria.mofcom.gov.cn/article/jmxw/202004/20200402958821.shtml。

5 NIPC, Report of Investment Announcements in Nigeria, March, 2020, https://nipc.gov.ng/wp-content/uploads/2020/05/Q1-2020-20200416-2.pdf.

6 「受新冠肺炎疫情影響，尼日利亞國際航線旅客數量」，駐尼日利亞聯邦共和國大使館經濟商務處，2020 年 3 月 12 日，http://nigeria.mofcom.gov.cn/article/jmxw/202003/20200302944518.shtml。

7 Salman Parviz, "Oil producers dig into savings amid fiscal deficits", https://www.tehrantimes.com/news/447315/Oil-producers-dig-into-savings-amid-fiscal-deficits, 2020-04-29.

比亞 GDP 增長率將由 2019 年的 9% 降至 3.2%，肯尼亞則由 2019 年的 5.6% 降至 1%[1]。在埃塞俄比亞，埃塞俄比亞航空客運航班已減少九成，經濟損失超過 5.5 億美元，減少了近 33 萬個就業崗位[2]；一季度花卉出口暴跌 80%，僑匯流入減少了約 80%[3]。在肯尼亞，花卉出口日均損失 240 萬美元；截至 4 月底，旅遊業收入至少下降了 60%[4]。

疫情對中非經貿合作的負面影響

中非互為重要的經貿合作夥伴，疫情將對中非經貿合作產生明顯影響。首先，疫情將使中非貿易額下降。一方面，疫情下，中國經濟活動經歷了長期停滯，需求的下降導致非洲出口中國的大宗商品和原材料減少。據估計，中國 GDP 增速下降 1% 會導致撒哈拉以南非洲的商品出口下降 0.6%，損失達 4.2 億美元。受影響的產品門類很多，比如受包括中國在內的國際需求減少以及全球地緣政治博弈的影響，國際原油價格一度跌至 1.15 美元每桶，尼日利亞、安哥拉、剛果（布）等非洲產油國的石油收入銳減。紐約銅價一度下跌超 8% 至每噸 4350 美元，給贊比亞、南非、剛果（金）等非洲礦業大國帶來了壓力。另一方面，中國向非洲出口的某些工業製成品會出現一定減少。據中國海關數據，2020 年第一季度中非貿易額下降了約 14%，其中，中國對非洲出口下降了 10%，中國對非洲進口下降了 16%；1—4 月，中國和南非的貿易額下降了 25.9%。

1　IMF, *World Economic Outlook*, April, 2020, https://www.imf.org/en/Publications/WEO/Issues/2020/04/14/weo-april-2020.

2　駐埃塞俄比亞聯邦民主共和國大使館經濟商務處：「新冠肺炎疫情致埃塞航空營收損失 5.5 億美元」，2020 年 4 月 14 日，http://et.mofcom.gov.cn/article/jmxw/202004/20200402954998.shtml。

3　Nita Bhalla and Emeline Wuilbercq, "East Africa: No Bed of Roses-East Africa's Female Flower Workers Lose Jobs As Coronavirus Hits Exports", April 11, 2020, https://news.trust.org/item/20200411032043-83609/.

4　駐肯尼亞共和國大使館經濟商務處：「肯尼亞旅遊業受到新冠肺炎疫情的嚴重打擊」，2020 年 4 月 24 日，http://ke.mofcom.gov.cn/article/jmxw/202004/20200402958590.shtml。

其次，疫情將導致中國對非洲直接投資額下降。受疫情影響，很多中國企業將注意力更多轉向國內，海外投資暫時不被列為優先事項。除固有的項目投資外，非洲短期內很難獲得中國企業的資金流。第一季度，中國對南非直接投資額較 2019 年第四季度下降了 40.3%。

再次，疫情使在非洲的中資企業面臨困難。中國在非洲的工程承包完成額將大幅縮水，雖然目前沒有統計數據，但從中國和非洲國家受疫情影響的程度和雙方實行的相關措施來看，該趨勢已成定局。受疫情影響，非洲國家對外國公民採取了限制措施，導致中資企業員工返工困難，阻礙工程進度，工程承包完成額將出現嚴重下滑。中國在非洲已運營企業由於非洲經濟活動停滯等原因，也無法實現預期經營收益。此外，疫情使部分非洲地方滋生反華排華的種族主義情緒，中國在當地的企業和人員安全面臨威脅。近期發生的贊比亞三名華人被殺害和焚燒事件，以及部分中資企業和華僑華人遭到贊方有關人員突擊檢查的事件，已經顯示在贊中資企業和華僑華人的正常生產生活受到了威脅。

最後，疫情使非洲國家債務壓力加大，中國對非洲債務的處置備受關注。近些年中非關係的快速發展引起了國際社會的廣泛矚目，部分國家對中非合作進行無端質疑和詆毀。進入 2018 年，隨着非洲國家債務風險的浮現，國際社會上又出現了「中國債務陷阱論」，指責中國提供的大量資金將部分非洲國家拉入了債務泥潭。事實上，中國並不是非洲最主要的債權國，非洲的主要借貸方仍是西方發達國家、多邊金融機構和私營銀行。從對非洲貸款總量來看，據美國約翰斯·霍普金斯大學中非研究項目數據，2000—2018 年，中國共向 49 個非洲國家政府及國有企業發放了 1000 多筆貸款，總額約 1520 億美元。但中國對非洲貸款在非洲當年外債餘額佔比一直相對較低，2011 年前一直未超過 2%，2016 年達到歷史最高的 4.78%[1]。這主要是因為在 2015 年的中非合作論壇約翰內斯堡峰會上，中

1　Deborah Brautigam, "Chinese Debt Relief: Fact and Fiction", April 15, 2020, https://thediplomat.com/2020/04/chinese-debt-relief-fact-and-fiction/.

國承諾將對非洲提供 600 億美元的資金支持；同時，2016 年中國為安哥拉提供了一筆 190 億美元的貸款；扭轉了當年中國對非洲貸款額。2017 年後，中國對非洲貸款額回歸至正常水平。從對非洲債務的用途來看，中國向非洲提供的貸款很大部分用於基礎設施建設。中國貸款對非洲基建、自主發展能力的提升及經濟增長起到了實質性推動作用。

受疫情影響，非洲國家普遍財政收入減少、醫療衛生和社會保障支出增加，財政負擔加大，因此頻頻發聲，要求國際社會減免債務。最早的非洲官方要求國際社會減債聲音來自 2020 年 3 月 26 日 G20 網絡視頻特別峰會上南非總統拉馬福薩的發言。之後，烏干達總統穆塞韋尼呼籲國際債權人免除非洲所有債務；肯尼亞議員薩武拉提出，應暫緩償付所欠中國的 714 億肯先令的貸款（2020 年度），將其用於保護本國民生和振興經濟。肯尼亞反對黨領袖穆達瓦迪表示，肯尼亞政府和執政黨應與肯尼亞最大的債權國 —— 中國達成暫緩債務的協議。尼日利亞駐非盟經濟社會文化理事會代表指出，受疫情影響，尼日利亞償還國際債務的能力被削弱，因此包括中國在內的主要債權方應盡快考慮減免債務或推遲債務償付。加納財政部長奧福雷 - 阿塔表示，在切實減免非洲債務的問題上，中國應做出更多實質性舉措。西非國家經濟共同體在視頻特別首腦會議上達成決議，將全面支持非盟有關推動國際社會減免非洲國家債務，制定後疫情時代經濟社會發展計劃的相關聲明。部分西方國家領導人也呼籲減免非洲債務，如法國總統馬克龍呼籲包括中國在內的債權人對非洲債務減免。目前，國際社會未有專門對中國在非洲債務提出的特殊要求；但鑒於世界大國在非洲激烈的競爭態勢，過往部分西方國家和媒體對「中國債務陷阱論」的大肆炒作，一旦非洲疫情惡化，不排除有人提出針對中國債務的減免要求，宣揚不利於中國的言論；一旦歐美國家面臨更大的疫情、經濟發展和非洲減債壓力，不排除個別國家為轉移視線，利用債務問題特別針對中國發難。

疫情並未改變非洲經濟長期向好的趨勢

疫情前，非洲經濟發展一直被國際社會看好。雖然疫情給非洲經濟帶來了巨大打擊，但長期看，並未從根本上改變非洲經濟發展的良好態勢。據非洲發展銀行數據，2019 年非洲經濟增長率為 3.4%，與 2018 年持平，疫情暴發之前非洲開發銀行發佈的報告《2020 年非洲經濟展望》曾預計 2020 年非洲經濟增速將提高到 3.9%[1]。總體上看，非洲經濟增長的主要驅動力逐漸轉向投資，經濟增長的基本面持續改善；多數非洲國家財政狀況逐步改善，通脹壓力有所緩解，投資環境逐步優化，抵禦外部衝擊的能力有所增強。

支撐未來非洲經濟增長的主要因素：一是疫情下非洲國家採取的積極措施，有助於非洲經濟較快回歸平穩運行。為降低疫情對經濟的負面影響，非盟成立了新冠病毒抗疫基金會，資助非洲疾控中心工作，非盟成員已承諾投入 1250 萬美元。2020 年 4 月 8 日，非洲開發銀行宣佈將設立 100 億美元專項基金抗擊疫情，55 億美元用於主權擔保項目，31 億美元用於提供優惠貸款，13.5 億美元用於扶持各國私營部門，還發行了三年期 30 億美元抗擊疫情專項債券。西非國家中央銀行採取八項舉措平抑疫情衝擊，包括增加對商業銀行的資金供給；擴大商業銀行獲得西非央行再融資的可用機制範圍；向西非開發銀行補貼基金劃撥 4085 萬美元；提醒商業銀行使用中小企業信貸再融資特殊窗口中的可用資金；與銀行系統建立合作機制，為還貸困難企業提供支持；與電子貨幣發行機構協商，鼓勵使用數字支持；向商業銀行供應充足紙幣；必要時對各國政府在區域金融市場上發行公債的時間表做出重新安排。4 月初，非洲各國財長舉行專題會議，呼籲各國協調一致，建議非洲採取總額達 1000 億美元的緊急經濟刺激措施，保護超過 3000 萬個私營部門工作崗位。擴大農產品進出口

---

1   African Development Bank Group, "African Economic Outlook 2020", Jan 2020.

和製藥業、銀行業的信貸以及再融資和擔保額度，增加流動性。非洲國家廣泛採取了建立專項基金提供融資支持，稅收減免，增加政府補貼，降低利率，延長還款期限等應對措施。如南非制定了總額 5000 億蘭特的「社會救助與經濟支持計劃」，包括超 30 億蘭特的工業資金計劃；超 12 億蘭特的中小企業救助計劃；政府注資 2 億蘭特建立的旅遊救濟基金；南非失業保險基金撥出 400 億蘭特建立的失業基金等。尼日利亞實施特殊公共工程，以創造新就業機會；向世界銀行申請專項貸款用於防疫；計劃向國際金融機構尋求 69 億美元預算資金；設立 5000 億奈拉的疫情危機干預基金。埃及宣佈了 64 億美元一攬子刺激計劃，約佔 GDP 的 2%，為工業和旅遊業提供房地產稅收減免，提高對出口商的補貼支出，降低政策利率。肯尼亞推出刺激就業政策，包括低收入者稅收減免，為個人、小型企業減稅等，同時撥付了 9500 萬美元用於救助困難民眾。贊比亞政府向贊比亞公共服務養老基金發放了 5 億克瓦查，以支付所有退休人員和其他受益人；另外還向銀行發放了 1.7 億克瓦查以償還第三方欠款，其中 1.4 億克瓦查發放給各個道路建設承包商，以緩解其資金壓力。另外，一些非洲國家為緩解疫情對經濟的影響，已經開始有條件的復工復產，如南非已解除全國封禁，將 5 級防控降低為 4 級，150 萬人將陸續返回工作崗位；加納在非洲率先解除禁足令，允許市場恢復營業。

二是非洲的消費潛力和人口紅利將不斷得到釋放。近年來，多數非洲國家的居民可支配收入持續穩步增加，中產階級大量湧現，中產階級消費意願和能力更強，正在成為非洲經濟增長的重要支撐。當前，多數發達國家出現了嚴重的人口老齡化問題；非洲國家人口增長率則一直較高，2000 年非洲人口只有 8.18 億，2017 年已達 12.56 億；按目前的人口出生率推算，2050 年非洲人口將達到 24.35 億[1]。非洲人口年輕化程度高，青年勞動

1　Simplice A.Asongu, "How Would Population Growth Affect Investmentin the Future? Asymmetric Panel Causality Evidence for Africa", *African Development Review*, Vol.25, Issue 1, March 2013, p.14.

力數量充足，受教育程度和勞動力技能水平不斷提高，成為承接新一輪國際產業轉移的關鍵。人口高速增長帶來了高城鎮化需求，人口紅利與城市化的結合將顯著擴大消費規模，與經濟增長形成良性互動。

三是非洲國家經濟多元化政策成效顯現，經濟政策環境持續優化。多數非洲國家都把工業化視為經濟發展的關鍵，通過發展出口導向型或進口替代型工業推進工業化進程；努力促進私人投資，增加私營工業部門的比例；建設工業園區成為推進工業化的重要選擇；非洲工業化程度的提高為承接新一輪國際產業轉移奠定了基礎。服務業是非洲經濟多元化的重要選擇；近年來，非洲國家同時推動傳統服務業和新興服務業的發展；在傳統服務業中，得益於本地消費能力的增強，非洲已成為全球零售業快速發展的新前沿；在新興服務業中，移動金融和電子商務成為新亮點。

非洲國家的經濟政策環境得到了持續優化，大部分國家堅持實行對外開放政策，且開放程度較高。在貿易領域，實行高度自由的貿易政策，積極鼓勵出口。在投資領域，吸引外資被普遍認為是快速引進技術，提高生產能力，調整經濟結構，擴大就業和減少貧困的主要驅動力。多數國家制定了專門吸引外資的優惠政策，主要體現在國民待遇、關稅、其他稅收優惠、放鬆外匯管制和投資者的財產安全保障等方面。

四是非洲地區一體化持續加強，體現在貿易融合、基礎設施建設、產業鏈融合、金融合作、人員自由流動等方面。2019 年非洲大陸自貿區正式成立，將通過逐步取消商品關稅、促進服務貿易自由化，提升非洲域內貿易比例，同時顯著降低外國商品進入非洲成本，擴大國際合作規模。為推進非洲大陸基礎設施建設，非盟於 2012 年通過了《非洲基礎設施發展規劃》（PIDA），作為基建指南 [1]；非盟在《2063 年議程》指出，要通過建設運輸、能源和通信技術等基礎設施，實現非洲大陸各國聯通。近年來多

1　楊立華：《非洲聯盟十年：引領和推動非洲一體化進程》，《西亞非洲》2013 年第 1 期，第 78 頁。

個跨區域的基礎設施項目開始實施，非洲國家在基礎設施融資方面取得了顯著進步。地區一體化的增強有利於增強經濟內生增長能力，也有利於各國以整體面貌應對外部風險，開展國際經濟合作。

五是非洲數字經濟正在蓬勃發展。發展數字經濟可以使非洲國家利用技術手段提高民眾的生活水平，為教育、貿易和生產帶來便利，縮小與發達國家的差距。目前，數字經濟已成為非洲經濟中最具活力和潛力的領域之一，通信、金融科技、電商零售、物流、生活服務、泛娛樂等行業發展迅速，誕生了電商平台 Jumia 和移動支付系統 M-Pesa 等知名互聯網品牌；東非成為世界移動支付發展最快的地區。大多數非洲國家都在積極制定數字經濟發展規劃。

二 疫情後的非洲安全

疫情正在加大非洲局部地區社會動盪的風險。非洲公共衞生醫療條件有限，不僅無法支撐新冠病毒的大規模檢測，而且也無法保證所有確診病例得到妥善治療；非洲人天性自由散漫，政府的社會治理能力較弱，疫情的加速蔓延正在加劇人們的恐慌。為控制疫情，一些非洲國家採取了「封國」「封城」等措施，限制人員流動，局部停工停產，經濟發展出現停滯；一些非洲人因此失業，收入銳減，由於非洲人普遍沒有儲蓄習慣，失去收入後會立即陷入生活困境；疫情還對部分非洲國家的糧食安全產生了威脅。基本生存條件和安全保障的缺失極易引發社會動盪，事實上剛果（金）等部分非洲國家近期已有此徵兆。2020 年，非洲本就存在局部地區的安全隱患，疫情則可能使既有矛盾集中爆發。非洲之角、大湖地區、薩赫勒地帶的安全形勢仍然欠佳。在非洲之角，埃塞俄比亞國內局勢仍不穩定，該國的民族、宗教等社會矛盾尖銳，近年來激烈衝突頻發；蘇丹政局走向仍然不明；埃塞俄比亞、蘇丹和埃及之間關於復興大壩的爭端沸沸揚揚；索馬里青年党勢力反彈，連續在肯尼亞等國活動，在東非形成

恐怖氛圍，成為當前非洲較大的潛在恐怖威脅。大湖地區形勢依舊錯綜複雜，剛果（金）東部局勢動盪已持續多年，烏干達民主同盟軍等反政府武裝依然活躍，並與恐怖主義勢力相勾結；烏干達和盧旺達的長期競爭與博弈仍在持續，或明或暗地互相支持對方反政府武裝在剛果（金）東部開展活動。在薩赫勒地帶，2019 年恐怖主義勢力呈擴張態勢，已發展成為恐怖分子跨境流動通道，恐怖主義活動正從馬里、尼日利亞向布基納法索等國擴散；在國際社會的打擊下，索馬里青年党勢力逐步消散，但餘孽與極端組織關聯密切，依舊存在較大威脅；2020 年恐怖主義向薩赫勒地帶以外的西非其他地區滲透的趨勢明顯。恐怖襲擊、武裝衝突、槍支、走私、腐敗等問題都在導致非洲地區的人道主義危機。聯合國稱，該地區現有2000 萬人面臨持續饑荒和營養不良的嚴峻威脅；2020 年，布基納法索、馬里和尼日爾將有近 500 萬兒童需要人道主義援助。除以上地區外，2020年舉行大選的非洲國家的局勢也非常值得關注，多國大選都存在不確定因素；從近年來非洲各國大選的表現來看，預計不會出現劇烈風波，但可能以街頭示威等多種形式表現。此外，還有少數非洲國家的國內局勢不穩。由於經濟衰退和通貨膨脹加劇，利比里亞總統面臨民眾的強烈反對，政府信譽低下，反對派活躍，國內局勢難料；南蘇丹和平協議岌岌可危，民族衝突不斷；幾內亞總統孔戴第三任期競選引發國內不滿，存在政局動盪及國際制裁的危險；2019 年發生排外騷亂的南非、爆發反政府示威游行的埃及等國的政局和社會狀況也都值得關注。

21 世紀以來，非傳統安全已經成為非洲最大的安全威脅，疫情期間和疫情後，非傳統安全仍將是非洲發展面臨的重大障礙，包括恐怖襲擊、海盜、網絡安全、跨國犯罪、傳染性疾病、氣候變化等。非洲已成為世界上恐怖主義活動最頻繁的地區，恐怖主義已突破傳統活動範圍，向全非蔓延。互聯網安全已成為非洲治理缺陷，由於數字信息技術落後，非洲國家政府普遍對於各類勢力利用網絡作為宣傳反對聲音的舞台已無計可施；非洲互聯網信息魚龍混雜，難辨真偽；非洲數字經濟發展較快，但未來網絡

安全可能給非洲國家維護社會穩定和經濟安全帶來更大挑戰。氣候變化給非洲帶來的破壞日益嚴重，2020 年非洲遭遇的 70 年以來最嚴重的蝗蟲災害即與氣候變化密切相關，非洲的海洋和沿海環境也正在遭受氣候變化帶來的嚴重破壞。

雖然疫情給非洲局部地區帶來了安全隱患，但並未改變非洲總體安全局勢長期向好的趨勢。21 世紀以來，非洲大陸安全形式逐漸好轉，戰爭、動亂等傳統安全問題明顯減少，整體趨於穩定；雖然仍有衝突發生，但主要是局部衝突，頻率和烈度都顯著降低。與此同時，多數非洲國家的民主制度有了很大進步，多黨選舉制已深入人心，民主和良治已成為政治發展的主流。非洲的社會也日益成熟，對國家決策的影響力有所加強，具有非洲特色的民主制度初步形成；多數國家的大選越來越順利，權力交接越來越平穩；政府治理能力有所改善，公共服務能力有所增強；發展經濟成為共識，宏觀經濟治理能力有明顯改善，財政穩健性和貨幣政策紀律性有明顯提高。安全局勢的根本性好轉是非洲經濟社會平穩發展、對外合作順利開展的重要前提和基礎。

疫情後，中非友好關係將得到繼續鞏固。2020 年 1 月，王毅外長訪問非洲五國，這是中國外長連續第 30 年將年度首訪定為非洲，體現了中非世代友好、患難與共的特殊情感。2020 年是中非合作論壇舉辦 20 週年，是落實 2018 年北京峰會成果的重要年份，中非都將致力於推動落實雙方共識和成果。非洲正面臨疫情蔓延風險，為非洲防控疫情提供力所能及的幫助成為進一步鞏固中非關係的抓手。中非雙方均高度重視非洲安全問題，第 33 屆非盟首腦會議的主題即為「消彌槍聲：為非洲的發展創造有利條件」，非洲和平與安全、解決衝突、聚焦發展是大會主題。非盟委員會主席法基稱，非盟將側重防止小型武器非法流入和流通、裁軍、落實和平倡議、調解和軍事干預等。非洲國家要團結，拒絕外部干涉，用非洲方式解決非洲問題。中方一直高度重視非洲安全問題，和平與安全合作是中非合作的重要組成部分。中方也一直認為應減少域外勢力對非洲安全

的干涉，始終堅持以發展促和平，這與非盟和多數非洲國家堅持的理念相一致。非方希望加強與中方在安全領域的合作，中方與非洲的交往越來越多，客觀上有推進安全合作的需求，加之雙方持有較多共同理念，中非安全領域合作有望得到進一步擴展。

三　疫情後世界大國在非洲的競爭

進入 21 世紀，擁有豐富資源和巨大市場潛力的非洲重新成為世界各國爭奪發展資源和謀求競爭優勢的重要舞台。西方大國基於戰略利益和安全考慮紛紛加大對非洲關注力度，尤其是中國與非洲國家經貿合作的密切讓西方國家危機感和緊迫感加強，美、法、英等國都將中非關係的發展視為對其在非洲既得利益的挑戰。世界主要新興經濟體也逐漸強化在非洲的活動。2019 年起，世界主要大國掀起了新一輪「非洲熱」。2019 年 8 月到 2020 年 2 月，日本、俄羅斯、德國、英國先後舉辦了與非洲有關的各類峰會，法國、歐盟、德國、加拿大和美國重要領導人紛紛到訪非洲。非洲周邊大國阿拉伯聯合酋長國、沙特阿拉伯和土耳其等國也在積極開展對非合作。

美國在非洲與中國進行着經濟和安全的雙重競爭。美國政府出台非洲新戰略，支柱之一是加強美非經濟聯繫，將中國視為競爭對手，強調遏制中非關係發展。2020 年 2 月，美國國務卿蓬佩奧訪問塞內加爾、安哥拉和埃塞俄比亞三國，核心目的是改善美非商業關係、深化安全合作，改善美國在非洲的形象。蓬佩奧不加掩飾地抹黑中非合作，但蓬佩奧此行並未有任何重大實質性成果。國際有識之士普遍認為，美國在非洲的存在不是為了促進非洲發展，而是為了強化與中國的經濟競爭。除經濟關係外，美國亦擔憂中俄在非洲的軍事活動。2020 年 2 月，美國非洲司令部陸軍和埃塞俄比亞海軍聯合舉辦了第八屆非洲陸軍峰會，會議全面展示了美軍在非洲軍事安全合作的新動向，即不會從非洲撤軍，將「以換代撤」，繼續

保持在非洲的軍事存在；美軍在非洲的反恐將由打擊向遏制轉變。

歐盟正在謀求歐非關係的繼續深化發展；2020 年 3 月，歐盟委員會發佈歐盟對非洲關係新戰略，核心是把非洲從目前的「發展援助對象」上升為「夥伴關係」，歐盟將與非洲建立綠色發展能源過渡、數字化轉型、可持續增長與就業、和平與治理、移民與流動性五大夥伴關係，並在綠色發展、數字轉型、經濟一體化、營商環境、科研創新培訓、衝突解決、社會治理、人道主義援助、移民管理等十大領域與非洲加強合作。法國正在繼續強化在非洲的軍事存在；2019 年，法國總統馬克龍三訪非洲；2020 年 1 月，馬克龍與薩赫勒五國集團領導人舉行峰會，聲明將加強軍事合作，共同打擊恐怖主義，法國將增派軍隊前往薩赫勒地區。德國繼續將非洲作為謀求全球領導力的重要選擇；2020 年 1 月 19 日，利比亞問題峰會在德國召開；2 月，默克爾出訪南非和安哥拉；這一系列舉措彰顯了德國希望擴大在歐洲地區對非洲政策的話語權，希望強化德非經貿關係，將非洲作為謀求大國影響力的砝碼。英國正在鞏固脫歐後的英非經貿關係；2020 年 1 月，首屆英非投資峰會在英國舉行，英國希望借峰會鞏固和深化與非洲的貿易關係。日本將繼續藉助印日亞非增長走廊與中國的「一帶一路」倡議開展競爭，將繼續通過官方發展援助形式向受援國提供高質量和高標準的基礎設施項目。

疫情後，世界各國對非洲的重視程度和競爭的激烈程度不會下降，中國在非洲面臨的國際環境將更趨複雜。2008 年國際金融危機後，新興經濟體與傳統西方大國之間的經濟力量對比發生了明顯變化。非洲有識之士希望從新興經濟體的發展中尋找啟迪，探求非洲自主發展道路。最典型的是盧旺達總統卡加梅提出的「基加利共識」，在這一理念的指引下，盧旺達採取了「向東看」的政策；「向東看」不僅是向中國看，而是向包括中國、日本和韓國等國家在內的東亞地區看。東亞地區經濟快速發展的重要經驗之一是成立了生產型政府，或稱發展型政府，在經濟發展中採取了政府引導與市場主導相結合的方式，該特徵和經驗與過去幾十年非洲國家

的實踐有明顯差異。埃塞俄比亞、津巴布韋、博茨瓦納、坦桑尼亞、肯尼亞、安哥拉、納米比亞等國也都在積極踐行生產型政府模式,非盟也將創建發展型國家作為實現《2063 年議程》的關鍵。從實踐來看,非洲國家在發展道路選擇上早已突破了選擇「向東看」還是選擇「向西看」的舊思維,而是普遍接受了「向發展看」的新思維,世界各國與非洲的合作機會更均等化,這對於更注重提升非洲國家自身發展能力,更注重合作多贏的中國而言是有利的。

世界各國繼續加大對非洲的投入,也有利於中國在非洲更廣泛的開展國際三方合作。國際三方合作有利於調動更多的合作資源,提高合作效率,實現各方多贏,這也正在成為中國重要的國際經濟合作形式。中國已和一些國家簽署了三方合作協議,如中法簽署了《中法關於第三方市場合作的聯合聲明》,該聲明對中法在包括非洲在內的發展中國家開展經濟合作已經產生了積極效果。非洲是中國開展國際三方合作的重要實踐地區,疫情後,中國與其他國家在非洲開展國際三方合作的前景廣闊。

四　疫情後中非將繼續強化和提升合作關係

疫情中,中國要繼續在力所能及的範圍內幫助非洲國家抗擊疫情,為非洲國家提供防疫物資援助,派遣專家,提供技術支持,開展醫療基礎設施援建;還要向遭遇糧食危機等人道主義危機的國家提供人道主義援助。中國也應從貿易、投融資、就業等層面幫助非洲國家儘快穩定經濟運行。在貿易層面,繼續採取關稅減免的方式,助力非洲產品出口中國,尤其是針對非洲具有出口能力商品的關稅減免。在全球防疫物資緊缺的情況下,中方應在一定程度上確保對非洲藥品、醫療設施的出口,避免非洲出現防疫物資危機。中國應多舉措為非洲提供投融資支持,可以使用非洲中小企業發展專項貸款為在非洲註冊的中小企業提供融資支持,根據各國實際情況,適度放寬融資條件,制定不同的貸款利率和還款計劃,滿足不同融資

需要。疫情期間，非洲將出台各類經濟刺激政策，中方可以利用中非發展基金、中非產能合作基金等為非方企業提供融資，為中方企業獲取良好的投資機會。疫情導致部分中方員工無法按時返回非洲，一些中資企業的項目建設和運營受到影響，中方企業可適度擴大僱傭當地員工數量，為當地創造更多就業機會，提高當地員工佔比，同時提供技能培訓。

疫情後，中非之間要加強交流與協調，聚焦於打造中非經貿合作新亮點。非洲是「一帶一路」的重要節點，「一帶一路」建設為中非合作創造了歷史性機遇。從中非經濟發展形勢來看，未來雙方都需繼續加強經貿合作。中國經濟增速放緩，增長模式開始轉型，在服務業、製造業等領域都有開拓非洲市場、加強中非合作的需求。非洲經濟增長模式單一，尚未實現包容性發展，加之受新冠肺炎疫情等外部不確定因素影響，經濟發展面臨困難，對華經濟依賴性不減反增。中非經貿合作經過多年快速發展，已達瓶頸，亟需雙方共同尋找新的着力方向和新增長點，促進雙方合作的提質升級。中國的經濟結構和增長模式已經發生重大轉型，新興產業、服務業已成為經濟發展的主要動力。非洲某些領域的後發優勢已經顯現，如數字經濟、現代服務業、海洋經濟等。這需要中非強化發展戰略對接和政策對接，突破合作瓶頸，打造合作新增長點。在重點合作區域和國別選擇方面，中國宜繼續以政局穩定、地緣優勢明顯、具有合作基礎的東部非洲為重點。在國別上，以在非洲區域影響力較大、經濟社會發展基礎良好的埃及、南非、尼日利亞、埃塞俄比亞、肯尼亞等國為優先合作對象。此外，需要密切關注非洲大陸自貿區的建設進展，積極參與自貿區建設相關的項目，擴大中國在非洲大陸自貿區中能夠獲得的紅利。

疫情後，面對更加複雜的國際形勢，中非需加強互動，進一步夯實戰略互信。中國政府要繼續加強與非洲國家的高層互動，強化非洲國家對中國的信心；同時在經濟、金融、安全等領域實施更符合長期可持續性發展原則的舉措。在債務方面，要有效防範和化解中國在非洲國家債務上面臨的質疑和風險。疫情期間，積極響應國際社會為非洲減免債務的倡議。短

期內，與巴黎俱樂部和二十國集團（G20）其他國家的做法一致，暫停償還債務，延長債務期限；中長期，可考慮對處於嚴重債務危機的國家進行部分債務減免。疫情後，要圍繞推動非洲國家債務可持續性、提高中非合作水平的目標實施針對性的措施。要明確表達對非洲發展前景的長期信心及對非洲國家債務問題的關切，穩定非洲國家對中國資金的預期，確保中非合作的長期可持續。要密切監控非洲國家債務風險，構建債務風險預警體系。要全面摸底中國在非洲貸款項目的規模和項目收益情況，並對未來項目的進展和貸款的可償性進行分析和判斷。要對中國在非洲國家的存量債務進行分類，妥善處置不良債務，對具有較高債務風險的非洲國家項目進行重點考察與評估，並適當提高發放貸款的標準。要廣泛對接國際多邊組織，提高中國對非洲國家債權的國際認知度和合法性。

中國在非洲的海外利益越來越大，對利益的保護迫在眉睫，很多非洲國家也希望加強與中國在安全領域的合作；疫情後，中方應以更積極、開放和靈活的態度，適度加大對非洲安全事務的參與力度。可用敏感度相對較低的非傳統安全領域為試點，逐步探索加大與非洲安全事務合作力度的可行方式，疫情期間及其後，醫療衛生領域合作都應是合作重點；此外，氣候變化和海洋也是雙方互有需求的領域。

疫情後，世界主要國家將繼續加大對非洲的關注力度，這為我國推進與其他國家在非洲的國際三方合作提供契機。中國政府可以推動與其他國家簽署更多的國際三方合作協議，並擴大三方合作協議的合作範圍與形式；中國企業在非洲國家投資中也可以更多地採取與其他國家企業、投資東道國之間的國際三方合作，分攤或降低風險。國際三方合作不僅有助於擴大合作範圍，提升合作效果，也有助於規避部分國際輿論對中國與非洲經貿合作的無端指責。

物質利益與價值觀念：全球疫情之下的國際衝突與合作

王正毅

　　在送別 2019 年跨入 2020 年之際，一場從未遭遇過的新冠肺炎疫情開始在全球蔓延。無論從哪個角度來看，這場疫情對人類社會都是一次前所未有的挑戰。對於新冠肺炎疫情，有人將其稱為「是我們這一代人最大的危機」（以色利歷史學家、《人類簡史》的作者尤瓦爾·赫拉利）；也有人將此次疫情與珍珠港襲擊和「9·11」襲擊相提並論（美國總統特朗普）；還有人認為「新冠肺炎疫情將永遠改變世界秩序」（美國前國務卿、政治學家基辛格）。在發達的互聯網和信息技術的推動下，圍繞新冠肺炎疫情所引發的爭論，涉議題之廣、參與者之眾、觀點相左之程度，雖不敢斷言說絕後，但說是空前的似乎並不過分。

　　如果我們將國際關係置於這場全球新冠肺炎疫情之中加以研究，有三個問題需要我們從理論認知和經驗判斷上進行反思：第一，全球疫情對國際關係的哪些行為體產生了影響？第二，這次全球疫情會終結全球化嗎？第三，全球疫情之後世界秩序的走向如何？

---

*　　作者係教育部長江學者特聘教授、北京大學國際關係學院學術委員會主任及國際政治經濟學系主任。

　　本文是作者在疫情期間參加的由北京大學國際關係學院組織的「疫情下的國際關係」（2020 年 3 月 29 日）、清華大學全球共同發展研究院組織的「疫情衝擊下的世界與中國」（2020 年 4 月 11 日）和中國人民大學國際關係學院組織的「中國國際問題論壇 2020：新冠疫情背景下的世界秩序與中國外交」（2020 年 5 月 8 日）三次會議發言稿的基礎上整理修改而成，本文已發表在《國際政治研究》2020 年第 3 期。

一　全球疫情之下：人、國家與國際社會

當我們研究國際關係時，一個首要問題就是確定國際關係的行為體。一般而言，國際關係的行為體有兩類：一類是國家，需要區別的只是假設國家是唯一行為體還是主要行為體；另一類是非國家行為體，需要辨別的只是個體（政治決策者、專業人士）還是團體（利益集團）。對行為體假設的不同，研究國際關係的路徑就不同，最後得出的結論也就不同。

如果將國際關係置於此次全球新冠肺炎疫情之下，我們會發現，國際關係三個層次中的主要行為體（人、國家與國際社會）沒有一個能夠置身事外。這場全球性災難引發了難以名狀的各種爭論，這些爭論既關乎人性，也涉及國家的政治結構，還觸及相關的國際組織。

人性與理性

這裏的「人」有兩層含義：一是泛指抽象的人類，即有別於動物的物種人類。儘管引起這場疫情的新冠病毒還未被徹底認識，但大多數專業人士和科學家確信病毒是由動物傳給人類，然後又出現人傳人。所以，這是一場發生在人類社會中的災難。二是指具體的人，即生活在不同地區和國家具體的人類個體。他們是生活在武漢的中國人，他們是生活在新加坡的新加坡人，他們是生活在羅馬的意大利人，他們是生活在巴黎的法國人，他們是生活在紐約的美國人……儘管他們的膚色不同、種族不同、語言不同、文化不同、宗教信仰不同，但有一點是相同的，他們是作為人類的一個個具體的人。所以，這場災難不僅僅是哪個民族和哪個種族的災難，而是所有人的災難。

面對這場全球性災難，我們看到了人們的相互理解、信任、關心和幫助，也看到了人們因彼此猜疑和誤解而相互指責、謾罵甚至衝突。這場突如其來的疫情，不但引發了關於人性的爭論（諸如人和自然的關係、人和動物的關係以及人性的善和惡），也引發了對人的理性及其局限性的反思

（諸如關於病毒的來源、病毒的性質、病毒存活的時間以及抗擊病毒的疫苗），還引發了對人權的討論（諸如人的自由及其限度、個體和社會的關係）。

透過這些爭論，我們既能體會到主張人性善的自由主義哲學傳統，也能體會到堅持人性惡的現實主義哲學傳統，兩種傳統都具有各自的解釋力，但又都帶有某種局限性。這種對人自身的認知不但對每個個體及其所在羣體價值取向具有直接影響，而且對相關國家國內政策的制定以及對外政策的決策產生重要影響。

國家的治理能力

面對疫情的蔓延，儘管宣佈國家進入緊急狀態、中斷交通、保持社交距離、佩戴口罩等被普遍認為是應對這次疫情的有效手段，但仔細觀察一下，我們仍能發現，不同的國家還是採取了非常不同的應對措施。中國的應對措施和新加坡不同，韓國的措施和日本不同，英國的方式和法國以及德國不同，美國的方式和意大利也不同。不同的國家在面對危機時所採取的不同的社會動員方式，是歷史上形成的國家和社會之間的關係在今天的反映。

這種現象對於國際關係的研究者而言是再熟悉不過的了，在某種意義上可以說是歷史的重複。面對 1973 年、1974 年石油危機，美國、英國、法國、意大利、聯邦德國和日本做出了不同的反應；面對 1997 年亞洲金融危機，韓國、泰國和馬來西亞做出了不同的反應；面對 2008 年國際金融危機，美國、歐盟和中國做出了非常不同的反應。

如果我們從國家和社會的關係來觀察這次各國應對疫情的措施，大致可以發現三種模式：一類是馬基雅維利式的，諸如中國、韓國、新加坡，這類國家主要關注國家的管理能力，在面對公共危機時通常由國家來統一管理公共事務。一類是盧梭和洛克式的，諸如美國、英國、法國、意大利、西班牙和瑞典等，這類國家主要關注的是法治框架下社會有序地運

行，即使在面對公共危機時也不願意或者無法將社會完全置於國家控制之下。另一類是托克維爾和韋伯式的，諸如德國，這類國家將公共利益的維護視為政府的責任，而將個人利益的維護留給社會。

以上三種國家與社會關係的模式是長期歷史形成的，當個人和社會面臨突如其來的公共危機時，不同的國家在組織個人和社會採取不同的應對方式是再正常不過了，誇大任何一種方式的優點或肯定一種而否定其他方式的優點，在理論認知上是偏頗的，在現實中是不可取的。

國際組織的效用

儘管國際社會中許多國際組織以及非政府組織都參與了抗擊疫情，但最為引人注目的主要有兩個組織：一個是聯合國框架下的專業性組織世界衛生組織（WHO）。從 2019 年 12 月 31 日收到中國的報告開始，世界衛生組織根據《國際衛生條例》協調世界衛生組織總部、區域和國家辦事處的應對措施；[1] 另一個是之前在應對 2008 年國際金融危機中發揮重要作用的二十國集團（G20）。

這兩個國際組織發揮的作用如何呢？先來看二十國集團。2020 年 3 月 26 日，當新冠肺炎疫情在全球肆虐時，二十國集團領導人特別峰會以電話會議的形式舉辦並達成共識，向全球經濟注入 5 萬億美元資金，以應對新冠肺炎疫情及其影響。[2] 在領導人特別峰會之後，為了落實領導人峰會所作出的承諾，2020 年 3 月 31 日，二十國集團的財長和央行行長召開視頻會議，發表《二十國集團應對新冠肺炎行動計劃》，通過了《暫緩對最貧困國家債務償付倡議》，歡迎國際貨幣基金組織、世界銀行和其他國際金融機構提供融資支持，呼籲加強金融監管政策協調，提高全球金融韌

1　"WHO Timeline-COVID-19", 27 April 2020 Statement, http://www.who.int.

2　「G20 向全球經濟注資 5 萬億美元應對疫情」，http://www.gov.cn；"Extraordinary G20 Leaders' Summit: Statement on COVID-19", http://www.g20.utoronto.ca.

性。[1] 然而，這些呼籲對相關國家在抗擊疫情的合作中所起的作用卻非常有限。這主要與二十國集團這個組織的性質有關，作為一個國際論壇，二十國集團既不具備國際制度的激勵職能，也不具有國際制度的懲罰職能。

與二十國集團不同，世界衛生組織雖然有完備的組織架構，也有專業的技術標準，還具備協調應對公共衛生危機的經驗（諸如應對埃博拉病毒以及中東呼吸綜合征），但在這次抗擊疫情的過程中，由於未能協調好大國之間的關係而陷入爭論的漩渦之中。先是美國總統特朗普公開指責世界衛生組織在防疫過程中「以中國為中心」，並於 4 月 14 日宣佈暫停向世界衛生組織繳納會費。與此同時，美國國會參議院國土安全委員會主席約翰遜還宣佈對世界衛生組織和譚德賽進行獨立調查，要求世界衛生組織和總幹事譚德賽提供相關信息。不管這些指責出於什麼目的，這都對世界衛生組織的專業信譽造成很大負面影響，也影響了世界衛生組織在抗擊疫情中進一步發揮作用。

這兩個國際組織效用的有限性，反映了今天國際社會的現實狀態。與國家的內部秩序是政府的產物不同，國際社會因為一直處於無政府狀態之下，因而國際社會的秩序（又稱國際秩序或世界秩序）的確立、維持以及變革自然成為國際關係爭論的主題。一種觀點認為國際社會的秩序是由國家利益決定的。這種觀點的邏輯是，既然國際社會處於無政府狀態之下，而每個國家都會根據自己的私利理性地行事，那麼國家之間因利益的衝突就不可避免，因此避免衝突甚至戰爭最為重要的手段就是強權統治，即國際社會秩序的建立和維持，或依靠霸權國家，或依靠大國之間的勢力均衡（balance of power）和大國協調（concert of powers）。另一種觀點認為國際社會的秩序是由國家之間的共同利益決定的。這種觀點的邏輯是，雖然國際社會處於無政府狀態之下，但由於每個國家都在理性地使本國的利益

1　"G20 Finance Ministers & Central Bank Governors Press Release(Virtual Meeting-March 31, 2020)", http://www.g20.org.

最大化，國家之間可以通過尋求共同利益避免衝突甚至戰爭，即國際社會秩序的建立和維持，可以通過國際組織或國際制度完成。

這次全球疫情暴發後國際社會的無序狀態，特別是世界衛生組織和二十國集團的表現再次提醒我們，美國主導了半個多世紀的世界秩序確實遇到了前所未有的挑戰。

二　全球疫情之下：「被縛的」全球生產鏈與國家的 「兩難困境」

全球新冠肺炎疫情會終結我們熟悉的經濟全球化嗎？這是這次疫情蔓延後幾乎所有人都關心的問題，而各國在抗擊疫情過程中出現的醫療物資供應短缺更讓全球化的命運撲朔迷離。

讓我們先來看看幾個國家和地區在疫情蔓延後對醫療物資供應短缺的反應：2020 年 1 月 23 日，中國台灣地區當局宣佈，將口罩列為限制輸出貨品。

2020 年 3 月 13 日，美國總統特朗普宣佈，鑒於新冠病毒疫情，美國進入國家緊急狀態；4 月 2 日，特朗普簽署《國防生產法》，要求 3M 公司優先將其生產的 N95 口罩留給美國聯邦政府作為國家儲備物資。2020 年 3 月 25 日，歐盟委員會向所有成員國發佈《有關外商直接投資（FDI）和資本自由流動、保護歐盟戰略性資產收購指南》。在《歐盟外資審查條例》2020 年 10 月 11 日正式生效之前，該《指南》主要是針對外國投資者借新冠肺炎疫情蔓延之機對歐盟的戰略性資產進行收購。2020 年 3 月 31 日，法國總統馬克龍在視察西部的中小型口罩製造商 Kolmi-Hopen 公司時提出要更多地在法國和歐洲進行口罩生產。2020 年 4 月 7 日，日本首相安倍晉三主持內閣會議通過了總共 108 萬億日元的「緊急經濟對策方案」，其中 2435 億日元用於日本企業新建廠房和購買設備補助之用，以支持日本企業在海外的生產基地回歸日本，或者轉移到東南亞國家。

「被縛的」全球生產鏈

在全球疫情的衝擊下，製造業三大地區生產網絡（歐盟、北美地區和東亞地區）有關國家和地區出台的這些針對跨國投資的政策，是否真的意味着以投資便利化和貿易自由化為特徵的全球化時代終結了呢？

全球生產鏈和地區生產網絡是 20 世紀 90 年代以來全球化和地區主義兩大趨勢在跨國投資和生產領域的具體體現。全球生產鏈，通常指的是企業和勞動者將一項產品從概念變成最終使用品以及與其相關聯的所有活動，包括研發、設計、生產、營銷、分銷以及最終消費者支持。組成生產鏈的經濟活動既可以由一家企業完成，也可以分散在不同的企業。在全球化和地區化的背景下，如果生產活動更多地由全球範圍的企業間網絡來完成的，我們就稱其為全球生產鏈；如果生產活動是由某一地區範圍內的企業間網絡來完成的，我們就將其稱為地區生產網絡。[1]

在國際政治經濟中，全球生產鏈和地區生產網絡的形成和發展主要涉及兩個問題：一個問題是全球生產鏈或地區生產網絡的治理（governance）問題；另一個是母國和東道國及其企業在全球生產鏈中升級（upgrading）問題。

關於全球生產鏈的治理問題，研究者們發現，[2]全球生產鏈或地區生產網絡的形成和發展主要由跨國公司來主導和協調。一般而言，跨國公司主要通過兩種方式對全球生產鏈或地區生產網絡進行管理：一種方式是內部化方式，即主要通過股權控制來完成，具體來說就是跨國公司通過跨國直接投資，將商品、服務、信息以及其他資產的國際流動都集中在企業內部，並完全處於跨國公司控制之下。另一種方式是外部化方式，主要採取非股權模式（諸如合同製造、服務外包、訂單農業、許可經營、特許經

1　［美］加里·傑里菲等：《全球價值鏈和國際發展：理論框架、研究發現和政策分析》，曹文、李可譯，上海人民出版社 2018 年版，第 3 頁。

2　UNCTAD, "World Investment Report 2011: Non-Equity Modes of International Production and Development", p.124.

營、管理合同、特許權和戰略聯盟等）來影響東道國企業的運行。

關於國家及其企業在全球生產鏈中升級的問題，由於這個問題涉及相關國家在全球經濟中的地位，所以，無論是新興經濟體及其企業還是發展中國家及其企業，都希望通過升級完成「價值鏈攀升」。這就是為什麼在過去 30 年裏，越來越多的新興經濟體和許多發展中國家競相推動投資便利化和貿易自由化，通過制定各種優惠政策吸引跨國公司前來投資。

全球生產鏈不僅改變了各國在國際生產體系的傳統分工，產業各個部門之間的分工逐漸轉變為各個產業部門內部的分工；而且還改變了國際貿易的結構，各個產業之間的貿易逐漸被產業內部的貿易所取代。根據聯合國貿發會議的觀察，由於全球生產鏈被跨國公司所主導和協調，國際貿易雖然發生在國家之間，但主要是發生在跨國公司內部，即母公司和子公司之間或者子公司之間的商品和服務的國際流動。全球生產鏈中，通常用國內增加值（DVA）和外國增加值（FVA）兩個概念來衡量一個國家融入全球生產鏈的程度。國內增加值是指參與價值鏈的國家通過國內的生產要素所創造的價值，因而被認為是貿易中真實的價值交換；而外國增加值是指在多階段、多國生產過程中作為進口投入的一部分進行的增值交易，因而不被認為創造新的價值。所以，外國增加值越高，全球生產過程就越分散，一國融入全球生產鏈的程度就越高。

根據聯合國貿發會議的統計，跨國公司主導的全球價值鏈佔到全球貿易的80%，[1] 而全球貿易中外國增加值所佔比例從 1990 年的 24% 上升到 2010 年的 31%，即使到了 2017 年，全球貿易中外國增加值所佔比例仍然高達 30%，其中，外國增加值在發達國家出口額中所佔比例為 32%，在發展中國家出口額中所佔比例為 28%。[2] 這些數據表明，在過去 30 年裏，全球生產鏈不但促進國家之間貿易的增長，而且強化了國家之間的相互依存。

---

1 UNCTAD, "World Investment Report 2013: Global Value Chains: Investment and Trade for Development", p.xxiii.

2 UNCTAD, "World Investment Report 2018: Investment and New Industrial Policy", pp.22-23.

　　然而，隨着國家之間在產業鏈中相互依存程度的加深，那些掌握產業鏈關鍵環節（諸如中間產品或關鍵技術）的國家就具有更大的權力，而那些依賴產業鏈關鍵環節的國家及其企業的權力就相對弱小。國家之間在產業鏈中這種權力的不對稱，最終使得國家之間既相互依存又相互束縛，甚至相互掣肘。正如兩位「新相互依存論」的倡導者亨利・法雷爾（Henry Farrell）和亞伯拉罕・紐曼（Abraham L. Newman）2020 年年初在《外交事務》上發文所觀察到的：[1]

　　簡而言之，全球化並不是一種自由的力量，而是被變成一種充滿脆弱、競爭以及控制的新的源泉，這是業已被證明了的。網絡與其說是通向自由之路，不如說是層層新的束縛，這也是業已被證明了的。然而，無論是政府還是社會，認識到這一現實為時已晚，因而無力扭轉其趨勢。在過去幾年裏，最顯而易見的是，中美兩國政府都認識到，相互依存是多麼的危險，並為此瘋狂地尋求解決之策。然而，中美兩國之間的經濟交織的程度是何等之深，想要斷絕聯繫或「脫鈎」而不致亂談何容易。兩國在經濟上實現自給自足的能力很小或根本沒有。中國和美國的鷹派也許可以討論一場新冷戰，但是，當今世界分裂成兩個相互競爭的集團幾乎是不可能的。所以，儘管相互依存會滋生危險，但各國仍將彼此交織在一起，並因此塑造了一個新的時代，我們可以將其稱為「被縛的全球化」時代。

　　所以，面對由跨國公司主導和協調的全球生產鏈和地區生產網絡，任何國家，不管是母國還是東道國，也不管是發達國家，還是發展中國家和新興經濟體，都面臨着「兩難困境」選擇：如果要促進經濟增長，就必須推動投資便利化和自由化；如果要保證本國經濟不被跨國公司所控制，就必須對跨國投資進行監管和限制。正是在這種意義上，我們認為，全球疫

1　Henry Farrell and Abraham L. Newman, "Chained to Globalization: Why It's too Late to Decouple", *Foreign Affairs*, Vol.99, No.1, 2020, pp.70-71.

情發生後相關國家和地區推出的政策，只是表明了這些國家和地區對本國經濟安全的擔心而已，並未從根本上解決其一直面臨的「兩難困境」。

全球生產鏈導致國家的「兩難困境」

既然全球生產鏈是由跨國公司所主導和協調的，而東道國，特別是發展中國家和新興經濟體又希望通過加入全球生產鏈實現國內企業的「價值攀升」，那麼，各國是如何克服既要吸引跨國投資又要保證供應鏈安全這樣的「兩難困境」呢？

對於全球生產鏈引起的國家的「兩難困境」，東道國通常通過如下兩種方式來影響本國企業的選擇，進而改變生產鏈的空間分佈。

一種方式是將國家安全直接植入跨國投資政策中，通過列出「敏感性工業」或「戰略性工業」目錄，監管或限制跨國投資對所列產業的參與。20 世紀 60—70 年代，這種手段主要是用來控制外國企業參與本國的國防工業；20 世紀 90 年代這種手段逐漸被擴展用來保護其他戰略產業和關鍵基礎設施；最近還被用來保護被視為在新工業革命時代對國家競爭力至關重要的國內核心技術和專門知識。例如美國 2008 年提出《外國直接投資與國家安全》報告，不僅適用於美國跨國直接投資的流出，也適用於跨國直接投資的流入，特別是對來自發展中國家的主權財富基金的監管。俄羅斯聯邦總統也於 2008 年就戰略工業簽署了一項法令《俄聯邦外資進入對保障國際和國家安全具有戰略意義商業組織程序法》，對那些被視為對國家安全或戰略重要性的工業（戰略企業）的外國投資提出了一個詳細的管理框架。2012 年，意大利成立新的機構，用於政府審查在戰略性行業經營的公司的資產交易。2015 年中國通過《國家安全法》，允許國家建立外國投資國家安全審查和監督機制。2017 年德國擴大國家安全審查範圍，包括關鍵行業。[1]

1　UNCTAD, "World Investment Report 2018: Investment and New Industrial Policy", p.162.

　　另一種方式是通過簽署多邊投資協定和雙邊投資協定，來引導和塑造生產網絡。由於國際社會長期未能在全球層面上達成一項類似貿易領域的國際投資協定，所以，在全球化和地區主義的推動下，各國競相簽訂地區性投資協定和雙邊投資協定。在歐洲地區，2009 年 12 月生效的《里斯本條約》將歐盟成員國關於外國直接投資協定的談判權轉交給歐盟。在亞太地區，關於《全面與進步跨太平洋夥伴關係協議》（CPTPP）和《區域全面經濟夥伴關係協議》（RCEP）取得了實質性進展。在北美地區，美國、加拿大和墨西哥三國完成美墨加協定（USMCA）的談判。至於雙邊投資協定〔這裏指雙邊投資協定（BITs）以及包括投資內容在內的自由貿易協定（FTAs）〕更是成為各國用來鼓勵投資而青睞的手段。根據聯合國貿發會議的統計，在 2006 年年底全球範圍內的 5500 個國際投資協定中，2573 個協定是雙邊投資協定。而到了 2018 年年底，雖然隨着有些國際投資協定有效終止，全球範圍內的國際投資協定下降為 3317 個，但其中的雙邊投資協定不降反升為 2932 個。[1]

　　這次新冠肺炎疫情暴發之後，由於疫情迅猛突然，在全球範圍內出現了醫療物資（諸如口罩、防護服、手套、護目鏡以及呼吸機等）短缺或供給不足的狀況，有的國家考慮到國家安全或國家的競爭力，鼓勵本國相關產業的跨國企業回到本國生產，或設立多條生產線以保證對本國的供應，這是可以理解的。但若因此就下結論認為全球化的時代即將終結，未免為時過早。

　　事實上，無論是歐盟國家和美國，還是亞洲的日本和中國台灣地區，若要通過制定外國投資政策來影響或改變生產鏈的區位佈局，必須面對如下三個挑戰。

　　第一，主導和協調全球生產鏈或地區生產網絡的是跨國公司而不是國

1　UNCTAD, "World Investment Report 2007: Transnational Corporations, Extractive Industries and Development", p.16; UNCTAD, "World Investment Report 2019: Special Economic Zones", p.99.

家。跨國公司的發展戰略是市場導向型的,跨國公司的利益並不總是和母國的國家對外戰略一致。這也是美國面對疫情蔓延不得不啟動《國防生產法》的原因,但美國不可能永久處於國家緊急狀態,美國的跨國公司也不可能長期在《國防生產法》的主導下進行生產。

第二,主導和協調全球生產鏈或地區生產網絡的跨國公司主要是以私人企業為主。雖然近些年發展中國家和新興經濟體跨國公司的對外投資活動增長很快,但在全球對外投資中,發達國家的跨國公司對外投資仍然佔主導地位。根據聯合國貿發會議統計,2005—2017 年,僅發達國家跨國公司對外投資流出量佔全球對外投資流出量維持在 60%—85%,這些跨國公司的母國主要是美國、英國、歐盟國家以及亞洲的日本。[1]而在這些國家和地區,跨國公司是以私有產權為主,國家很少參與控股。對私有產權和私人企業的保護是這些國家市場經濟的重要特徵,私有產權在這些國家是受憲法保護的。所以,這些國家只能通過修改投資政策或簽訂多邊投資協定便利這些跨國公司的生產經營活動,不可能完全主導這些跨國公司的行為。

第三,任何國家都不可能將所有產業都列入「戰略性產業」目錄。國家可以基於本土生產企業的競爭力,或出於對土地以及自然資源的外資所有權考量而對外國投資者的經營行為進行監管,也可以將涉及國家安全或國家競爭力的產業列入「戰略性產業」目錄進行審查和限制,但任何國家都不可能將涉及人們日常生活的產業(諸如紡織業、服裝業、農業和汽車業等)列入「戰略性產業」目錄中加以管控。2008 年金融危機之後,儘管各國都加強了對外國投資審查,但列入審查最為常見的部門是公用設施、電信、交通和媒體,製造業很少包括在內。相反,在製造業領域,各國競相推出投資激勵政策,促進投資便利化和自由化。

1　參見 UNCTAD, "World Investment Report 2018: Investment and New Industrial Policy", pp.5-6, Figure1.5 and Figure 1.6。

三　全球疫情之後：世界秩序的三種可能走向

全球疫情結束後世界秩序走向如何？這是人們討論這次全球新冠肺炎疫情對國際關係影響時爭論最為激烈的一個問題。

在以往的國際關係研究中，當討論世界秩序時，我們往往過分強調利益和制度的作用，卻忽視了價值觀念的重要性。事實上，價值觀念不僅體現在各個國家利益形成的偏好裏，也蘊含在國家對國際合作規則和制度的選擇上，同時還反映在各個國家具體的國內政策和對外政策中。正如英國學派的著名代表人物布爾所觀察到的：

> 世界政治中的秩序之維持，首先依賴於某些偶然事實，即便國家之間缺少共同的利益觀念、共同的行為規則或者共同的制度……這些偶然性的事實也會導致秩序的維持。比如說，即便國家不相信局勢有助於共同利益的實現，或者國家沒有試圖對均勢施加管理並使之制度化，均勢也可能偶然地產生於國際體系之中。如果均勢產生了，那麼它就可能有助於限制暴力行為，使得保證具有可信度或者確保政府在本國的最高權威受到挑戰之時安然無恙。然而，在國際社會，如同在其他類型的社會一樣，秩序不僅僅是這類偶然性事實的產物，它也是追求社會生活基本目標的共同利益觀念、旨在幫助實現這些目標的行為準則以及有助於這些規則具有效力的制度所導致的結果。[1]

在這次全球抗擊疫情的過程中，我們發現，無論是在個體之間，還是在羣體之間，甚或在國家之間，不僅在諸如貨物、技術、信息等物質利益方面出現了激烈爭端，而且在諸如自由、民主、平等、公正、信仰等價值

1　[英]赫德利·布爾：《無政府社會：世界政治中的秩序研究》（第四版），張小明譯，上海人民出版社 2015 年版，第 59 頁。

觀念上也存在着嚴重分歧。

在這裏,我們只列舉幾個國家在抗擊疫情過程中所採取的具體措施,就可以發現這些國家在價值觀念上的巨大差異。

2020 年 1 月 23 日,武漢疫情防控指揮部發佈 1 號通告,關閉所有往來武漢的交通,正式進入全面防疫階段。中國政府進行全面動員,全面防控,將疫情當作一場「人民戰爭」來打,最終在兩個多月裏基本控制住了疫情。當國際社會為中國的國家能力表示驚歎時,部分西方國家卻認為這是「極端政治」的表現。[1]

2020 年 2 月 18 日,居住在韓國大丘的一位「新天地」教徒被確診之後,大丘和慶北地區確診案例迅速上升。面對疫情的蔓延,韓國政府快速採取措施,從 3 月 9 日開始實行名為「口罩五部制」的實名購買制度,保證居民可以買到口罩;大力宣傳保持「社交距離」,避免大規模集會,提供緊急生活補助,結果疫情很快得以控制。

2020 年 3 月 12 日,面臨新冠肺炎疫情蔓延,英國政府推出「避險」政策,首相約翰遜在記者會上發出警告,「疫情會進一步蔓延,我必須向你們、向英國公眾說實話:許多家庭將提早失去他們的摯愛親人」,但他同時宣佈,英國政府「不會關閉英國的學校,也不禁止大型活動」。針對英國政府的「避險」政策,229 名科學家公開寫信希望政府不要「拿生命冒險」,但政府回應稱如果採取嚴厲措施會招致公眾不滿。[2]

2020 年 1 月 21 日,美國宣佈出現第一例新冠肺炎病例,3 月 10 日確診病例破千,3 月 13 日,總統特朗普宣佈進入國家緊急狀態,3 月 19 日確診病例過萬,4 月 27 日確診病例達到 100 萬,死亡人數達 5.5 萬,成為疫情最嚴重的國家。在 3 月 13 日宣佈國家進入緊急狀態之後,美國不僅出現了聯邦政府和部分州政府在「隔離政策」上的分歧,也出現了民主

1　「肺炎疫情:防疫戰在此凸現中美制度之爭」,2020 年 3 月 13 日,http://www.bbc.com。
2　「肺炎疫情:英國出台『避險』政策羣體免疫與當局的科學邏輯」,2020 年 3 月 16 日,http://www.bbc.com。

黨議員對特朗普政府所採取措施的質疑，甚至還出現了以保護個人行動自由為由反對保持「社交距離」的游行。[1]

以上所列舉的這些國家根據各自的國內政治制度進行政治社會動員，遵循不同的價值觀念推行不同的防疫措施，這在多元化的世界中本無可厚非，然而，在國際社會卻引起了關於政治制度方面的廣泛討論。[2]

所以，當我們評估後疫情時代世界秩序走向時，不能僅從物質利益來考量，還要考量價值觀念在世界秩序未來走向上的可能影響。如果基於物質利益和價值觀念的組合，我們認為，全球疫情結束後世界秩序的走向主要有如下三種可能性。

第一種可能性是多元的多邊主義世界秩序。在這一多元的多邊主義世界秩序中，既有物質利益的相互交往，又有價值觀念的相互包容。所謂物質利益的相互交往，就是繼續推動經濟全球化，基於多邊主義制度對全球經濟進行治理。在貿易領域，繼續發揮世界貿易組織以及各種地區貿易協定的作用，反對貿易保護主義，促進貿易自由化和便利化；在金融領域，繼續發揮國際貨幣基金組織、世界銀行以及二十國集團的作用，加強金融監管的合作，推動資本自由流動；在國際投資和生產領域，繼續促進和完善國際投資協定，加強全球生產鏈和地區生產網絡的治理。所謂價值觀念的相互包容，是指無論是個體和羣體（不同的民族、不同的種族、不同的信仰），還是不同的國家（民主國家、威權國家），對於彼此的價值觀念都能相互理解和包容。但這種多元的世界秩序面臨兩個最大挑戰：一個挑戰是如何避免「免費搭車」現象。在這種沒有領導性國家的秩序中，由於

1　「肺炎疫情：美國反封鎖抗議潮台前與幕後」，2020 年 4 月 29 日，http://www.bbc.com。

2　Francis Fukuyama, "The Thing That Determines a Country's Resistance to the Coronavirus", *The Atlantic*, March 30, 2020, https://www.theatlantic.com/ideas/archive/2020/03/thing-determines-how-well-countries-respond-coronavirus/609025/;Francis Fukuyama, "Nous Allons Revenir à un Libéralisme des Années 1950-1960", Le Point, April 9, 2020, https://www.lepoint.fr/postillon/francis-fukuyama-nous-allons-revenir-a-un-liberalisme-des-annees-1950-1960-09-04-2020-2370809_3961.php; "The State and Covid-19: Everything's under Control", *The Economist*, March 28, 2020.

國家之間處於相互競爭狀態中，有的國家出於自身利益的考量，不但不願意為世界秩序中的公共物品付出任何代價，而且還希望其他國家為公共物品付出更大的代價，這樣就出現了通常所說的「免費搭車」現象。另一個挑戰是「以鄰為壑」現象，即每個國家都在理性地促進本國利益而不願意消除世界秩序中的共同壞事（諸如大氣污染、軍備競賽），最後導致所有國家的處境更壞。

第二種可能性是美國主導的自由世界秩序。在這一世界秩序中，雖然有物質利益的相互交往，但在價值觀念上存在排他性。這次疫情不僅加劇了各國國內社會的撕裂，諸如種族主義的歧視，而且也導致了國際社會的撕裂，諸如民族主義的偏見。事實上，這種趨勢在疫情暴發之前就已經顯現出來了，2017 年特朗普上台以後，一改 2008 年金融危機後美國對外經濟政策。為了重振美國領導權以及美國主導的自由世界秩序，在「美國優先」的口號下，特朗普政府不但開始重塑美國的國家利益，而且開始重塑世界經濟秩序。這突出地表現在美國的對外經濟政策和國際經濟政策中，諸如，與加拿大和墨西哥重新談判北美自由貿易區，與日本和韓國進行 FTA 的談判，與中國進行貿易談判，退出自己曾大力支持的 TPP，對 WTO 的多哈回合談判停滯不前公開表示不滿。所有這一切都表明，美國並不是在主動放棄美國對自由世界經濟秩序的領導權，而是基於「美國優先」的考量試圖重塑美國領導的自由世界秩序。這一秩序目前面臨的最大挑戰就是相關國家對美國「領導力」的信心問題。

第三種可能性是中美相互競爭而出現兩極體系，也就是疫情期間人們所說的「新冷戰」，即一方是以美國為中心的體系，另一方是以中國為中心的體系。這種狀態意味着中國與美國兩國不僅在物質利益上相互「脫鈎」，而且在價值觀念上完全對立，同時雙方還願意並且有能力建立和維持各自的體系。這種秩序的可能性取決於兩點：一是中國和美國兩國是否有意願相互競爭，並都有能力提供支撐兩種不同體系的公共物品；二是其他國家是否能從這些公共物品中受益，並且願意在這兩種體系中進行選

擇。目前來看這種可能性並不大。

四　結論

　　面對突發性事件，所有專業知識羣體一般有三種應對方式：第一種方式是為決策者提供專業性知識，從而使得相應的政策具有科學性和可操作性；第二種方式是用專業知識引導社會公眾，從而使得公眾更具理性；第三種方式則是傳授和昇華專業知識，從而進行知識的積累。當我們將國際關係置於全球疫情之下進行觀察時，有許多議題需要我們進行研究，在這裏我們只是從國際關係專業知識積累的角度進行了些許思考。我們發現，對國際關係所有行為體而言，在共同的災難面前，沒有贏家和輸者之分，「以鄰為壑」和「免費搭車」都是不可取的；就全球生產鏈和國家安全而言，全球疫情強化了供應鏈安全的重要性，全球生產鏈的斷裂是困難的，但區位重組是可能的；就世界秩序的走向而言，價值取向和物質利益同等重要，沒有價值觀念包容的世界秩序是不可能持久的。但願這些有限的知識積累能夠成為一種共同的知識，既能被社會大眾所理解，也能被相關政策決策者所接受。

新冠肺炎疫情與全球治理變革

孫吉勝

　　新型肺炎疫情發生以來，中國政府始終把人民生命安全和身體健康放在第一位，採取嚴格防控措施，取得了顯著的防控效果。儘管如此，新冠肺炎還是很快在全球多點暴發，在多個國家出現快速蔓延態勢，成為一場典型的全球性公共衞生危機。疫情的影響很快外溢到經濟、社會、政治等眾多領域，突顯出全球治理的必要性與緊迫性。儘管本次疫情範圍大、影響面廣，但是從疫情暴發到在多國蔓延，全球治理體系似乎即陷入困境，無論是國際組織、國際機制還是世界大國都反應遲緩，各國各自為政，整個世界處在混亂狀態。在百年未有之大變局之下，新冠肺炎疫情的蔓延迫使我們重新審視當前的世界秩序，思考當前的全球治理體系。全球治理體系為何會部分失靈、陷入困境？這些困境主要體現在哪些方面？全球治理體系存在哪些理念和規則方面的問題？在全球性問題日益增多的情況下，各國需要反思應該如何變革與調整當前的全球治理體系，以更好地應對全球性挑戰。針對全球性問題，各國迫切需要改變觀念，拋棄零和思維和陳舊理念，樹立人類命運共同體意識，結成理念共同體、制度共同體、政策共同體、行動共同體和責任共同體。各大國需要思考如何加強協調，團結全球力量，共同參與和推進全球治理，把理念轉變為行動，以更好的應對全球性問題。而針對類似新冠肺炎疫情大流行這樣的全球性公開衞生危機來說，只有全球結成人類衞生健康共同體、共同合作應對才是唯一出路。

＊　作者係外交學院副院長、教授，北京市對外交流與外事管理基地首席專家。
　　本文完整版本發表於《世界經濟與政治》2020 年第 5 期。

一　全球治理及治理機理

　　全球性問題需要全球治理。理解全球治理及其機理是從全球治理角度審視新冠肺炎疫情的基礎。實際上，全球治理主要是為了更好地應對和解決全球性問題。全球治理實踐顯示全球治理主要依賴制度治理。在治理過程中，大國是全球治理的核心要素。

全球治理是為應對全球性問題而生

　　20 世紀 90 年代，隨着冷戰的結束，全球化進程加快，整個世界日益融為一體，國家間相互依賴增強，隨之而來的是很多全球性問題出現，如貧困、氣候變化、難民、跨國犯罪和環境污染等。傳統安全與非傳統安全威脅交織，高政治議題和低政治議題相互影響，局部問題與全球問題彼此轉化。全球性問題依賴單個國家已很難應對，國家間協調與合作成為唯一出路。在全球層面應對解決全球性問題的任務變得緊迫而艱巨，全球治理的概念由此產生。1992 年，由德國前總理威利·勃蘭特（Willy Brandt）倡議、瑞典前首相英瓦爾·卡爾森（Ingvar Carlsson）等國際知名人士共同發起成立「全球治理委員會」，該委員會 1995 年發佈《我們的全球夥伴關係》報告，對「全球治理」概念進行系統闡述：[1] 治理是個人、制度、公共部門與私有部門共同管理事務的持續過程。通過該過程，各種相互衝突和擁有不同利益的各方相互協調，進而合作。全球治理既包括被授權的正式組織機構和機制，也包括被人們和相應機構認可並認為可以滿足其利益的非正式安排。[2] 中國有學者認為全球治理是通過具有約束力的國際規制（regimes）解決全球性的衝突、生態、人權、移民、毒品、走私和傳染病

1　孫吉勝：《「人類命運共同體」視域下的全球治理》，載《中國社會科學評價》2019 年第 3 期，第 122 頁。

2　Commission on Global Governance, *Our Global Neighborhood*: *The Report of the Commission on Global Governance*, New York: Oxford University Press, 1995, p.2.

等問題，以維持正常的國際政治經濟秩序。[1] 也有人認為全球治理是以人類整體論和共同利益論為價值導向，多元行為體平等對話、協商合作，共同應對全球變革和全球挑戰的一種新的管理人類公共事務的規則、機制、方法和活動。[2] 還有學者認為，全球治理主要指主權國家、國際組織、非政府組織等國際關係行為體為解決全球性問題、增進全人類共同利益而建立的管理國際社會公共事務的制度、規範、機制和活動。[3]

全球治理主要依賴制度治理

按照學界對於全球治理的界定和研究以及全球治理實踐，迄今為止全球治理主要以制度治理為主，國際組織或國際機構以及它們制定的相關國際規則和規範協調約束各國行為、促成合作，在治理中扮演重要角色。全球治理主要涉及治理目標、治理對象、治理主體和治理依據。由於全球治理不像國內治理那樣可以依賴政府的權威和強制力，制度對全球治理至關重要，是各國協調行為，進行合作的平台和依據。國際制度主要涵蓋國際組織或機構、國際機制、國際規則和國際規範。這些是治理行為體在治理過程中的主要依據，也構成了全球治理體系的主要內容和全球治理運行的基本框架，多邊主義框架下的制度治理也一直是全球治理的主導話語。也正是由於國際制度對全球治理至關重要，各國家之間尤其是大國之間一直存在制度之爭，如圍繞國際組織或機構的創設和掌控、規則制定、議程設置、代表權、發言權等展開競爭。制度之爭在國際體系轉型或是大國間競爭激烈時會表現得更明顯，如在冷戰期間的美國和蘇聯以及 2008 年之後的中國和美國，這構成了大國政治和大國博弈的一個重要方面。當前的全球治理體系主要形成於第二次世界大戰後，由以美國為首的西方國家主導，如以世界貿易組織為主的貿易治理體系，以世界銀行、國際貨幣基金

1　俞可平：《全球治理引論》，《馬克思主義與現實》2002 年第 1 期，第 25 頁。

2　蔡拓：《全球治理的中國視角與實踐》，《中國社會科學》2004 年第 1 期，第 95—96 頁。

3　陳岳、蒲儁：《構建人類命運共同體》，中國人民大學出版社 2017 年版，第 83 頁。

組織等為主的全球金融治理體系和以聯合國安理會為主的集體安全治理體系，實際上都是以制度確保多邊協調與合作。聯合國作為世界最大和最具代表性的國際組織，下設 16 個專門機構，如世界衛生組織、聯合國教科文組織、世界糧農組織、世界勞工組織、世界知識產權組織、國際電信聯盟、國際海事組織和世界氣象組織等，它們專門管理相應的領域。各專門機構都制定相關的規則和規範，各國加入相關的公約和條約，進行相應的治理，維護各領域的穩定和秩序。

大國是全球治理中的核心要素

儘管全球治理的主要行為體涵蓋國家、政府間組織、非政府組織和民間力量，但是從全球治理實踐看，國家尤其是世界大國仍是全球治理過程中的重要力量。世界大國無論是在資源、實力、能力還是在全球動員方面都具有獨特優勢。同時，全球治理也是大國利益矛盾突顯的場所，不同國家對威脅和問題的優先排序不同，對各自所需承擔的責任也存在認知差異，[1] 這會直接影響全球治理的具體實踐。在全球治理規則制定、治理議程設置以及治理機構和機制創設過程中大國也更有影響力。例如，聯合國、二十國集團、八國集團和金磚國家等實際上都是大國在發揮關鍵作用。對於世界經濟而言，以美國為首的七國集團在 2008 年金融危機前一直起主導作用。對於一些安全問題來說也同樣如此，如針對伊朗核問題，參與核協議談判的主要是中國、美國、俄羅斯、英國、法國和德國這些大國，因此美國宣佈退出該協議也產生了極大的負面影響。當前，諸多領域（如氣候變化、反恐、難民、網絡、深海、極地等）的全球治理，都離不開大國的積極參與和協調。在一些突發性危機中，大國的影響力往往更大。例如，2008 年金融危機爆發後，發達國家和新興經濟體共同使二十國集團這一平台的作用突顯出來，各國在該機制下多次召開領導人峰會，協同國

1　秦亞青：《全球治理：多元世界的秩序重建》，世界知識出版社 2019 年版，第 83 頁。

際貨幣基金組織共同應對危機，對維持當時的世界經濟穩定和提振人們對
世界經濟的信心發揮了重要作用。很多時候，在具體問題面前，大國出面
可以有效動員眾多的行為體和各方力量，進而在發揮物質層面影響的同時
產生精神層面影響，如穩定預期、增強信心和團結互助等，這是中小國家
所無法取代的。

二　新冠肺炎疫情下的全球治理困境

此次新冠肺炎疫情在短短的三個多月在世界各地暴發，半年內疫情
先後在歐洲、北美洲等地持續擴散，多個國家和城市不得不「封國」「封
城」，宣佈進入戰時狀態、緊急狀態或重大災難狀態，公共衛生資源緊張
和匱乏成為眾多國家所面臨的困境，這種態勢還將持續下去。世界經濟受
到重創，外溢影響日益嚴重。很難想像在科技與信息如此發達、資源如此
豐富的時代，人類會陷入如此艱難的境地。正如聯合國祕書長古特雷斯所
說：「我們正面臨着一場聯合國 75 年歷史上前所未有的全球衛生危機，這
場危機正在擴散人類痛苦，影響全球經濟，顛覆人們的生活。」[1] 面對如此
嚴重的全球性問題，全球治理體系卻處於部分失靈狀態並陷入困境，具體
表現在國際組織反應和行動遲緩，國際機制部分失靈，大國間協調合作難
度加大，領導缺失。這一切讓我們不得不反思當前的全球治理體系以及全
球治理的未來。

國際組織陷入部分失靈狀態

國際組織是全球治理中的重要行為體，就當前的全球治理體系而言，
聯合國及其下設的專門機構應該發揮重要的協調和指導作用。但是，自此

---

1 「祕書長關於 2019 冠狀病毒病危機的新聞談話」，2020 年 3 月 19 日，https://www.
un.org/sg/zh/content/sg/speeches/2020-03-19/remarks-virtual-press-encounter-covid-19-
crisis。

次疫情暴發以來，聯合國發揮的作用微乎其微。儘管古特雷斯幾次就新冠肺炎疫情發表講話要求各國團結，向病毒宣戰，共同應對危機，但是實際上聯合國未能起到重要的團結和協調作用。世衞組織在研究相關疫情、通報疫情方面發揮了作用，但其建議和提示無法規範和約束各國行為。例如，世衞組織從 2020 年 1 月 3 日接到中國的相關通報後即展開第一階段的工作，主要針對病毒如何傳播、嚴重程度如何、防止傳染的措施有哪些等進行相關調研和研究，並對疫情程度進行定性。1 月 30 日宣佈疫情為國際關注的公共衞生突發事件（PHEIC）；2 月底，將疫情在全球風險評估上調為「非常高」，這表明每一個國家都需要為可能發生的大規模社區傳播做好準備；3 月 11 日宣佈「全球大流行」。在宣佈本次疫情為國際關注的公共衞生突發事件之後，抗疫行動升級為由世衞組織總部協調支持的全球努力，如確定科研重點、調集資源向各國運送檢測試劑和個人防護用品、分享中國的抗疫經驗等，讓其他國家至少有所了解並從中獲得有用提示，明白中國是怎麼做的、哪些方法是有效的。[1] 但是，在協調國家行動方面世衞組織明顯力不從心，也無法規範各國行為及改變各國對疫情的反應和防控措施。世衞組織要求各國報送相關信息，一些國家並沒有予以配合；世衞組織強調旅行禁令並不是有效的防控措施，但很多國家首先採取了旅行禁令。更重要的是，世衞組織關於新冠肺炎疫情的嚴重性和傳播途徑的建議並沒有得到各國充分重視，這導致多國浪費了在疫情初期進行有效防控的寶貴時間。儘管聯合國的其他專門機構針對疫情也展開了一些相關工作，如世界銀行推出 120 億美元方案來協助各國應對疫情影響，國際貨幣基金組織就疫情期間保護人民的財政政策提出建議等，[2] 但對遏制疫情蔓延沒有產生實質性影響。

　　除了國際層面外，國際組織在地區層面也出現失靈狀態，其中最典型

1　「『中國向世界展示了疫情的發展軌跡是可以改變的』——專訪世衞組織駐華代表高力」，2020 年 3 月 17 日，https://news.un.org/zh/story/2020/03/1052882。

2　參見聯合國網站，https://www.un.org/zh/。

的是歐盟。歐盟是制度性強和嚴密有序的地區組織，並在此基礎上實現了
高度一體化，然而卻在此次疫情面前作為不足，未能發揮一個超國家地區
組織應有的領導、協調和團結各國的作用。法國和德國作為歐盟的主要力
量，也未體現其領導作用，突顯了歐盟遠未結成命運共同體這一事實。許
多歐盟國家面對嚴峻的疫情形勢，沒有同其他國家採取聯合行動，而是首
先採取保護主義措施維護自身利益。2020 年 3 月 10 日，儘管歐洲理事會
舉行視頻會議，與歐盟成員國領導人商討共同抗擊疫情，確定了當時歐盟
的頭等任務，即限制病毒傳播、確保醫療設備供應充足、促進疫苗等醫藥
研發和應對疫情造成的社會經濟影響，並指出歐盟需制定一套統一的抗疫
規範，[1] 但並未轉化為具體行動。意大利出現疫情後向歐盟求助，歐盟和各
成員國卻並未及時向意大利提供幫助以遏制疫情傳播。歐盟成員國之間還
不斷出現防疫物資被攔截的情況。繼意大利疫情惡化後，疫情很快在西班
牙、法國和德國等國蔓延。歐盟對歐洲其他國家還實施了出口限制政策。
歐盟委員會主席烏爾蘇拉·馮德萊恩 (Ursula von der Leyen) 2020 年 3 月
15 日宣佈，歐盟將全面禁止部分醫療防護設備的出口，向非歐盟國家的
出口必須得到成員國的授權，以保證歐盟內部有足夠的供應。這種做法無
疑擴大了歐盟和其他歐洲國家的裂痕，也削弱了歐盟的吸引力和向心力。
塞爾維亞總統亞歷山大·武契奇（Aleksandar Vučić）明確表示歐洲團結
根本不存在。[2] 隨着德國、法國、西班牙等國疫情加重，歐盟各成員國更是
陷入了各掃門前雪的境地。直到 2020 年 4 月 9 日歐盟成員國財長會議才
達成協議，同意為應對歐洲新冠肺炎疫情實施總額為 5400 億歐元的大規
模救助計劃。[3]

1　《歐盟舉行視頻會議確定 4 項緊急任務》，《北京日報》2020 年 3 月 12 日。

2　Kurt M.Campbell and Rush Doshi, "Coronavirus Could Reshape Global Order", *Foreign Affairs*, March 18, 2020, https://www.foreignaffairs.com/articles/china/2020-03-18/coronavirus-could-reshape-global-order.

3　《歐盟財長會議達成 5400 億歐元救助計劃》，《人民日報》2020 年 4 月 12 日。

各類國際機制反應失靈、行動遲緩

　　與國際組織、國際機構相比，國際機制是在一定規則和程序的基礎上形成的相對穩定的制度安排，但還未形成實體機構組織，與國際組織或國際機構相比，其成員關係和運作程序等相對鬆散靈活，制度化水平相對較低，創建成本和創建過程相對簡單。儘管如此，國際機制仍是全球制度治理的重要組成部分，如二十國集團、金磚國家等。中國近年來也啟動了不少新機制，如亞洲文明對話、南南人權論壇等。過去國際機制在全球治理過程中發揮了重要作用。例如，二十國集團在 2008 年國際金融危機爆發後成為應對危機的有效機制，在關鍵時刻團結發達經濟體與發展中國家一起遏制了危機的蔓延，二十國集團連續召開會議，並在 2009 年的匹茲堡峰會上取代八國集團成為全球經濟治理的重要平台。[1] 再比如，在氣候變化領域，聯合國氣候變化大會對全球應對氣候變化發揮了重要作用，不僅制定了相關規則，也凝聚了世界各方力量共同應對氣候變化。但是，此次疫情暴發後，各類國際機制普遍反應遲緩，沒有有效作為，未能發揮實質性影響。2020 年 3 月 12 日，二十國集團領導人利雅得峰會第二次協調人會議在沙特阿拉伯的胡拜爾舉行，會後發表了《二十國集團協調人關於新冠肺炎的聲明》，呼籲國際社會積極應對，加強協調合作，控制疫情，保護人民，減輕其對經濟的影響，維護經濟穩定，同時避免污名化，也表示支持世衛組織的工作。[2] 直到 2020 年 3 月 26 日，二十國集團領導人應對新冠肺炎特別峰會才得以通過視頻會議形式召開，對疫情防控和維持全球穩定進行討論。3 月 31 日，二十國集團財長與央行行長舉行特別視頻會議，討論落實二十國集團領導人特別峰會關於應對新冠肺炎疫情的聲明。而此時新冠肺炎疫情已在全球大規模暴發，對世界經濟等領域的負面影響已經

1　何亞非：《選擇：中國參與全球治理》，中國人民大學出版社 2016 年版，第 4 頁。

2　「二十國集團協調人會議就應對新冠肺炎疫情發表聲明」，2020 年 3 月 13 日，https://www.fmprc.gov.cn/web/ziliao_674904/1179_674909/t1755427.shtml。

大規模顯現。此外，作為 21 世紀新形成的金磚國家機制，在此次疫情中也基本沒有太多作為。相較而言，只有東盟與中日韓（「10+3」）在抗疫方面比較務實，4 月 14 日於領導人特別會議後發表聯合聲明，提出了一系列務實抗疫舉措，如加強早期預警機制建設、考慮建立「10+3」重要醫療物資儲備、加強流行病學科研合作以及設立應對公共衞生突發事件的特別基金等。[1]

大國協調與合作難度加大，領導缺失

如前文所述，大國在全球治理中起關鍵作用。一個大國除了實力和資源外，在國際層面還要能夠做到理念引領、政策協同、團結合作與責任擔當。當前，大國在應對各領域全球性問題方面起着穩定信心、協調合作與動員全球力量的關鍵作用，在危機時刻就更需要大國發揮作用。在針對新冠肺炎疫情這樣的突發性事件中，《紐約時報》記者撰文強調大國需要成功管控好國內危機、團結盟友、領導同盟、提供全球公共產品以及組織全球共同應對。[2] 而此次疫情暴發後，作為世界第一大國的美國並未在這些方面積極作為，而是繼續堅持美國優先。美國學者史蒂芬‧沃爾特（Stephen Walt）撰文《美國能力之死》，專門評價了美國應對此次疫情與承擔國際責任的退縮及影響。[3] 中國疫情發生後，美國針對中國的負面聲音接連不斷。美國商務部部長威爾伯‧羅斯（Wilbur Ross）2020 年 1 月 30 日接受採訪時說中國發生的新型疫情將有助於加速製造業回流美國，突顯其零和思維。美國從 2 月 2 日起對所有中國公民以及過去 14 天到過中國的外國人關閉邊境，對中國實施嚴格的旅行禁令。在中國疫情最困難時期，俄羅

---

1 「東盟與中日韓抗擊新冠肺炎疫情領導人特別會議聯合聲明」，2020 年 4 月 15 日，https://www.fmprc.gov.cn/web/zyxw/t1769820.shtml。

2 Steven Erlanger, "Another Virus Victim: The U.S.as a Global Leader in a Time of Crisis", *The New York Times*, March 22, 2020.

3 Stephen Walt, "The Death of American Competence", *Foreign Policy*, March 23, 2020, https://foreignpolicy.com/2020/03/23/death-american-competence-reputation-coronavirus/.

斯、白俄羅斯、日本和韓國等國迅速將醫療物資送至武漢，160 多個國家和國際組織領導人以不同方式向中國表達支持，美國民間社會各界也向中國捐贈醫療物資，但是美國政府並沒有對中國提供實質性的幫助。不僅如此，美國一些媒體和官員還不時發出污名化中國的聲音。《華爾街日報》2月 3 日發表《中國是真正的「東亞病夫」》一文並拒絕道歉，引發中國強烈抗議並吊銷 3 名《華爾街日報》駐京記者的記者證件作為回擊。3 月 2日，美國國務院宣佈對 5 家中國駐美媒體實施人員數量限制，要求其將員工總數從 160 人減少到 100 人，之後中方對等要求「美國之音」與《紐約時報》《華爾街日報》《華盛頓郵報》《時代週刊》5 家美國媒體駐華機構向中方申報其在中國境內所有工作人員、財務、經營以及所擁有不動產信息等書面材料。特朗普還無視世衛組織對病毒的相關命名規定，在其講話和推文中頻繁使用「中國病毒」一詞，試圖將疫情責任歸咎於中國。在2020 年 3 月 25 日舉行的七國集團外長會議上，美國國務卿邁克·蓬佩奧（Mike Pompeo）要求將「武漢病毒」寫入公報，雖然最終因為其他六國的一致反對未能形成，但這再次向世界傳遞了非常消極的信號。中美雙方在推特等社交媒體上多次交鋒。

疫情期間，習近平主席同特朗普總統兩次通電話，希望美方冷靜評估疫情，合理制定並調整應對舉措，並表示中美雙方可保持溝通、加強協調、共同防控疫情，呼籲中美團結抗疫，加強抗疫國際合作、穩定全球經濟；特朗普也表示美國全力支持中國抗擊新冠肺炎疫情，願派遣專家前往中國，並以其他各種方式向中方提供援助。[1] 但是，中美之間自疫情暴發以來的磕磕絆絆，加上之前貿易摩擦的影響，總體上合作氛圍減弱、對抗氛圍增強。正如有學者指出的，美國在過去 75 年一直擔負著建立和維護世界合作秩序的作用，但在此次疫情期間，美國不僅沒有積極倡導合作，還

1　「習近平同美國總統特朗普通電話」，2020 年 2 月 8 日，https://www.fmprc.gov.cn/web/zyxw/t1741788.shtml;「習近平同美國總統特朗普通電話」，2020 年 3 月 27 日，https://www.fmprc.gov.cn/web/zyxw/t1762304.shtml。

以「武漢病毒」「中國病毒」等污名化中國。[1]

　　與此同時，作為歐洲的盟友，美國在歐洲疫情日趨嚴重的情況下沒有為其盟國提供必要幫助，頒佈對歐洲的旅行禁令前也沒有給予其任何通知。同時，美國在國內也沒有採取積極的應對措施，直到疫情加重才開始積極應對。馬克龍（Emmanuel Macron）甚至明確表示美國已經沒有能力領導西方，必須重新選出一個領導者。法國、德國和英國等歐洲大國在疫情面前不僅在全球抗疫方面缺乏作為，就連在歐洲內部領導力也非常有限，使歐洲的防控形勢日益艱巨，很多國家疫情惡化。英國最初宣佈的「羣體免疫」政策與歐洲其他國家的防控政策更是形成強烈反差。2020 年3 月 10 日，默克爾（Angela Merkel）在德國議會黨團會議上發出「60%—70%在德國的人將會感染新型冠狀病毒」的警告，顯示出德國的無奈和自顧不暇。儘管中國一直集中全力防控國內疫情，但同時也展現了大國責任和擔當，與國際社會溝通和分享相關信息，向多國捐贈醫療物資，派遣專家醫療人員，但以中國一己之力很難應對這一全球性危機，在美國合作意願減弱、合作行動減少的情況之下更是如此。

三　人類命運共同體視域下的全球治理變革

　　新冠肺炎疫情從暴發到各國採取措施防控的過程再次提醒各國，在疫情面前世界是相互連通的地球村、人類是相互依存的命運共同體，沒有哪一個國家可以獨善其身。全球性問題需要各國共同應對，需要全球治理。在世界秩序和國際格局不斷變化和調整之時，如何更好地進行全球治理是百年未有大變局之下的一大挑戰。原有的治理體系已經失靈，新的治理體系尚未確立，面對新冠肺炎疫情，處於轉型期的全球治理體系陷入混亂與

1　Iver B.Neumann, "Will the Corona Virus Be the Deathblow of the World Order", *Norwegian Daily Aftenposten*, March 23, 2020.

無序境地。全球治理體系迫切需要改革，需要確立新的理念，改革和更新原有的制度和運行模式。此次疫情暴露出當前全球公共衞生治理的諸多赤字和短板，進一步突顯了加強全球公共衞生治理體系建設的緊迫性。習近平 2020 年 3 月 23 日與馬克龍總統通電話時明確提出了打造人類衞生健康共同體的目標，這是人類命運共同體理念在公共衞生領域的具體體現。習近平強調，各國應精誠合作，推進聯合研究項目，加強國境衞生檢疫合作，支持世衞組織工作，共同幫助非洲國家做好疫情防控。[1] 要實現衞生健康共同體的目標，各國要秉持人類命運共同體思維，構建理念共同體、制度共同體、政策共同體、行動共同體和責任共同體，以確保人類社會的長治久安。這主要可從以下五個方面着力。

維護現有的世界秩序，推動全球治理體系改革，形成命運共同體

本次全球治理體系的部分失靈實際上與近年來世界秩序和國際格局的演變有很大關係。美國在國際層面不斷「退羣」，提供全球共同產品的意願以及國際合作意願減少，對大國合作產生了負面影響，加上四處出擊的貿易戰以及中美關係的一系列波折等因素，實際上已改變了其世界第一大國的形象，給當前的世界秩序帶來了諸多不穩定性，也對全球治理體系造成了衝擊和損害。過去美國視自己為全球領導者，能夠協調西方盟友一起應對全球範圍內的各類緊急情況。例如，2003 年小布什政府啟動了「總統艾滋病緊急救援計劃」，為抗擊艾滋病提供了高達 900 億美元的資金，被視作針對單個疾病所做出的最大努力，該計劃僅在非洲就挽救了成千上萬人的性命；在抗擊埃博拉病毒期間，美國時任總統奧巴馬明確表示，「我們必須領導全球對於埃博拉的抗擊工作」。[2] 而在此次抗疫期間，美國實

1　「習近平同法國總統馬克龍通電話」，2020 年 2 月 18 日，https://www.fmprc.gov.cn/web/zyxw/t1760147.shtml。

2　Steven Erlanger, "Another Virus Victim: The U.S.as a Global Leader in a Time of Crisis", *The New York Times*, March 22, 2020.

際上放棄了自己長期以來領導西方盟國的角色。美國和中國在公共衛生領域也曾進行過很好的合作。2003 年嚴重急性呼吸綜合征（SARS）疫情期間，美國專門向中國派遣了 40 人的醫療隊，支援中國抗擊 SARS，最終 SARS 疫情在亞洲基本得到控制，中美皆從中受益；SARS 疫情之後，美國和中國在應對新型甲型 H1N1 流感、H7N9 禽流感以及埃博拉病毒期間都進行了諸多合作，如共享信息、技術和聯合研究等，但此次疫情中，美國選擇了在該領域與中國「脫鈎」。[1]對於歐洲而言，英國「脫歐」加上歐盟各成員國間的分歧削弱了歐盟的領導力和凝聚力，由於疫情初期歐洲團結的缺失，在部分國家疫情不斷加重後，其他國家也難以顧及。這些變化合在一起動搖了第二次世界大戰後形成的世界秩序的穩定性，削弱了人們對其的信心，實際上也削弱了全球治理體系的行動力、權威性和公信力。這也是導致此次疫情從全球層面看亂象叢生的一個原因。因此，各國迫切需要維護世界秩序的穩定，在穩定的前提下推動全球治理體系改革。

轉變觀念，樹立共同體意識，形成理念共同體

構建人類命運共同體，就是各國人民同心協力，建設持久和平、普遍安全、共同繁榮、開放包容、清潔美麗的世界。近年來，中國一直強調人類命運共同體理念，將其寫入《中華人民共和國憲法》和《中國共產黨章程》，並秉持該理念積極參與和引領全球治理。該理念還多次被寫入聯合國相關決議和文件。新冠肺炎疫情再次突顯了人類命運共同體理念的重要性，病毒無國界，每個國家都不能獨善其身。亨利・基辛格（Henry Kissinger）在疫情期間發文強調，沒有一個國家，包括美國，能夠僅憑本國之力戰勝病毒，應對當前形勢必須有全球合作的眼光和行動。[2]全球必須

---

1 Peter Beinart, "Trump's Break with China Has Deadly Consequences", *The Atlantic*, March 28, 2020, https://www.theatlantic.com/ideas/archive/2020/03/breaking-china-exactly-wrong-answer/608911/.

2 Henry A.Kissinger, "The Coronavirus Pandemic Will Forever Alter the World Order", *Wall Street Journal (Eastern Edition)*, April 3, 2020.

樹立人類命運共同體意識，統一認識，形成一個理念共同體。

一是要有整體意識。隨着全球化的深入和科技進步，人類早已是一個整體，在全球性問題面前更是如此。只有樹立了整體意識，各國才會有合作意識和團結精神，才會在問題面前共擔責任、共同應對，形成合力。從全球防控疫情的過程中可以看出，任何一個國家缺少了這種共同體意識，在應對疫情時都會遭遇更多問題。正如世衞組織總幹事高級顧問布魯斯·艾爾沃德（Bruce Alyward）在考察中國的抗疫狀況後所描述的，「每一個中國人都有很強烈的責任擔當和奉獻精神，願意為抗擊疫情做出貢獻」。[1]中國正是由於全國上下統一認識，每個人都積極防護、把自己的努力視為戰勝疫情的一部分，才使疫情得到有效控制。對於全球來說也是如此，缺少了這種意識，任何一個國家的漏洞都可能在全球產生蝴蝶效應。

二是要有團結意識。疫情充分顯示各國必須守望相助，在氣候變化、自然災害和環境污染等其他全球性問題上亦是如此。在中國積極防控疫情期間，部分國家隔岸觀火，認為事不關己，沒有採取有效應對措施，造成了疫情在多國多點暴發。習近平在同多國領導人通電話時都強調要團結抗疫、合作抗疫。

三是要拋棄舊的思維與偏見，消除泛政治化傾向。此次疫情在多地暴發實際上同人們的認知和意識緊密相關。中國用兩個月時間基本遏制住了疫情，積累了寶貴經驗和教訓，但部分西方國家政府的傲慢導致其未能有效利用中國所爭取的時間。美國記者伊恩·約翰遜（Ian Johnson）發表題為《中國為西方爭取了時間，西方卻把它浪費了》的文章，指出美國和歐洲大部分地區對新冠肺炎疫情暴發的態度即便不能說是完全消極，也是非常被動的，從而與遏制病毒傳播的最佳時機擦肩而過。部分外國人似乎把中國的經歷視為中國獨有的或者認為中國距離其遙遠，而最重要的是這些人尤其是西方國家的人對中國抱有成見，這讓他們低估了中國的做法給

1　張朋輝：《中國展現了驚人的經濟行動力與合作精神》，《人民日報》2020 年 2 月 27 日。

其國家所能帶來的潛在價值和意義。[1] 一些國家把中國視為國際社會的一個「他者」，經常不自覺地持雙重標準，如《紐約時報》對武漢「封城」評價是「給人們的生活和自由帶來了巨大損失」，而對意大利「封城」則評論為「冒着犧牲自己經濟的風險以阻止這場歐洲最嚴重疫情的蔓延」。[2] 部分西方國家將公共衞生問題泛政治化，不僅對中國抗疫措施不屑一顧和缺乏信任，還經常對中國抱有偏見，這背後實際上也隱含着其對中國制度與行動的質疑。從抗疫初期的習慣性污名化和抹黑中國，到中期「甩鍋」中國、渲染「中國責任論」，再到後來中國取得防控成效後質疑中國防控數據、詆毀及高調負面炒作中國抗疫醫療專家組和援助抗疫物資等，都清晰體現了這一點。瑞士《新蘇黎世報》文章對此進行了反思，「如果不是被制度競爭的思想分了心，世界可以利用中國知識為應對疫情做出更好的準備」。[3] 在全球性問題面前，各國迫切需要拋棄零和思維和冷戰思維，超越意識形態與政治制度差異，放下傲慢與偏見，真正將世界作為一個整體來看待。只有這樣，各國才能夠成為全球治理夥伴，做到團結協作、平等相待，分享智慧、相互借鑒，取長補短、共克時艱。

改革現有國際制度，增強其權威性和行動力，形成制度共同體

冷戰後世界多極化的發展趨勢日益明顯。除了美國、歐盟、日本等發達經濟體之外，發展中國家的羣體性崛起也是多極化的重要推動力量。國家間力量對比的變化成為全體治理體系變革的重要動力。此次疫情暴露出全球治理體系的脆弱性和諸多係統性、制度性問題，這也是全球治理體系在面對新冠肺炎疫情這樣的全球性問題時未能有效應對的重要原因。因

1　Ian Johnson, "China Bought the West Time. The West Squandered It", *The New York Times*, March 13, 2020, https://www.nytimes.com/2020/03/13/opinion/china-response-china.html?searchResultPosition=1.

2　「海外網評：同樣談『封城』，這家美媒雙標操作真是溜」，2020 年 3 月 12 日，https://m.haiwainet.cn/middle/353596/2020/0312/content_31740359_1.html。

3　國紀平：《命運共同體，團結合作方可共克時艱》，《人民日報》2020 年 3 月 28 日。

此，必須對現有的國際制度進行必要的改革、替代和補充，增強治理能力，具體可從三個方面努力。

一是要強化現有國際組織、國際機制的領導力和號召力。聯合國需要承擔起團結全球的責任，加大行動力，採取更多實質性行動。聯合國具有維護世界和平、穩定和安全的重要使命，由於《聯合國憲章》賦予的權利及其獨特的國際性質，聯合國可就人類在 21 世紀面臨的一系列問題採取行動，包括維護國際和平與安全、保護人權、提供人道主義援助、促進可持續發展和捍衛國際法。[1] 各國都應當努力維護聯合國權威，因為目前還沒有哪個國際組織可以替代聯合國。疫情期間，習近平在同其他國家元首通電話時多次強調支持聯合國及世衛組織在完善全球公共衛生治理中發揮核心作用。[2] 在應對類似新冠肺炎疫情這樣的全球性問題時，聯合國自身也需進行相應的改革和調整，增強行動力，建立相應的危機預警和危機應對機制。例如，在第一時間召集相關會議，向世界傳遞信心，統一各方認識和目標，制定全球行動路線圖和各種全球性預案等。當前，世界正處於傳統安全和非傳統安全日益交織的時代，非傳統安全問題的影響日益深遠，聯合國安理會也應將其納入議程，建立相應工作機制。同時，聯合國各專門機構需要圍繞各自的任務和主題分別開展行動，適時更新自身的規則規範，強化各自的應對措施。

二是繼續推動二十國集團從短期危機應對機制向長效治理機制改革，加強其機制化和制度化建設。此次疫情再次顯示出二十國集團在當今世界政治中的重要作用。2020 年 3 月 26 日召開的二十國集團領導人特別峰會首次視頻會議也是此次全球抗疫的一個重要節點。在全球面臨經濟衰退甚至經濟危機風險的情況下，此次會議的意義更加突顯。會後通過的特別峰會聲明聚焦抗擊新冠肺炎大流行、維護世界經濟、應對疫情對國際貿易

1 　參見聯合國網站，https://www.un.org/zh/。
2 　「習近平同法國總統馬克龍通電話」，2020 年 2 月 18 日，https://www.fmprc.gov.cn/web/zyxw/t1760147.shtml。

造成的干擾、加強全球合作四個方面向世界發出了明確的治理信號和目標。[1] 鑒於二十國集團成員的影響力和代表性，二十國集團應不僅局限於經濟和金融領域，其功能可以向其他治理領域擴展以更好地發揮在全球治理中的作用。未來可以考慮在二十國集團框架下增加一些新機制，如核心成員機制，即幾個關鍵大國在出現全球性問題時立刻啟動的機制。此外，可以推動二十國集團向正式的國際組織轉型，可考慮設立祕書處或專門委員會，把二十國集團下的工作細化為不同的領域（如公共衛生、氣候變化、經濟金融等），使其更好地向長效治理機制轉變。

三是根據需要增設一些新的制度性安排。當前世界正經歷複雜深刻的變化，全球治理的制度安排也要與時俱進。在公共衛生方面可以參考維和的一些制度性安排，如聯合國設置的軍事觀察團、維和部隊、多國部隊、人道主義干預部隊、待命機制和常備成建制維和警察等機制。又如，中國近年來在金融領域也推動和參與建設了一些新機構和新機制，如亞洲基礎設施投資銀行、絲路基金、金磚國家新開發銀行等，對現有的國際金融治理體系進行了很好的補充，公共衛生領域也可以參考此類做法加強制度更新和制度補充，更好地完善公共衛生治理體系。此外，在區域層面因為人口和商品流通更集中，公共安全的共同性更明顯，與全球層面相比治理需求也相對集中，[2] 更易達成利益共識。因此，在地區層面可以發揮區域組織和機制的優勢，推動歐盟、非盟、東盟等區域性組織的制度建設和轉型，提升全球治理在區域層面的成效，[3] 建立多區域聯防聯控機制，減輕全球層面應對公共衛生事件的壓力，如在公共衛生領域建立區域公共衛生應急聯絡機制以及提高區域層面突發公共衛生事件應急響應速度等。

1　「二十國集團領導人應對新冠肺炎特別峰會聲明」，2020 年 3 月 13 日，https://www.fmprc.gov.cn/web/zyxw/t1762165.shtml。

2　張蘊嶺：《國際公共安全治理，能從新冠疫情中得到什麼啟示》，《世界知識》2020 年第 7 期，第 16 頁。

3　陳岳、蒲儁：《構建人類命運共同體》，中國人民大學出版社 2017 年版，第 89 頁。

賦權、賦能世衞組織，強化其制度性權力，
升級全球公共衛生治理體系

公共衛生近年來對世界政治的影響日益突顯。從 SARS、埃博拉病毒病、中東呼吸綜合征（MERS）、新型甲型 H1N1 流感到本次新冠肺炎疫情，公共衛生問題的全球影響不斷升級，在未來甚至可能成為常態，有學者為此做出了「我們已經生活在疫病大流行時代」的判斷。[1] 此次疫情暴露出全球衛生治理的諸多不足，突顯了改革的緊迫性。要提高公共衛生治理在全球治理中的整體地位與世衞組織的國際地位，對其進行更多的賦權和賦能，使其具有類似國際貨幣基金組織、世界銀行等的國際地位。鑒於公共衛生領域的專業性、科學性、複雜性和長期性，各國要加強對世衞組織的財力和人力支持力度，如在世衞組織下建立公共衛生基金，使其可以組織全球的公共衛生專家集中力量開展科研攻關、疫苗研發、數據分享等，同時可以隨時根據需要有針對性地幫助那些衛生基礎設施薄弱的發展中國家提高公共衛生應對能力，實現全球公共衛生治理「一盤棋」。近年來，國際社會對公共衛生領域投入普遍不足。截至 2020 年 2 月 29 日，美國 2019 年的會費仍拖欠大半，也未支付 2020 年 1.2 億美元的會費，而 2021 財年美國計劃向世衞組織提供的資金支持僅為 5800 萬美元。[2] 特朗普總統 4 月 14 日還宣佈美國暫停向世衞組織繳納會費。疫情暴發後，由聯合國基金會、瑞士慈善基金會和世衞組織共同創建的 2019 冠狀病毒病團結應對基金已經啟動，旨在從個人、私營部門和基金會籌集資金，以資助世衞組織更好地應對疫情。類似的努力在今後還應該更加機制化。同時，世衞組織自身要加強機制建設，如建立全球傳染病監控機制、預警機制和應急啟動機制等，進一步明確公共治理規則和規範，制定各國必須共同遵守的國

---

1 Tom Whipple, "Coronavirus: We're Already Living in the Age of the Pandemic", *The Times*, February 28, 2020.

2 「大疫當前，美國欠費更欠道義」，2020 年 3 月 17 日，http://www.myzaker.com/article/5e6f70678e9f094d4b6b26a5/。

際規則和指導原則，統一標準，提升對各國相關行為的管控力和約束力，而不能僅局限於通報信息、臨時調研和研判形勢。只有這樣，各國才能在世衛組織的統籌協調下建立切實有效的流行病預防控制系統，加強全球公共衛生治理；也只有這樣，全球才能為下次可能出現的疫情做好準備。實際上，國際社會已經做出了一些努力。例如，2003 年 SARS 疫情之後，世衛組織強化了《國際衛生條例》。2017 年達沃斯世界經濟論壇期間，在惠康信託基金會和比爾與美琳達·蓋茨基金會支持下成立了流行病防範創新聯盟，以加速流行病新疫苗的研發。此外，還有一些新倡議努力為抗擊流行病籌集資金，如世衛組織的突發事件應急基金和世界銀行的流行病應急融資基金等。總的來看，這方面的工作依然任重道遠，各國、各地區和全球層面都需要提高認識，加大對其支持力度。

採取共同政策，構建政策共同體和行動共同體

全球性問題的應對和解決需要強有力的政策做支撐，全球需結成一個政策共同體。一方面，各國要制定目標相通的政策，相向而行。儘管各國國內基礎條件和社會文化環境不同，但是在政策制定方面應統一認識，採取相似政策。疫情暴發後，中國集全國之力為世界積累了防控經驗，爭取了防控時間。新加坡、韓國和日本等亞洲國家也取得了較好的防控效果。但是，部分西方國家因應對措施不到位導致疫情升級。因此在應對此類問題中，各國在一些重要方面步調不應相差太大，需要加大溝通協調，建立相互協作網絡，把衛生視為全球公共產品，進而加強合作、深化互信及建立科學數據平台，避免簡單污名化或歧視做法，避免泛政治化傾向。另一方面要構建行動共同體。任何問題的解決最終都要從理念和政策落實到具體行動。在全球性問題面前，各個國家要超越價值觀念、政治制度和個體利益等方面的差異共同行動、守望相助，只有這樣才能產生行動的集羣效應。中國在經歷了一段時間的國內防控後，儘管本土病例基本清零，但是由於其他國家疫情加重不得不把重點轉向外防輸入、內防反彈上。在疫情

面前，各國都成功才算最後成功，因此各國必須共同努力、共同行動。中國在疫情暴發後，積極與世衞組織和國際社會分享各類信息，在自身抗疫任務嚴峻的情況下就開始向其他出現疫情擴散的國家和地區提供力所能及的援助、分享診療方案。在疫情得到有效控制後，中國加大了對外援助和信息交流的力度。截至 2020 年 4 月 10 日，中國政府已經或正在向 127 個國家和 4 個國際組織提供包括醫用口罩、防護服、檢測試劑等在內的物資援助。中國在前期向世衞組織捐助 2000 萬美元現匯的基礎上，又增加 3000 萬美元現匯捐款，用於新冠肺炎疫情防控、支持發展中國家衞生體系建設等工作。中國纍計向 11 國派出 13 批醫療專家組，同 150 多個國家以及國際組織舉行了 70 多場專家視頻會。[1] 事實表明，在疫情面前，各國自掃門前雪，終難取得抗疫的最終勝利。全球必須結成行動共同體，形成嚴密的聯防聯控網絡，除此之外別無選擇。

加強大國合作，形成大國責任共同體

大國是全球治理成敗的關鍵。大國在關鍵時刻要能夠對國內進行有效治理，在此基礎上提供全球公共產品、引領各國應對危機。在當前世界秩序轉型和全球治理體系經常面臨困境和失靈的情況下，大國合作更加關鍵，否則就可能使全球治理體系從治理失靈走向治理失敗。就當前的全球治理而言，中美合作至關重要，這也是兩個大國對世界擔負的責任。一方面，特朗普就任美國總統以來對於全球治理體系中認為美國花費過高或是對自身不重要的問題合作意願下降，如退出應對全球氣候變化的《巴黎協定》和聯合國教科文組織等。另一方面，至少從目前來看中國還無法在眾多的全球問題上完全取代美國，成為全球治理的引領者。在這種轉型時期，中美雙方都需要採取更加包容、務實的態度對待全球治理，在許多領

1　「2020 年 4 月 10 日外交部發言人趙立堅主持例行記者會」，2020 年 4 月 10 日，https://www.fmprc.gov.cn/web/fyrbt_673021/jzhsl_673025/t1768268.shtml。

域可能需要中美共同參與。[1]兩國可以相互補充，在競爭中保持合作，這無論是對全球秩序穩定還是全球治理體系而言都非常必要，對兩國也大有裨益。前世界銀行行長在談到此次疫情時專門強調美國即時分享信息的重要性，同時認為美國也可以吸取其他國家在防控、預警、準備、測試、關鍵物資儲備、遏制和減輕疫情方法等方面的教訓，過渡到恢復階段。[2]美國前助理國務卿庫爾特·坎貝爾（Kurt M.Campbell）也強調，中美可在疫苗研發、臨牀實驗、財政刺激、信息共享、防控設施生產以及共同為他國提供援助等方面合作，惠及全世界。[3]習近平在同特朗普通話時也強調中美應該團結抗疫，中方願同包括美方在內的各方一道，繼續支持世衞組織發揮重要作用，加強防控信息和經驗交流共享，加快科研攻關合作，推動完善全球衞生治理；加強宏觀經濟政策協調，穩市場、保增長、保民生，確保全球供應鏈開放、穩定、安全。[4]2020 年 3 月 29 日，來自中國的首批 80 噸抗疫援助物資到達美國，包括 13 萬副 N95 口罩、170 萬副外科手術口罩和 5 萬套防護服，體現出中國的合作意願和大國風範。但是，僅依靠一方的努力，國際合作很難實現。在全球性問題面前，大國領導人更需要高度自律，摒棄狹隘的利益觀和狹隘民族主義，妥善管控差異和分歧。媒體和學界等也應發揮各自作用，努力塑造合作氛圍。正如中國駐美國大使崔天凱在接受美國歐亞集團總裁伊恩·布雷默（Ian Bremmer）主持的節目連

---

1   Pu Xiaoyu, "Is China a New Global Leader? Rethinking China and Global Governance", in Huiyun Feng and Kai He, eds., *China's Challenge and International Order Transition*, Ann Arbor: University of Michigan Press, 2020, p.292.

2   Robert B.Zoellick, "The World Is Watching How America Handles COVID-19", *Wall Street Journal(Eastern Edition)*, April 8, 2020.

3   Kurt M.Campbell and Rush Doshi, "Coronavirus Could Reshape Global Order", *Foreign Affairs*, March 18, 2020, https://www.foreignaffairs.com/articles/china/2020-03-18/coronavirus-could-reshape-global-order.

4   「習近平同美國總統特朗普通電話」，2020 年 3 月 27 日，https://www.fmprc.gov.cn/web/zyxw/t1762304.shtml。

線採訪時所強調的，要確保一個有利於中美兩國合作的輿論民意氛圍。[1] 只有各方共同努力，才能夠確保合作實現。

四　結語

新冠肺炎疫情以每天數以萬計的新增確診病例和不斷攀升的死亡病例向人類展示了當前全球公共衛生領域的挑戰和治理難度，突顯了構建人類衛生健康共同體的緊迫性和重要性，也彰顯了人類命運共同體理念的深刻內涵和時代意義。疫情除了影響人類的生命健康之外，也波及經濟、金融、貿易和就業等多個領域，給世界帶來了全方位的鏈式影響和破壞。從歷史上看，流行病疫情的大規模暴發通常會威脅生命、產生恐慌、破壞經濟、威脅社會穩定甚至導致戰爭。生物安全已經成為國家安全的重要組成部分。隨着疫情加劇，未來也不能排除其會給政治、社會、價值、意識形態和文化等領域帶來更深層次的影響。即使未來幾個月疫情在全球得到控制，如何消除此次疫情的影響、如何修復此次疫情對全球各領域的衝擊和破壞、如何進一步推進新一輪全球化或全球化的轉型也將是「後疫情時代」全球治理體系需要應對的問題，這些修復工作將不僅局限於公共衛生領域，還涉及金融、債務、經濟和社會治理，涉及國內治理與全球治理的聯動。疫情再次警示我們，全球性問題對人類影響的廣度和深度日益增加，加強全球治理成為當務之急。此次疫情的防控過程也體現出任何一個國家都不可能成為自我封閉的孤島，今後人類可能還會經歷類似考驗。在全球化時代，這樣的重大突發事件不會是最後一次，各種傳統安全和非傳統安全問題還會給全球不斷帶來新的考驗，氣候變化、自然災害、網絡安全和生態環境惡化等問題的影響隨時可能顯現。國際社會必須樹立人類命

---

1 「中國駐美國大使崔天凱：聚焦積極事務　攜手應對全球危機」，2020 年 4 月 12 日，http://world.people.com.cn/n1/2020/0412/c1002-31670157.html。

運共同體意識，形成理念共同體、制度共同體、政策共同體、行動共同體和責任共同體，只有這樣各國才能夠摒棄零和思維，拋棄陳舊觀念，排除狹隘的民族主義和種族主義思想，加強協調合作，共擔風雨，結成真正的人類命運共同體，共同保護人類的生命安全和發展繁榮。

病毒時刻：無處倖免和苦難之問

趙汀陽

一　突然的無處倖免

2020 年的新冠全球大流行迅速使病毒時刻成為政治時刻、社會時刻、經濟時刻和歷史時刻，甚至被認為可能會成為歷史的分水嶺，如弗里德曼認為歷史可被分為「新冠前」和「新冠後」，見慣興衰的基辛格也認為病毒「帶來的政治與經濟劇變可能持續幾代人」甚至「永遠改變世界秩序」。此類預測流露了一種真實心情的預感，即世界要變天。羅伯特・席勒的看法另有一種歷史社會學的視角：「我將疫情視為一個故事、一種敍事。新冠病毒自身可以作為一個故事傳播。」「敍事也會像病毒一樣具有傳染性。如果一個故事主導輿論場好幾年，就會像一場流行病一樣改變許多東西。」

但病毒時刻還尚未見分曉，仍在不確定性中演化，因為病毒時刻是否真的成為劃時代的時刻，取決於世界的後繼行動和態度。答案一半在病毒手裏，另一半在人類手裏，而病毒和人類行動都是難以預定的「無理數」。在這裏暫且不追問答案，也無能力預知答案，還是先來分析病毒時刻提出的問題。

認為病毒時刻是「史詩級的」巨變或「歷史分水嶺」，這些文學形容需要明確的參照系才能夠明辨。假如以最少爭議的劃時代事件作為參考尺

---

* 　作者係中國社會科學院學部委員、哲學研究所研究員。

度，或可進行量級比較。歷史上最重大的事情無過於改變生活、生產或思想能力的發明，比如文字、車輪、農業、工業、邏輯、微積分、相對論、量子力學、疫苗、抗生素、互聯網、基因技術、人工智能等等；或者精神的發明，比如大型宗教、希臘哲學、先秦思想等；或者政治革命，如法國大革命和十月革命；或者大規模戰爭，如第二次世界大戰；或者經濟巨變，如地理大發現、資本主義、全球化市場和美元體系。按照這個粗略的參照系來比較，除非後續出現始料未及的政治或精神巨變，否則新冠病毒事件本身並不具備如此巨變的能量，但據經濟學家的估計，或許足以造成類似1929—1933年那樣的經濟大蕭條。

我們還可以換個分析框架或歷史標準來看病毒時刻。布羅代爾的三個時段標準是一個有說明力的選項。「事件」有着暫時性，相當於歷史時間之流的短時段波浪，那麼，什麼樣的波濤能夠波及在歷史時間中足以形成「大勢」的中時段，甚至觸及穩定「結構」的長時段深水層？幾乎可以肯定，新冠病毒大流行的影響力超過了短時段的事件，或有可能形成某種中時段的大勢。如果真的能夠決定數十年的大勢，那就很驚悚了。假如新冠病毒大流行只是造成經濟大蕭條級別的後果，似乎仍然屬於事件的範疇，儘管是特大事件，但還不足以形成大勢；假如它導致了政治格局的改變，那就是大勢了。這個大勢的可能性雖然風雷隱隱，但尚未形成充分必然的理由，我們還需要考慮到來自長時段既定「結構」的阻力。文明、社會和思想的深層結構具有抵抗變化的穩定惰性。

從歷史經驗上看，意外事件衝擊過後往往出現反彈，大多數事情會尋根式地恢復其路徑依賴而恢復原樣，所謂「好了傷疤忘了疼」。這種反彈不僅是心理性的，也是理性的，特別是在成本計算上是理性的。長時期形成的「結構」凝聚了大量成本，不僅是時間成本、經濟成本和技術成本，也是文化、思想和心理成本，這些成本的疊加形成了不值得改變的穩定性。破壞「結構」等於釜底抽薪，是危及存在條件的冒險，所以革命是極高成本的變革。成功的革命總是發生在舊結構已經完全失靈的時候，即舊

結構失去精神活力、無法保證社會安全和秩序、無法維持經濟水平。可以注意到，1968 年以來的世界發生了大量連續的「解構」運動，但主要是拆解了文明的一些表層結構，比如藝術的概念、性別的概念、社會身份和自我認同之類，尚未動搖經濟、政治制度和思維方法論等深層結構。那些最激進的「解構」幾乎只存在於文本裏，難以化為現實。解構運動的歷史力度相當於對結構的「裝修」：既然沒有能力建造新房子，就只能以多種方式來裝修。如果尚無能力在新維度上生成新結構的設想，尚無具備「建構力」的理念、原則和社會能量，「解構」就終究不可能化為革命，解構的行為反倒在不長的時間裏就被吸收進舊的體制，反而成為舊結構的老樹新花。

按照布羅代爾的理解，地理結構、經濟結構、社會結構、思想結構或精神結構這些屬於長時段的深層結構，具有超強的穩定性而難以改變。正因如此，千年不遇的大變局一旦發生，比如現代性的形成，或資本主義的形成，就成了二百年來被不斷反思的大問題，而百思未解的現代性卻已在等待結構的「時代升維」了。不過新冠病毒大流行是否能夠觸發一種新的結構，仍是個未定問題。關於新冠病毒大流行的結果，有一個頗有人氣的最嚴重預測是全球化的終結。如果出現這個結果，就無疑達到了中時段的大勢變局，甚至觸及長時段的結構。

全球化是資本主義的一個結果，只要資本主義存在，資本就很難拒絕全球市場的誘惑。目前的全球化模式只是初級全球化，就經濟層面而言，是「分工的全球化」。在分工鏈條中，參與其中的國家都在不同程度上受益。「分工的全球化」有可能被終結，但各地仍然需要全球市場來保證經濟增長，而技術化和信息化的經濟更需要最大程度的擴張，因此，就經濟而言，全球化的終結在經濟上、技術上和信息上都不是一個非常積極的理性激勵。當然不排除出現政治性的全球化終結，政治自有政治的動力。無論如何，追求自主安全和排他利益的最大化確實將成為未來的一個突出問題，因此有可能出現全球化的轉型，由「分工的全球化」轉向「競爭的全

球化」。如此的話，那就至少形成了中時段的大變局。

「競爭的全球化」意味着，全球市場繼續存在，經濟、技術和信息的全球化繼續進行，但全球化的遊戲性質發生了改變，原先全球化中的「合作博弈」比例大大減少，而「不合作博弈」的比例大大增加，甚至可能會形成「不合作博弈」明顯壓倒「合作博弈」的局面。其中的危險性在於，競爭的全球化有可能激化而導致全球化的租值消散，從而使全球化本身演化成一個進退兩難的困境，退出就無利可圖，不退出也無利可圖。當然，這是一種極端可能性，而更大概率的可能性是，當不合作博弈導致無利可圖的時候，合作博弈就會重新成為誘惑──至少按照艾克斯羅德的演化博弈模型來看是這樣的。歷史經驗也表明，人類總是陷入困境，但也總能夠想出辦法脫困。

新冠大流行的「問題鏈」會有多遠多深，是否會觸及並動搖人類思想的深層概念，即哲學層次的概念，這一點將決定新冠病毒是否有着長時段的影響力。我們不可能穿越到未來去提前察看病毒大流行的結果，但目前可以看得見「提醒物」。提醒物未必指示結果，但暗示問題。

在提醒物中，我們首先看到的是在長時間歡樂中被遺忘的「無處倖免狀態」。世界許多地區在經常性並且無處不在的「嘉年華狀態」中遺忘了災難的無處倖免狀態。無論是假日旅遊、演唱會、體育比賽、產品發佈會、首映式、電視節目、公司年會、銷售活動、購物中心、藝術展覽，都可以做成嘉年華，以至於嘉年華不僅佔據了時間，而且變成了空間本身。時間性的存在佔有空間的時間足夠長，就改變了空間的性質，即使時間性的活動結束了，空間也已經感染了難以消退的嘉年華性質。終於，無論是生活空間（外空間）還是心理空間（內空間）都感染了嘉年華的性質。

新冠病毒以事實說話，其高強度的傳染性使得世界無處倖免，壓倒了嘉年華的感染力。本來，作為極端可能性的「無處倖免狀態」從未在理論中缺席，可是理論卻缺席了，歡樂不需要理論，因此理論被遺忘了。「無處倖免狀態」並非抽象的可能性，它有着許多具體意象，比如全球核大

戰、星體撞擊地球、不友好的外星文明入侵之類，此類可能性據說概率很低，而且一旦發生就是人類的終結，也就不值得思考了，因此，「無處倖免狀態」不被認為是一個問題，而是一個結論，或者是問題的終結。「無處倖免狀態」在問題清單上消失了，轉而在心理上被識別為恐怖傳說或科幻故事，與現實有着安全距離，因此可以安全地受虐，大毀滅的故事反倒具有了娛樂性和超現實感。然而，「無處倖免狀態」並非沒有歷史先例，恐龍滅絕雖然是恐龍的災難，但所蘊含的可能性對於人類同樣有效；各地歷史都流傳着滅絕性的大洪水故事；中世紀的黑死病；1918 年大流感；冷戰期間險些發生的核大戰，如此等等，但這些歷史都已化為被時間隔開了的老故事而遮蔽了問題。新冠病毒未必有以上歷史事例那麼致命，卻因現代交通和全球化而形成迅雷效果，直接把「無處倖免狀態」變成現實，從而暴露了需要面對的相關問題，也把原本不成問題的事情重新變回了問題。這種「問題化」是創造性的，意味着原本可信任的社會系統、制度和觀念在意外條件下可以突變為問題。人類的社會系統經得起慢慢的巨變，但經不起突變。嚴重的不僅是病毒，而是病毒的時刻——全球化的流通能量超過了每個地方承受風險能力的當代時刻。

大規模傳染病並非全球化的獨特現象，而是古老問題。在全球化之前，病毒通過「慢慢的」傳播，最終也能傳遍世界，假如不是由於某種運氣被終結在某處的話。雖說太陽下無新事，但新冠病毒把老問題推至新的條件下，就轉化成了新問題。新冠病毒在當代交往與交通條件下的高速傳播形成了類似「閃電戰」的效果，使各地的醫療系統、社會管理系統、經濟運作和相關物質資源系統猝不及防而陷入困境，使傳染病由單純的疾病問題變成了社會、政治和經濟互相疊加的總體問題，直接造成了兩個效果：一個問題即所有問題，這是政治最棘手的情況；並且，一個地方即所有地方，這是社會最難應對的情況。這種連鎖反應如不可控制地潰堤，就會穿透脆弱的社會系統而叩問人類生活的基本結構和基本概念，如果因此部分地改變了文明的基本概念，新冠病毒事件就可能具有長時段的意義。

二　形而下問題暴露了形而上問題

新冠病毒大流行粗魯而直接提出的是一個形而下的問題，即現代社會系統的脆弱性，或按照博弈論的說法，現代系統缺乏「魯棒性」（robustness）。現代社會結構的所有方面都幾乎完成了系統化。環環相扣的系統化意味着高效率，也意味着脆弱性。現代系統不斷追求最小成本與最大收益，因此通常缺乏緩衝余量而加重了系統的脆弱性。為了達到利益最大化，現代社會的資金、物資、裝備、生產、運輸、供應系統都環環相扣而全馬力運行，不僅在能力上缺乏餘量，甚至預支了未來，總是處於能力透支的臨界點，事實上很多係統都處於赤字狀態，所以難以應對突變事件。塔勒布早就以其「黑天鵝」理論解釋了現代系統的脆弱性。現代社會中唯一有着龐大餘量的系統恐怕只有軍備，比如可以毀滅全球若干次的核武器，而最大程度預支了未來的大概是金融體系。金融是現代社會運行的基礎，因此，「預支未來」就成為當代性的一個主要特徵。當代系統的基本意向是厭惡不確定性，可是不確定性卻無法避免。就事實狀態而言，或就存在論而言，不確定性才是真實事態，而「確定性」其實是一個概念，是邏輯和數學的發明，並不存在於現實之中。

新冠病毒大流行對於現代系統是正中要害的精準打擊，這個要害就是人，或者說生命。現代系統本身的脆弱性只是隱患，在大多數情況下，即使遇到不確定性甚至嚴重挑戰，往往最終仍然能夠脫困，原因在於，系統的關鍵因素是人，是人在解決問題。人是具有靈活性的生命，人的思維和行動能力都具有天然的「魯棒性」，所以，有人的系統就有活力。可是新冠病毒打擊的對象就是人，當人的生命普遍受到威脅，現代系統能夠指望什麼力量使其脫困？

能夠癱瘓現代系統的要命打擊，或直接威脅人的生命，或威脅人類生存的基本需要而危及生命（例如糧食）。無論當代技術多麼發達，乃至於人們很多時間都生活在科幻效果或虛擬世界裏，但只要人類仍然是碳基

生命，那麼，就存在論的順序而言，人類的生命需要就優先於政治需要、經濟需要、價值需要、享樂需要和文化需要。更準確地說，生命的基本需要就是最大的政治、經濟和社會問題。雖然未能肯定新冠病毒是否是一個「史詩級」的挑戰，但肯定是一個範例式的挑戰，它準確地踩在現代體系的神經上：生命問題。這是現代系統的阿喀琉斯腳踵。

長時間以來，關於世界性危機的討論更多聚焦於金融泡沫、氣候變暖、大數據和人工智能對自由的威脅、動物保護或冰川融化等議題。這些危機固然嚴重，但遠非新冠病毒這樣覆巢之卵的危機。甚至其中有些議題，比如氣候變暖，在科學界尚有爭議。但這不是要點，問題是，那些議題被中產階級化之後，掩蓋了更致命的危機，忘記了農民、工人和醫生才是生存的依靠。新冠病毒大流行之所以如此觸動人們神經，就在於它是一個突然出現的提醒物，再次提醒了人類集體的安全問題，再次提醒了「去死還是活」（to be or not to be）的問題永遠有着現實性。

危機總是從形而下的脆弱性開始。對於許多經濟學家而言，新冠病毒大流行意味着正在發生的百年不遇的經濟災難，實體經濟的蕭條加上金融體系的崩潰。這比金融泡沫所致的金融危機要深重得多，因為實體經濟大蕭條必定加重金融危機，而金融危機又反過來打擊實體經濟的復甦，這樣就會形成一種循環的衰退。與此相關，政治學家更關心新冠經濟危機可能導致的政治後果。有政治學家認為 —— 不知是擔心還是慶幸 —— 全球化會因新冠大流行而終結。終結某種運動（包括全球化）有可能是新的開始，也可能會自陷困境，這取決於是否存在着更好的出路。對某種事情不滿意不等於能自動產生更好的選項。全球化從來不是一個皆大歡喜的合作運動，任何合作都會遇到如何分利的難題，完美的合作只存在於哲學理論中，就像「完全自由市場」從來只存在於經濟學文本裏。正如荀子在兩千多年前就發現的，哪裏有合作，哪裏就有不平和不滿，哪裏就有衝突和鬥爭。我們甚至可以說，合作總是埋下衝突的種子，總會創造出合作的破壞者。

然而，全球化在存在論上改變了世界的概念。在傳統的世界概念裏，

任何實體之間的合作都沒有達到可能利益的極限，在理論上總是存在更好的機會，而全球化把利益最大化的空間尺度推到了世界尺度，為利益最大化建立了極限標準，於是佔有世界市場就成為利益最大化的最大尺度，因為不存在另一個世界。世界是博弈策略的存在論界限。在此可以看到存在論如何限制了邏輯：邏輯無窮大，在「邏輯時間」裏存在着無窮多可能性，但那些無窮多的可能性並不真實存在，而一旦進入真實存在，可能性就受制於特定的存在狀態，只剩下「多乎哉」的寥寥選項了。這意味着，想要無窮性，就只能不存在；想要存在，就只能屈服於有限性。兩百年來全球化的「存在論」後果是把全球化變成了謀求利益最大化的「佔優策略」。由此來看，全球化的博弈會有衝突或策略性的倒退，如前面所分析的可能性，由「分工的全球化」轉向「競爭的全球化」，一旦競爭激化就可能造成無利可圖的進退兩難狀況，因此，從中一長時段來看，世界可能會謀求全球化的升級以謀取穩定的利益。目前的全球化是低水平的全球化，是在無政府狀態的世界中進行的粗放運動，有動力，有能量，但是無秩序，無制度，就是說，低水平的全球化尚未具有穩定的全球性（globality）。按照古希臘人的說法，無秩序的混沌整體（chaos）尚未變成有秩序的整體世界（cosmos）。可以說，新冠大流行未必是預告全球化終結的句號，或許是以一個感歎號提示了還存在一個全球性的建構問題。

任何存在的改變都需要概念層次上的改變，否則只是表面化的變形。因此，形而下的嚴重問題就會引出形而上的問題。新冠病毒的提醒是，如果要修正當代社會的形而下系統的脆弱性，恐怕就需要修正其形而上的觀念假設和思維方式。哲學並非純粹觀念，而是隱藏着的病毒。加布里埃爾相信，在新冠大流行過後，人類需要「一場形而上的大流行」。這是一個有想像力的建議，我們的確需要一場像流行病一樣有力量的形而上反思，讓思想獲得集體免疫，這需要找到一個突破性的「升維」條件，即發現或創造比現代思維空間高出一個維度的思想空間，才能夠擺脫現代思維空間的限制。如果沒有思想維度的突破，對現代思想的反思因為受限於現有空

間內部而奔波在解釋學循環中，即使其解釋角度越來越豐富深入，但因為只是內部循環，就不足以擺脫現代思想的向心力，也就不可能超越現狀。

加布里埃爾很正確地批評了現代的科學壓倒了道德，可是他呼喚的人文道德卻仍然屬於現代性內部的觀念，比如平等和同情。這裏有個難以擺脫的困境：如果現代科學壓倒了道德，那麼就證明了目前的道德觀念明顯弱於現代科學，也就沒有能量定義生活、社會和規則。可以發現，真正需要被反思的對象正是「我們的」道德觀念系統。我們更需要的是一種維特根斯坦式的「無情」反思，從倫理學的外部來反思倫理學，否則其結果無非是自我肯定，即事先肯定了我們希望肯定的價值觀。

現代的主流思維模式強調並且追求普遍必然性，它象徵着完美性和力量。後現代思想雖然對此多有批判，但沒有觸動現代在存在論上的結構，只要一個問題超出了話語而落實到實踐，就仍然只有現代方案而沒有後現代方案。現代性如此根深蒂固，根本在於它塑造了最受歡迎的人的神話。人類試圖掌握自己的命運，試圖按照人的價值觀來建立普遍必然性（普遍必然性的榮耀本來歸於神或宇宙），這是現代人為自己創造的形而上神話。後現代在批判現代性時尤其批判了科學的神話，其實，現代神話不是科學，而是人的人文概念。人的神話假設了人的完美概念，抄襲了許多屬於神的性質，包括人要成為自然的主人，人要成為按照自己的意志創立規則的主權者，每個人要成為自由的主權者，以至於「人」的概念幾乎變成了神的縮影。然而人的神話缺乏存在論的基礎，人並無能力以主體性定義普遍必然性，也無能力把「應然」必然地變成「實然」。現代人確實試圖藉助科學來為人的世界建立普遍必然性，但這是一個人文信念，並非科學本身的意圖。事實上，科學從來都承認偶然性和複雜性，始終在思考動態變量（從函數到微積分到相對論和量子力學），反而是人文信念在想像普遍價值、絕不改變的規範或神聖不可侵犯的權利。不能忽視的是，這不是一個知識論的信念，而是一個政治信念。萊布尼茨早就證明了，要具備定義普遍必然性或無條件性的能力，就需要能夠「全覽」邏輯上的所有可能

世界，相當於無窮大的能力。人顯然不具備這種能力。

　　無論選取哪些價值觀作為一個社會的基本原則，如果設定為「無條件的」或在任何情況下普遍有效，就會缺乏應變性和彈性，在實際情景中容易導致悖論。一成不變不是任何一種可能生活的特徵。假如規則是死的，人就死了。如果允許給出一個「數學式的」描述，我願意說，生活形式都具有「拓撲」性質，其好的本質可以維持不變，類似於拓撲的連續性，而其具體表現則如同拓撲的可塑性，根據具體情況和具體需要而被塑形。雖然黑格爾命題「現實的就是合理的」容易被誤解，但問題是，如果一個觀念在現實中不可行，就只能說明這個觀念是可疑的，而不能證明這個現實不應該存在。休謨認為，不可能從事實推論價值（從 to be 推論 ought to be），這在大多數情況下是正確的。另一方面，似乎還可以說，從價值推論事實（從 ought to be 推論 to be）恐怕更加困難。

　　哲學苦苦尋求的普遍必然性在生活世界裏難有見證，它只存在於數學世界中。這是因為數學的世界是由數學系統定義並建構出來的，並非現實世界的鏡像。數學系統中的存在物，或因定義而存在，或因「能行構造」而存在，所謂「存在就是被構造」（直覺主義數學的表述），所以數學中的存在物是數學系統的一個內部事實，因此能夠依照邏輯而建立普遍必然性。與之對比，人文觀念要解釋的問題和事物都具有外在性，由不可控制的事物、實踐和變化組成的，人文觀念只能在變化的世界中去尋找合適的落腳點。如同容易受到環境影響而易揮發、易溶解或易氧化的物質一樣，用於解釋生活的概念也缺乏穩定性。在平靜無事的時段裏，人文觀念也平靜無事，但在多事之秋，就被問題化。

　　大多數的人文觀念都有自圓其說的道理，所以很少見到在辯論中被駁倒的人文觀念或者「主義」（除非被禁止表達）。然而人文觀念卻很容易被現實駁倒，所以概念最怕具體化或情境化，一旦具體化就問題化，一旦問題化就被現實所解構，尤其是那些宏大概念，比如幸福、自由、平等、雙贏、人民、共同體等等。德里達用了很大力氣去解構宏大概念、權威和中心，其

實那些宏大概念在變化難測和自相矛盾的實踐中從未完美地存在過。

人類缺乏與大自然相匹配的無窮多維智力，儘管人類能夠抽象地理解多維的世界，並且鄙視一維或線性的思維方式，但實踐能力的局限性迫使人只能一維地做事，於是實踐所要求的「排序」問題就難倒了人——儘管看起來只相當於小學一年級的算術難度。一方面，事情是複雜而動態的，所以生活需要多種並列重要而且不可互相還原的價值才得以解釋；另一方面，實踐迫使我們對價值做出排序，即優先選擇。只要存在着排序難題，就很難在生活所需的多種事物或多種價值之間維持平衡，而失去平衡就等於每種事物或價值觀都失去自身的穩定性，也失去互相支撐互相作保的系統性，只要遇到嚴重危機，價值觀和制度就陷入兩難困境。這是秩序或制度從來沒有能夠解決的問題。這表明了，不僅人造的社會系統有着脆弱性，而且指揮着行為的思想或價值觀系統同樣有着脆弱性，這正是文明的深層危機。

如果說，形而下的危機來自現實的「銳問題」，那麼形而下的危機所觸動的「深問題」就構成了形而上的危機。新冠病毒就是一個觸動了「深問題」的「銳問題」。其中一個問題就是，現代所理解的政治概念本身就是一種隱藏的自殺性病毒，它在破壞政治的概念。無論政府還是媒體或者新型權力，如果一種政治勢力有權力指定價值觀，就是專制。價值觀只能是人在長期實踐中自然形成的集體選擇，顯然，人有着眾多的羣體，因此有着多種集體選擇，也就存在着分歧和衝突。有能力保護文明的政治不是鬥爭，而是在文明的衝突的豐富性和複雜性之中建立平衡的結構性藝術。如果政治只是鬥爭，就無非重複和強化了現實中已經存在的衝突，在鬥爭之上再加鬥爭，不是多餘的就是加倍有害的。鬥爭是本能，不是政治。政治是創造合作的藝術——假如政治不能創造合作，又有何用？

因此，需要反思的形而上問題不是應該贊成和支持哪一種價值觀——這只是形而下的鬥爭——而是作為人類共享資源的思想系統是否合理，是否足以應對生活遇到的可能性。換句話說，思想觀念的有效性和合理性的

基礎是什麼？什麼事情人可以說了算？什麼事情人說了不算？什麼事情聽從理想？什麼事情必須尊重事實？在新冠情景中，問題更為具體：什麼事情必須聽從科學？什麼事情可以聽人的？什麼事情聽病毒的？

三　危機：生存之道和遊戲規則

理論之所以在自身的空間裏可以自圓其說，而進入實際案例就有可能崩塌，是因為理論和現實是兩個空間。理論空間的法則是邏輯，而現實空間的法則是規律，兩者不可互相還原，所以現實不聽從理論。儘管理論可以部分地「映射」現實（通常說是「反映」現實，這個鏡像比喻不準確），然而建構方式完全不同。只有當現實處於穩定、平靜、確定的狀態時，理論對現實的映射才是部分確定的，而只要現實進入動盪的「測不准」狀態，理論概念就互相衝撞、互相妨礙乃至失靈。理論不怕認真，只怕現實的危機。既然現實不會自己走近理論，那麼理論就需要走近現實。

如果說，預支未來是當代性的一個主要特徵，那麼當代性的另一個相關特徵就是危機狀態，事實上大量的危機正是預支未來所致。當代幾乎所有系統都處於「緊繃神經」的狀態，而危機形成了思想困境的臨界條件。一個典型情況是，危機往往導致倫理學悖論，最常見的倫理學悖論就是優先拯救的困境（比如「有軌電車兩難」）。新冠病毒大流行為優先救治難題提供了實例。醫療能力有着充分餘量的國家，當然不存在這個困境，每個人都可以獲得救治的機會。但有些國家的呼吸機不足，優先救治就成為難題。現實條件排除了理想的選擇，而延遲選擇也是罪。在此，想像力受到了挑戰。實際上的可能選項大概只有如下幾種：

（1）按照先來後到，這是平等標準。（2）按照輕重緩急，這是醫療標準。（3）按照支付能力，這是商業標準。（4）優先婦女兒童，這是一種倫理標準。（5）優先年輕人，無論男女，也是一種倫理標準。其中，除了（3）是可疑的，其他標準都有各自在理性上競爭的理由。如果考慮

知識論的理由，那麼（2）最有道理；如果考慮倫理學理由，那麼（4）和（5）都更有道理。假設有的地方優先救治更有機會存活的年輕人（純屬假設），這個選擇會受到質疑，可是這種選擇已經是相對最優選擇之一，與（2）並列相對最優。沒有一種選擇是嚴格最優的，都有某種缺陷。也許選項（2）的「負罪感」相對最低。儘管人們都希望一種能夠拯救每個人的最優倫理，然而超出實踐能力的最優理念只存在於圖書館。康德早就發現：「應該」不能超過「能夠」。

千萬不能把這種分析誤解為反對最優的倫理設想。關鍵是，最優的倫理設想卻未必是一個最優理論。一個最優理論必須具有覆蓋所有可能世界的充分理論能力，一方面把「最好可能世界」考慮在內——否則就沒有理想的尺度去檢查有缺陷的現實；另一方面把「最差可能世界」考慮在內——否則就沒有能力去防止或應付嚴重危機。如果一種倫理學或政治哲學不考慮「最差可能世界」，而假設了優越的社會條件，就是一種缺乏足夠適應度而經受不起危機的脆弱理論。新冠病毒大流行迫使許多地方實行的「隔離」（quarantine）就成為一個爭論焦點。其實，比起戰爭、大洪水、大饑荒或社會暴亂，隔離狀態算不上最差情況。

「隔離」成為哲學爭論焦點與阿甘本有關。阿甘本認為，以「無端的緊急狀態」為藉口的隔離是濫用權力，而濫用權力的誘惑很可能會導致通過剝奪人民的自由以證明政府權力的「例外狀態」變成常態。這個論點的提醒是，權力在本性上傾向於專制，只是平時缺少機會和藉口。這是個重要問題。但隔離的目的是否真的是政治性的，或是否沒有比政治更緊要的考慮，這也是問題。人類生活的各種需求就其嚴重程度而有着存在論的順序，生存通常位列第一。但阿甘本提問：「一個僅僅相信倖存以外不再相信一切的社會又會怎樣呢？」這是個更深入的問題。假如活命只不過是苟活，那就可能不如去死。然而這些問題似乎把新冠病毒的語境無節制地升級而導致了問題錯位，新冠病毒的隔離是否達到了「不自由毋寧死」或「好死不如賴活」的極端抉擇？阿甘本對新冠隔離的理解未免「人性，太

人性了」（尼采語）。以反對隔離來捍衛自由，這暗示了其反面意見似乎就是支持濫用權力——但這是一個陷阱。與阿甘本真正相反的觀點其實是，人只能承認生活有着無法迴避的悖論。人類享有的自由、平等和物質生活是文明的成就，這些文明成就的立足基礎是數萬年的艱苦卓絕甚至殘酷的經驗，而這些文明成就並非一勞永逸地享有，要捍衛文明就仍然會經常發生吃苦的經驗。正如經濟學永遠不可能清除「成本」的概念，任何文明成就也永遠不可能排除「代價」的概念。代價是一個存在論概念，是存在得以存在的條件。

有一個需要澄清的相關問題是：這隔離不是那隔離。對傳染病實行隔離法是一個古老經驗。秦漢時期已有局部隔離法，稱為「癘所」，即麻風病隔離所。古羅馬在查士丁尼大帝（527—565 年在位）時期也發明了麻風病隔離法。現代的「檢疫隔離」（quarantine）概念來自中世紀對黑死病的隔離，這個概念意思是 40 天隔離。檢疫隔離有別於「社會隔離」（isolation）。社會隔離通常具有政治性和歧視性，比如歷史上歐洲對猶太人的隔離或美國對黑人的隔離。混同檢疫隔離和社會隔離會誤導對問題性質的判斷。新冠肺炎疫情時期的隔離政策顯然屬於檢疫隔離，卻不是社會隔離。雖然不能完全排除檢疫隔離被權力所利用而同時變成社會隔離的可能性，但就其主要性質而言並非政治性的。假定阿甘本仍然堅持對檢疫隔離的政治化理解，把它歸入當權者樂於使用的「例外狀態」。那麼還可以追問一個偵探式的問題：誰是檢疫隔離的受益者？不難看出，危機時刻的檢疫隔離的受益者是全民。既然是全民，就很難歸入政治性的例外狀態，而應該屬於社會性的應急狀態。除了全民的安全，檢疫隔離還有效地保護了醫療系統的能力。如果醫療系統無法承載超大壓力而崩潰，則全民的安全保障也隨之崩潰，而如果社會秩序、醫療系統和經濟一起崩潰，個人權利就只是無處兌現的廢幣，雖有票面價值，但失去使用價值，個人權利就變成不受保護的赤裸權利，而赤裸權利肯定無力拯救阿甘本關心的「赤裸生命」，到那個時候就恐怕真的變成政治問題了。

　　這個政治問題就是：到底是什麼在保護個人權利？首先，憲法和法律是制度上的保證。進而，任何事情都必須落實為實踐才真正生效，權利也必須落實為實踐才真正兌現。實踐涉及的變量太多，幾乎涉及生活中的所有變量，已經超出了任何一個學科的分析能力，只能在一種超學科的概念裏去理解。實踐問題等價於維特根斯坦的遊戲問題，因此可以借用維特根斯坦的遊戲的一般分析模型。按照維特根斯坦的遊戲概念，一個遊戲需要共同承認才生效，同時，遊戲參加者也就承認了遊戲的規則，這一點已經默認了遊戲的一個元規則，即任何一個遊戲參加者都沒有破壞規則的特權，或者說，都不是擁有特權的「例外者」，比如說沒有作弊耍賴或要求特殊對待的特權。遊戲概念有助於說明，如果社會是一個遊戲，那麼個人權利並不是一種私人權利，也就是說，個人權利是遊戲所確定的平等權力，並不是一種由私人意願所定義的特權。於是，在遊戲中只有合法的（相當於合乎規則的）個人行為，但沒有合法的私人行為。按照自己自由意志的私人行為只在私人時空裏有效，如果私人行為入侵了遊戲的公共時空或他人的私人時空，就不再合法了。其實這正是法律的基礎。比如說，一個人在自己房間裏飲彈自盡，這是私人行為，但如果在公共空間裏引爆炸彈自盡而傷及他人，就不再是私人行為，而是破壞遊戲規則的個人行為，即違法行為。同理可知，在檢疫隔離的遊戲中，如果一個人把可能傷害他人的行為理解為私人說了算的自由權利，就是把人權錯誤地理解為個人特權。就像不存在一個人自己有效的私人語言（維特根斯坦定理），也不存在一種只屬於自己的私人政治。政治和語言一樣，都是公共有效的系統。如果把個人權利定義為絕對和無條件有效的，就有着私人化的隱患，不僅在理論上會陷入自相矛盾，在現實中也必定遇到同樣絕對無條件的他人權利而陷入自相矛盾。

　　但是當代的一個思想景觀是，觀念已經不怕邏輯矛盾，也不怕科學，轉而憑藉政治性而獲得權力。福柯的知識考古學發現，這種現象早就發生了，知識和權力的互動關係產生了「知識—權力」結構，其結果是，在社

會知識領域，知識的立足根據不再是知識本身的理由，而變成了政治理由。這可以解釋觀念如何變成意識形態。當觀念（ideas）試圖以政治身份去支配現實，就變成了意識形態（ideologies），或支配性的「話語」。意識形態正是當代「後真相時代」的一個基礎，另一個基礎是全民發言的技術平台。這兩者的結合形成了「文化大革命」效果，可以說，後真相時代就是全球規模的當代「文化大革命」。在社會視域裏，理論、理性分析和對話被邊緣化甚至消失，幾乎只剩下政治掛帥的大批判。並非真相消失了，而是「眼睛」和「耳朵」沒有能力走出後真相話語。後真相話語形成的意識壁壘又反過來加強了意識形態。在後真相時代，並非所有話語都是意識形態，而是每一種能夠流行的話語都是意識形態。意識形態化是話語的在場條件，否則在話語平台上沒有在場的機會。後真相話語的敍事助力有可能把突發的暫時危機變成長期危機。病毒只是自然危機，而關於病毒的敍事卻可能成為次生災害。

四　苦難的本源性

新冠病毒大流行在哲學上喚醒了「苦難」問題。這是一個長久被遺忘的問題，可是苦難卻一直存在。

人的神話以及現代化的巨大成就促成了當代觀念的傲慢。儘管激進思想家們一直在批判現代性，但仍然沒有能力改變當代支配性的「知識型」（episteme）。當代社會傾向於以「好運」（fortune）的概念去替代「命運」（fate）的概念，為「失敗」而焦慮而不願意面對古希臘所發現的「悲劇」。突出了「積極性」而拒絕承認「消極性」的進步論導致了思想失衡。其實平衡或對稱不僅是數學現象，也是生存的存在論條件。當代思維發明了一種不平衡的邏輯，只專注於成功和幸福的故事，幻想福利可以無條件供給，權利可以無條件享有，自然可以無限被剝削，如此等等，這種幻想基於一個倫理學的理想化「應然」要求：成本或代價應該趨於無窮

小而收益應該趨於無窮大。這種邏輯挑戰了我們從亞里士多德、弗雷格和羅素那裏學到的邏輯，而且也挑戰了物理學，比如能量守恆定理或熱力學第二定理。

就廣泛流行的當代哲學而言（以傳媒、教育體系和大流量網絡平台的接受傾向為參照），儘管各種哲學的目標話題各有不同，如以福柯的知識考古學方法加以觀察，則可發現，眾多流行哲學有着一個共通的「知識型」即「幸福論」。最大程度地擴大每個人的幸福和福利，是幸福論的共同底色。幸福論傾向於主張每個人的主體性有着絕對「主權」，以便能夠最大限度地擴大個人自由並將個人的私人偏好合法化，個人可以自主合法地定義自己的身份、性別、價值和生活方式，乃至於在極端化的語境中，「個人的」有可能被等同於「私人的」並且等價於正確。自我檢討地說，我在 1994 年出版的《論可能生活》也是一種幸福論。

幸福是人的理想，但幸福對於解釋生活來說卻遠遠不夠，因為幸福論對可能發生的苦難無所解釋，甚至掩蓋了苦難問題。對於建立一個解釋生活的坐標系來說，比如說一個最簡化的坐標系，幸福只是其中一個坐標，至少還需要苦難作為另一個坐標，才能夠形成對生活的定位。在幸福—苦難的二元坐標系中，幸福是難得的幸運，是生活的例外狀態。當代的幸福論談論的並不是作為至善的幸福，而是幸福的替代品即快樂。現代系統能夠生產在物質上或生理上的快樂，卻不能生產作為至善的幸福，更缺乏抵擋苦難的能力。苦難問題之所以無法省略也無法迴避，因為苦難落在主體性的能力之外，就像物自體那樣具有絕對的外在性，所以苦難是一個絕對的形而上學問題。

新冠病毒大流行提醒了苦難的問題，把思想拉回到生活之初的逆境。假如人類的初始狀態是快樂的，沒有苦難，就不可能產生文明。伊甸園就是「無文明」的隱喻，而人被放逐是一個存在論的事件，意味着苦難是文明的創始條件。苦難問題不僅解釋着人類文明的起源，也很可能是人類的一個永久的問題，因為只有磨難才能夠保持起源的活力或「蠻力」。可以

注意到，幾乎所有宗教都基於苦難問題，這一點也佐證了苦難的基礎性。如果迴避了苦難問題，就幾乎無法理解生活。宗教對苦難給出了神學的答案，但是各種宗教給出的答案並不一致，而且每一種答案都無法證明，這意味着，真正的答案就是沒有答案。因此，就思想而言，苦難只能是一個形而上學的問題。哲學問題永遠開放，沒有答案也不需要答案，而沒有答案正是思想的生機。

　　苦難問題的形而上意義在於把思想帶回存在的本源狀態。苦難的「起源」和「持續」合為一體，這表明，本源從未消失，一旦起源就永遠存在並且永遠在場，所以苦難貫穿着整個歷史時間，貫穿時間而始終在場的存在狀態就是根本問題。在這個意義上，苦難問題無限接近文明的初始條件，必定保留有關於存在或起源的核心祕密。哲學和宗教都沒能解密，但都在不斷提醒着祕密的存在。在不可知的背景下，我們才能理解我們能夠知道的事情。可以說，對苦難問題的反思意味着哲學和思維的初始化或「重啟」。我相信苦難問題可能是「形而上學大流行」的一個更好的選擇。借用劉慈欣的一個句型：失去享受幸福的能力，失去很多；失去戰勝苦難的能力，失去一切。

後疫情時代的全球經濟與世界秩序

趙劍英　主編

責任編輯　蕭　健
裝幀設計　鄭喆儀
排　　版　黎　浪
印　　務　劉漢舉

出版　　開明書店
　　　　香港北角英皇道 499 號北角工業大廈一樓 B
　　　　電話：（852）2137 2338　傳真：（852）2713 8202
　　　　電子郵件：info@chunghwabook.com.hk
　　　　網址：http://www.chunghwabook.com.hk

發行　　香港聯合書刊物流有限公司
　　　　香港新界荃灣德士古道 220-248 號
　　　　荃灣工業中心 16 樓
　　　　電話：（852）2150 2100　傳真：（852）2407 3062
　　　　電子郵件：info@suplogistics.com.hk

印刷　　美雅印刷製本有限公司
　　　　香港觀塘榮業街 6 號 海濱工業大廈 4 樓 A 室

版次　　2022 年 10 月初版
　　　　© 2022 開明書店

規格　　16 開（240mm×170mm）

ISBN　　978-962-459-265-8

本書繁體字版由中國社會科學出版社授權出版